幕后大脑

THE BLACK BOOK

100位总监解 100个营销难题

鬼鬼　丁和珍　主编

人民东方出版传媒

东方出版社

图书在版编目（CIP）数据

幕后大脑: 100位总监解100个营销难题 / 鬼鬼，丁和珍 主编 . —北京: 东方出版社，2020.9

ISBN 978-7-5207-1559-1

Ⅰ . ①幕… Ⅱ . ①鬼… ②丁… Ⅲ . ①广告—市场营销学—通俗读物

Ⅳ . ① F713.86-49

中国版本图书馆 CIP 数据核字（2020）第 099419 号

幕后大脑：100 位总监解 100 个营销难题

（ MUHOU DA'NAO:100 WEI ZONGJIAN JIE 100 GE YINGXIAO NANTI ）

主　　编：鬼　鬼　丁和珍
责任编辑：江丹丹　叶　银　王　端
出　　版：东方出版社
发　　行：人民东方出版传媒有限公司
地　　址：北京市朝阳区西坝河北里 51 号
邮　　编：100028
印　　刷：北京汇瑞嘉合文化发展有限公司
版　　次：2020 年 9 月第 1 版
印　　次：2020 年 9 月第 1 次印刷
开　　本：710 毫米 ×1000 毫米　1/16
印　　张：26.625
字　　数：344 千字
书　　号：ISBN 978-7-5207-1559-1
定　　价：132.00 元
发行电话：（010）85924663　85924644　85924641

献给

来到这个行业

努力让这个行业变好的你

愿你有

做老板的野心

当匠人的专心

跑长跑的耐心

愿这本书

能帮你强大一点

当你强大了

也愿你能帮助身边的人变得更强大

这不是你的义务

是可供选择的一种责任

业界大咖 ① 联袂推荐

出书是浪漫的事，浪漫是感性的事，感性是吃亏的事，吃亏是自己的事。

鬼鬼有小黑书这个想法，并打算一年出一本，做十季十年。正如鬼鬼自己说的，他在做一件自己喜欢做，哪怕在没有任何回报的条件下，也有热情有耐心坚持到最后的事。

看起来，鬼鬼在做一件自己的事，不求回报，即使吃亏。

出小黑书，请100多个总监解100多个营销难题，表面看起来很理性，其实是感性得不得了。依我看，小黑书在用80%的感性去成就20%的理性诉求。

这会是一本好书，因为一切感性的想法，都是由心而发，真心诚意的。这是感性和理性的最大区别，百分百理性的世界太无趣，尤其是在广告创意营销领域里，要知道，许多营销问题，解决的方法是EQ多于IQ，正如方法论给了A、B、C三人去执行，结果就是不一样。

这会是一本好书，因为看完100多个难题和解题人名单，我可以这么说。

这会是一本好书，因为这本书特别适合职场新人，不管你是甲乙丙丁哪方，100多个总监的100多个选题都是多年职场经验的精华提炼，聚集在一本书都交给你。

这会是一本好书，因为鬼鬼把大家的事当成自己的事在做。

这会是一本好书，因为，我们都是有问题的人。

——陈耀福

OnBrand 创始人、智威汤逊中国区前主席兼东北亚首席创意官

_____

① 按姓名首字母排序。

如果你觉得我们的行业正处在一个解离瓦崩、平庸者夸夸其谈的时刻，那么我想引用 Rahm Emanuel 的话与你共勉：绝对不要糟蹋了这么一个重大的危机。

——胡湘云

台湾奥美集团首席创意官

有心的鬼鬼请来很多有心的广告人说真心话，值得有心从事广告营销的朋友一读！

——林桂枝

奥美文案女王、奥美中国前首席文案总监

小黑书是一本描述广告人心声的记述型作品，其中很多问题都是灵魂拷问。作为一个从一线干起的广告人，我很羡佩编者鬼鬼的情怀和坚韧不拔的精神，花了大量的时间和精力找到那么多的广告精英来真实地回答和阐述自己的观点。

广告行业在不断地发展，广告人也在一代又一代地成长或者说迭代。我们有很多很多的问题需要回顾、总结、归纳、思考，去寻找更多更好的答案和解决方法。我们这方面的工作做得太少了，鬼鬼的小黑书开了先河，让我们这些所谓的前辈有些汗颜了。

回到这本书，我感觉它有点工具指导书的意义，教你在遇到一些问题时应该怎么做。它又像是一本列举了很多参照题的参考书，教你怎么去思考去判断。很有实用价值。

广告是社会文明进步的缩影，更是文化传承的具体表现，与人们的生活息息相关，与人性的关爱紧密相连，它应该也必须是倡导和引领健康美好的新生活的。这是广告人的永久课题。

所以，我们说广告是一个伟大的事业，值得我们为之奋斗。

希望这本书能够给广告人带来一些启迪。

非常荣幸并感谢本书的编者邀请我为小黑书写推荐语。

——李西沙

中国商务广告协会会长

一个行业和人的一生一样，永远充满问题。问题层出不穷，解决方案也因人而异。对这本书感兴趣的人定是心里有火之人。希望看这本书的你疑惑而来，豁然前行。感谢书中的金玉良言，及作者的赤诚之心！

——莫康孙（Tomaz）

华文广告教父、马马也创始人

乐见中国广告圈的主体性及文化氛围逐步形成。

——宋秩铭（T.B.Song）

奥美集团大中华区董事长、

达邦（WPP）集团大中华区董事长

邀约100多位中国一线的广告人、限7天、每人写1500字来说透一个广告营销的难题——这无疑是一个很棒但又有些冒险的做法。幸好，鬼鬼做到了，这100多位在中国的广告人做到了，才有《幕后大脑》这本小黑书的诞生。

我有幸看到了第一季的稿件以及全部的题目，其中很多作者我都蛮熟悉，他们一贯的有对创意的执着严谨与对文字的高水准追求，由此可以想见这本书必然精彩。无论是刚刚入行的广告人，还是一直在路上的砥砺前行者，都可以来翻翻这本书，毕竟好文字自古以来都是稀缺品。

感谢编者在书序中提到《奥美的观点》，奥美在大中华区仍旧坚持每个季度收集思想火花与作业经典，付印成册，分发给员工、客户及业内人士。正因如此，我们也深知征稿、选订、刊发的艰辛。而每一位作者，无论他曾经多么有经验，是多大的大佬，当思想付诸文字，都需要额外的思绪再造、心血煎熬。

真诚希望《幕后大脑》创造经典，更期待未来还会有续集，让更多年轻的创意人也来参与！

——滕丽华

奥美集团北京总裁、中国 4A 联席理事长

我小时候最喜欢看的杂志是《读者文摘》，因为文摘精选了许多好文章，阅读起来感到特别精彩而不浪费时间。这本小黑书也是相同的道理，收集着传播界各路英雄、各地大师最精辟的观点与心得。是用来吸收品牌知识、增加营销专业性最有效率的途径。

小黑书是精华中的精华！

——叶明桂

台湾奥美集团首席策略长、

《如何把产品打造成有生命的品牌》作者

一个好问题已经解决了问题的一半，也启发真正的行动力，更何况是提出一个难题？这是小黑书的发起人在 2020 年疫情之后给广告营销业界最好的礼物……

由 100 多位广告行销精英自己提问自己作答，提问展现他们看待行业的思维，答题则充满独特的个人观点，全书铺陈开来呈现行业全盘的思维导图及精彩的价值体系！

我一直认为广告行销行业之所以有趣，因为它是人的行业；之所以难也是因为人的判断及环境变化的变量太多，尤其是在这个所谓媒体不断迭代及行销裂变的时代……提醒你不必期待这本书有一个标准答案，这不是它的目的！但你可以透过本书读到 100 多位精英人士的价值观点，并在它的协助下建立 / 思

考自己的价值体系，你会发觉在大佬的问题及答案中，难题互相呼应找到了出路，同时也为这个时代的广告行销背景做了一个社会学的真实记录。

想想能被100多位业界大佬手把手倾囊相授，他们的难题可能正激发了读者无畏的前进的脚步……

——郑以萍（Sheena）

麦肯世界集团中国区首席创意官

序
怎么撩动 104 位 [①] 大佬一起写一本书？

大佬，必然是具独立人格的大忙人，没有人能撩动他们，哪怕是他们的客户或老板。

但，人们总是愿意支持自己认为对的事，哪怕要额外牺牲一些私人时间。大佬自不例外。

标题所说的难题，换言之就是：找一件大佬们都认为对的事，以统一的标准，有序促成大佬们参与，而后共同达到一个明确的目标。

一、先撩动：成为大佬的价值共同体。

过了生存期，衣食无忧的大佬，账面上多7位数少7位数，对心情不会有太大影响。他们做事更听从内心欢喜，也更愿意利他。

十年前，我完成了一个小小的心愿，请泛广告业（含战略、咨询、广告、营销、创意、传播、公关）的104位总监或创始人，自问自答，每人提出一个行业难题，并写下他们的思考答案（那时候爱说干货），篇幅1500字左右。而

---

① 书名中，副标题为"100位总监解100个营销难题"，其中"100"为概说，最终实际采用104位大佬的稿件，故此处用了"104位"。

后这 104 位大佬解过的难题思路文章，合集出版，给行业做一本五年、十年后再读仍然有很大价值的书。这些总监或创始人，有乙方、甲方、行业媒体等各方，有文案、设计、策略、阿康等不同专业背景的人。

这个想法并不稀奇，甚至很老套，其实也早有前辈做出了不少经典之作。

1994 年，英国 D&AD 协会（就是颁黄铅笔的那个 D&AD）组局，邀请当时全球最顶尖的 32 位文案大师，请他们每人写一篇他们长年撰文摸索出来的私人的文案写作之道，并甄选出他们的代表作，1995 年结集刊印供后来者学习。35 年过去，*The Copy Book* 依然是很多文案登堂入室的傍身秘籍。

千禧年后的十年，龙之媒选书、《龙吟榜》MOOK 和《奥美的观点》系列，啸聚众多在一线作业的大咖，为无数中国广告人供养。

朝阳遇到阴霾，始于 2010 年，移动互联网击碎了信息获取的时空门槛。

鱼龙混杂的海量信息，让所有信息顿时显得特别廉价，而实体传播信息的成本却在逐年高企。

局中人，事了拂衣去，隐入江湖，深藏身与名。

2010 年到 2020 年，十年间，徐智明关掉龙之媒，转做育儿已成专家。林俊明放下《龙吟榜》，专做亚太广告节。《奥美的观点》也久未再面向大众出版……微博、微信、抖音上，随便开个号，就是指点广告业江山的小 V、大 V、深 V。

当发言变得无限随意，谨慎发言的实践者，很多就会保留观点、选择闭嘴。那些在一线搏击的广告人，默默转身，纷纷走向无烟的广告战场，他们一直在建功立业，却再难听到广告业的百家争鸣、思想交锋、风云激荡、奇闻逸事，乃至有趣的、打闹的、争吵的边角料八卦。

十年间，说话的人有增无减，热闹前所未有，只是热闹散尽，伸手碰破的是泡泡，拨开云雾，沉淀下来的行业价值寥寥，间或还夹杂着泥沙。因为能说出料的人少了，说真话的人少了，说本质的人少了，而有料不想凑热闹，又不想因说出真相而遭受尴尬最后选择隐忍的人却多了。

取而代之的是一团和气的商业互吹，一个案例出来，恨不能十几二十篇的软文吹捧。当然，其中不乏名副其实的上乘佳作，的确该捧该赞。更多时候是"作品不够，尬吹凑"，久而久之，它成为考核 KPI（关键绩效指标）的一个硬性指标，那些本不想裹挟其中的人，也不得不表现出从"恶"如流的"识大体"。长年累月，内行觉得没意思，外行认为很乏味，后来者一入行，三观就被带跑偏——且不说创意改变世界的宏愿，他们可能会误以为，广告业不过尔尔，一个炮制甲方的新装的行业而已，而后粉转黑，跳到其他行业，以盲人摸象式的认知，带着深入骨髓的偏见离开。当有人问及他们对广告业的印象，他们的评论，恐怕不啻于第一次走进一家人人称赞的五星饭店，下第一筷子就吃到沙而全程无人知晓无人处理，离店后，反手就是上大众点评给个差评，大呼"五星好评我看是水军刷的吧"。

内行越不说话，外行就越胆大。

起初，有人说"广告业的黄金时代已去"；后来，有人说"定位已死"；再后来，有人说"创意已死"；再再后来，有人说"公关已死"；都死得差不多了，有人一看，广告怎么还不死？说时迟，那时快，一黄口小儿振臂高呼"广告已死"。在阅读和流量双妖魔的驱使下，广告业不仅走上了殡葬行业的不归路，还"诈尸"了几十年，亡了上百年的大清都快看不下去了。听做广告几十年的老前辈们说，他们那会儿，也有人这么说。历史好轮回，好似说脱口秀一般开玩笑地轮回。

到十年前，也就是 2020 年，广告业的价值传承已断档十年。

这些，和大佬们又有什么关系呢？

被中断了十年的广告业价值传承，续脉已到了迫在眉睫的关头，而这一时代呼之欲出的需求，和大佬们长期以来内心的价值坚持，不谋而合。

坐上大佬高位的人，不在乎短期个人得失，但是他们在乎行业会不会变得更好，新人有没有得到及时的成长帮助，有没有更多聪明的头脑愿意来到这个行业。

当时我做的那本书，正好符合这一传承的时代需求，也恰好是符合他们价值的事，我想，这是他们愿意参与的根本原因。

试想，我一个毫无广告作品的人，若做的事不在他们的价值序列里，何德何能撩动104位大佬去做同一件事？

成为大佬的价值共同体，不是去刻意迎合大佬们的胃口，而是你自己喜欢这件事，且你做的这件事，出发点刚好也在他们所有人的价值交集里。

没有用"利益共同体"的说法，是因为我坚信，利益一旦不合，共同体就作鸟兽散。价值则让所有大佬愿意暂时放下私利私心，一起为行业变得更好而远行。

当你要做的事本来就是大佬们价值认同的事，你不用撩，他们也愿意动。因为根本不在于你会撩，而是，就像前面说的，大佬们都愿意支持自己认为对的事。

条分缕析后，你会发现，撩动大佬们其实不是最难的，更难的是，让他们相信，你有成为他们价值共同体的能力。

不然，在做事的过程中，任何一位大佬，都可能因为这样或那样的原因，随时选择退出。

二、做成事：目标可及，标准清晰，高效跟进。

要向大佬们证明，你有能力做成一件事，必须在三件事上发力。

首先，你需要设定一个有一定挑战乐趣，又可能触及的目标。

有料的大佬们不是不愿意出来说，而是很多时候没什么人听，或者听的人太少传不下去，一来二去，他们也就懒得说。

当时的行业媒体流行自媒体，我就请了5个大号一起发起，这样就能直接保证，大佬们的经验之谈，最少也有200万读者读到。

104位大佬，公开自己解广告营销行业难题的秘密，一起写一本书给后来者，这件事怎么看都有点武林大会的意思，看头十足，也非常有挑战。

虽说出书简单，但要出一本好书，还是非常难的，要104位大佬一起写一本好书，一本有长存价值的书，比登蜀道还难。

200万读者，激发大佬们讲诉的欲望，谁能拒绝年轻人嗷嗷待哺渴望知识的眼神，大佬们心善，自然不忍心痛下这样的杀手。出版，则仍然是信息泛滥的年代成本最低、效率最高、保存期最长的知识流传方式。

第一次讲，有大量的年轻人在听。听完，还能以书的形式，长期流传下去。

这个目标，不容易，有点意思，克服困难，也有望达成。

目标一定要领先半步，一步太多不好够，零步缺乏挑战没意思。

再来，有一个清晰的标准，迅速形成做事的共识，也为出现分歧时立下评判依据。

还是拿我当时做的那本书举例，什么叫一本有长存价值的书？

代入读者视角去看，它一定不是今年写完、明年再看就很过时的热门现象剖析书。而是五年后、十年后，再打开，仍然有很大价值的长销书，就像几十年过去，我们翻开《营销管理》《定位》《一个广告人的自白》，还是能常读常新。

大概是十一年前，我去上海出差，约了一个广告人聊天，大周末我们两个大老爷们儿，聊了五六个小时，他说他特别喜欢做广告，就像上学的时候，解开一个又一个数学难题一样爽。这句话，一直在我脑子里打转。

他这句话，直接启发我怎么去定义一本有长存价值的书。

就是难题集，里面遍布高手们的解题思路。

怎么赢下比稿？不同阶段怎么跳槽？客户为什么总是不专业？客户为什么老是无法接受我的大创意？喜欢，但怎么入行？怎么解读需求不明的简报？怎么保持学习不被淘汰？甲方为什么总觉得贵？怎样才能提高提案的胜算？怎样成为一个好文案？如何找到一个好洞察？……

诸如此类难题，不管是二十年前入行，还是现在入行，又或者五十年后入行，都是广告营销人不可避免会碰到的难题。

不管你在甲方，还是在乙方，又或者在行业媒体方，你也一定会碰到。

文案、美术、阿康、策略、制片，基层中层高层，不同职务不同职级，也一定会碰到。

　　这样普遍存在的难题，要写出来，有的一个难题就够写一本书。

　　所以，我们就鼓励大佬们，只挑一个足够尖锐足够突出足够痛的难题，一次说透。以我当时写了五六年稿件的经验来看，1500 字左右的篇幅是比较合适的。少了可能说不清楚一个难题，多了又会有啰唆的观感。

　　如此一来，你要大佬做的事，标准就非常明确：提出一个行业难题，并写下 1500 字左右的思考答案，7 天内完成。

　　7 天内完成？是不是有点狂？大佬凭什么听你的？

　　当时我的合作伙伴也是大吃一惊，试行版普遍篇幅不到 500 字，整个内容征集的过程就花了 3 个月，7 天怎么可能让大佬们交出 1500 字的大作文？

　　当时我有一个潜在的判断，大佬必定是见多识广、内涵丰富，只要他想去写，以他们的积淀，别说 7 天，1 天也能搞定。截止日期是第一生产力，假如你给 3 个月，不可能有谁花 3 个月为你写一篇纯利他的稿子，不出意外，就是截稿日期前三天着手想，写一天，改一天。对于大多数有料的人，你给的时间长，不一定意味着思考的结果更有质量，反而更有可能让事情迟迟无法安排上日程，处理事情有轻重缓急，这是人之常情。事实也如此，有一位作者，在截稿当天，花了两个小时，写了一篇非常好的文章过来。

　　做事的标准和完成日期说清楚，大佬们就好根据自身情况判断来不来，来的话，他也很清楚自己要做什么，以及怎么做。

　　最后，你要做好一个阿康的工作，随机应变高效跟进，为所有可能发生的突发情况做好准备，预设应对方案。让大佬们把你的事优先安排起来，在规定时间内按照要求完成所托之事。

　　坦白说，你要做的事，完成质量如何，90% 取决于这执行的临门一脚。

　　永远记住，在大佬们没有交给你一个达到标准的成果前，这件事就不算完成，你之前所做的一切，跟从来没有发生过是一样的，可你浪费了大佬们的时间，却是一个既定事实。

这个环节，你只能硬着头皮，厚着脸皮，做一个温柔严格的把关人。

关键是做好两件事：严控时间和死守标准。

自己的事一定要自己上心，大佬答应你了，千恩万谢之余，要主动找大佬聊天，别让大佬等你，大佬们手头各管一摊，哪个不是每天忙得不可开交？

把大目标分解成小任务，有序安排到时间周期里。比如7天交稿，大佬答应后，过两天，你就可以去找他讨论难题，定下难题再过两天，去询问写稿遇到了什么问题，截稿日期前两天，再去汇报一次进度。死线头一天，再呼叫救命撒泼打滚装可爱，总之一副"你不安排上我活不下去"的态势，大佬们的心也是肉长的呀。

我们真的能帮上大佬什么吗？大多数时候，明知不能，也要去刷一下存在感。

面对大佬，难免会有内心恐慌语无伦次突然紧张手心冒汗综合征，十五年前，我第一次做书的时候就这样，害羞得像个小姑娘，中间就是不敢去找大佬，临近截止时间，才带着赴死的悲壮心情去问，那时候，大佬八成还没动笔，浪费了时间，还没办成事，又让大佬陷入拖稿失信的尴尬处境。

我们隔三差五当小闹钟，可能是会惹人烦，但相比于从不跟进，导致大佬忘记安排，客观上交不上东西，大佬们一定更欣赏你认真盯事的样子。

你要这样想，什么叫大佬？什么幺蛾子老大难场面都见过的人，咱们的那点小心思，那些生硬催进度的方式，人家早就在无数阿康身上见识过。

没有人享受被催稿，我们尽量学会说话，学会温柔，不论方式如何凌乱，你一定要保证礼貌和敬意，那是一个给咱们机会、信任咱们的人，不可怠慢，说话之前多过一过脑子。

跨过掌控时间的关，更煎熬的是能不能守住你的标准。

设想你进入如下场景，你会怎么办？

交过来的是一篇旧稿，怎么办？把文章当作公司软文写，怎么办？一家公司好几个人写，怎么办？写得太浅字数太少，怎么办？就是迟迟没法儿交稿，怎么办？大佬说我文采不好还是不写了，怎么办？不肯改稿，怎么办？改了还不合格，怎么办？读完大佬的稿子，敢提修改建议吗？议题并不是长存话题，怎么办？大佬派下属来写，怎么办？大佬们想不到好的难题，怎么办？答应得好好的突然说来不了，怎么办？收稿尾期，就是少几篇进度特别慢，怎么办？被问到时间能否宽限一些，怎么办？跟着跟着大佬再也不回复了，怎么办？合作方有新想法要退出，怎么办？意见不合，争执不下，怎么办？

无论你请大佬们做什么事，过程中，总会出现二三十个常见的难题，这些都是问题的表象，它们本质上都指向一件事：我可能没办法按照你的要求完成这件事。

当此之时，我们一定要坚守三个原则——

第一，跳出现象，从事情的出发点提建议。

面对询问字数和文采的问题。你纠结于字数和文采本身，只会让大佬们感到智商被侮辱。

我们的本质是让稿子的质量更好，而不是苛求字数的多少，文采是否斐然。

例1：我可能没办法写1500字。

答1：字数只是一个软标准，一篇好文，读者不会关注字数的多少、文章的长短。读者意识到字数，说明文章的质量出问题了，他们必须从内容之外，为自己的一次不爽的阅读找到一个出口。

写之前问一下，这个难题真的很多人遇到吗？现在以前将来都还会有人遇到吗？写完文章，自己读的过程中，问一问，这是我的真实实力吗？我把这个难题写透了吗？读者会觉得我在敷衍吗？当这些问题都有了妥善的着落，读者的注意力，一定不会跑到字数上。

例2：我文采不好，还是不要找我写。

答2：文采的事不必担心，我们渴望的是您的思想，思想的光芒远不是文采所能左右的。文采是作文大赛更需要考虑的事，我们最看重的是文章里的专业思考力，对行业对后来者的影响和帮助。

第二，真诚赞赏，认真讨论。

大佬们交出作品后，一定要把自己当作第一个消费者，好好体验，评定其中优点，有待改进之处，也务必拿出来讨论。没有人喜欢别人对自己的大作指手画脚，但是即便是大佬们，也喜欢你认真和他们讨论，高手爱有益的切磋，而不是无节制的肯定。

我在收到一个上大学时就特别喜欢的大佬的文章后，读完真的佩服得五体投地，我其实根本不能对文章提出任何有效的建议，但是我着眼于全局，从后期传播，刁难了一下大佬。

"我这么说，可能显得我没用心读稿，但的确是一个事实：我说我最喜欢只能让我找点错别字的稿子，这倒好了，老师这篇稿子，我暂时连错别字都没能找到。

文章非常好，各种情况都考虑到了，有上一代广告人的讲究，又有新一代广告人的亚文化欢喜。

这篇文章最让我惊喜的，其实不是让人乐着看完悟到其中的道理，最让我佩服的是对新人、组长、总监、老板等不同职级面对同一问题，面对甲方不同人员的人性把握，极准，且以非厚黑学的方式表达出来了。

现在的稿件，已可当小黑书的样板文章。

内容方面，其实我提不出建议。

然后，我想跟老师就文章或者书籍的后续传播讨论，只是专业讨论。

有无可能在文中故意漏出一两点破绽，以激发更多讨论和话题，前提是无伤大雅，很容易做后续回应破解。

或者一个让大家启动新思考的反问，或者其他的方式。

因为稿子是很完美的，可读性、知识性、娱乐性、实用性全部考虑到了，所以我这个讨论，是真实的蒸蛋里挑骨头了。"

这位大佬欣然应下新的挑战，且在后来给出了一个很漂亮的回旋踢。

实际上，当年104位大佬的稿子，只有极少数我没有提修改建议，大部分都是在我这个第一读者的建议下修改后才跟广大读者见面的。

帮大佬们变得更好，是我们作为发起人义不容辞要做好的事。

第三，敢于拒绝，享受拒绝。

这里我就不举例了，所有答应我们一起做事的人，结局即便不好，也应心怀感激，他们虽然没有走到最后，但他们曾帮你把事情做得更好更顺，这个事实就足够我们记住。

大佬也是人，人必有一些本能，当出现成品和标准不一致时，一定要讲事实摆道理，从维护大佬的形象出发，跟大佬商量解决之道，如果无法达成共识，要勇于拒绝，不达标的东西流出去，损坏的是大佬的声誉。你的拒绝，是对当事大佬负责，也是对所有参与的其他大佬和小伙伴负责。

当大佬拒绝我们时，也别放在心上，等你把事情做好了，下一次或许他就愿意呢！十五年前，我做第一本书，去邀请大佬，很多拒绝过我的，在十年前我再做书时，不少都来了。我们一定要努力，让大佬们看到，他们帮过的人，真的在越做越好，且愿意把这种帮助精神也用在帮助他人身上。

永远要记住，不讲原则当和事佬做出来的东西，一定是煳的，是对大家不负责任的。

总结一下：找一个自己喜欢做，哪怕在没有任何回报的条件下也有热情有耐心坚持到最后的事。并且这件事要特别利他，且在大佬们的价值序列里，你只要一说，他们就认为是对的事而想要支持你一把。这样基本不用怎么撩，大佬们也愿意动。一旦大佬们加入进来，就要制定一个有挑战有意思的目标，定下非常明确的出品标准，而后细心地把控时间和把关细节，这样才能把事情做得出彩出色。

事实也证明，这个方法很管用。我记得很清楚，那年全球爆发新冠肺炎，我们在当年3月7日发起那本书的升级，向183位业内总监或创始人发出邀请函，其中122位确定参加；到3月24日，短短17天，我们收到107篇稿子，筛选出94篇可用；最后那10篇按照文中说的方法，以同样的方式高效收到稿件。104篇稿子，从发起到交给出版社，前后只花了不到一个月的时间，效率和效果应该都是出人意料的。

我说了这么多，好像都是些基于人性的套路，其实不是，没有什么套路是不被识破的，而真诚永远是去往罗马的沟通之路上最短的那一条。

我不是在教厚黑学，我若是一个复杂的人，断不会把这件事拿出来讨论。而十年前，书中的大佬们可能也并没有多想，他们可能只是在那一刻动了恻隐之心，想要帮一下我——那个不自量力的年轻人。

就像他们入行之初，可能也曾受到过其他大佬的点拨。在那一刻，往事涌上心头，他想要把那份善意和感动传递给年青一代。而这件事最后由我穿针引线做成，可能也并非因为我优秀，只是因为当时出现在他们面前的正好是我。

人与人之间的缘分，往往就源于某一刻的际遇，某一瞬间的闪念。

这一刻，这一瞬间，在这本书面前的，正好是你。

倘若书中，大佬们的某个理念、观点、方法、字句，给你以力量，也请你传递给身边人。当你强大了，也希望你能帮助他人强大。

感谢一路陪伴本书诞生的每一位读者，感谢所有作者大佬，感谢有远见有创意的亲密伙伴丁和珍和好好想想团队，感谢做书有品灵活默契的高玉梅和东方出版社团队，感谢熊超倾情设计封面，感谢向北、千军、少青、范范、金存侬等自媒体负责人的鼎力加入，以及数英网等众多行业媒体的支持。感谢姜昊、刘莉、丁冬、范磊明、覃洁、王峰、吕俊伟、邓咸林、赵秀丽、温蘑菇、彭展、于浩淼、赵巍、Keira、李刚、尹云从等朋友帮忙引荐作者。感谢冯祺、任轩宁介绍我与众多首发联合媒体取得联系。感谢马晓波、熊超两位大哥促成大咖推荐。感谢陈耀福、胡湘云、林桂枝、李西沙、莫康孙、宋秩铭、滕丽华、叶明桂、郑以萍等前辈拨冗撰写推荐语，为本书点金。要感谢的太多，无法一一。谢谢你，感恩我们之间，发生过的一切。

因出版所需，业界常用的英文术语、公司英文名字等都已最大限度翻译成中文，有疑惑之处，可翻阅书后的《专业名词英汉对照表》查证。若少了些日常交流语的亲切感，还请见谅。

　　尽管各方通力合作，疏漏难免，如有不完美之处，请不吝赐教，我们将在未来修订时进行完善。非常感谢。

　　我曾设想，一年一本小黑书，第十季时，我会写这个难题，爆料幕后的点滴。既然，这是一个长存的难题，我想象 2030 年的今天，我会这么回忆小黑书的发起，写下这样一篇文章。

　　是为序。

鬼鬼
自媒体"广告常识"创办人，小黑书发起人。

目 录
CONTENTS

我很喜欢广告，但不知怎样才能入行？

每一次给大学生做广告创意相关演讲，讨论的各种问题中，最常被提及的是："我很喜欢广告，但不知道怎样才有机会入行？尤其是怎样可以到4A国际广告公司工作？"

讨论这个问题，其实心里很清楚，真正一心想入广告行业的大学生，已经没有十多年前多了，广告的现况和十多年前已经很不一样了。传统4A的没落和转型、新兴互联网行业的崛起、媒体的变化，造成广告业面临后继无人的状况，也不像以前一样，总可以吸引到最优秀的人才入行。现在，难得还有应届大学生想进入广告行业，作为行业的老将，是应该帮一把的。

第一，你真的喜欢广告吗？

有时候，你可能并不确定你现在所谓的"喜欢广告，想入行"这个想法是真的还是假的，因为你还没入行，你只有入了行，才会知道自己到底喜不喜欢做这一行。

为什么真正喜欢这件事很重要？因为，只有真正喜欢一件事，往后，你才会不怕困难地喜欢下去、走下去。只有这样，能做出好成绩的时刻，才会越来越近。

第二，入行最基本的条件：一是作品，二是人品。

先谈谈作品。大学的第三年开始，努力创作作品，做出可以拿出手、去面试的好作品。做什么样的作品？把大学平时老师给的、该做好的功课做好，同时碰到自己特别有兴趣和有感觉的、可以做得更好的课题，一定要捉好机会，尽力做到极致的好！因为它很可能会是你往后面试时重要的作品！

也就是说，你不能够在大学四年里，所有的作业、作品都是平庸的。因为，大多数人的平庸作品，在入行面试时，吸引不了考官的眼球。

一般，每一个大学生，都会有一个自由发挥的毕业作品，我认为那是特别重要的事。许多面试你的考官，如我，会最想看这个作品，因为，这应该是你四年大学的代表作。我们可以从你选的课题、解决课题的方法、执行的能力，看出你的基本策略、创作能力和风格，以及对人事物和社会的看法。

因此，选择毕业作品课题特别重要，建议你先选择一个你特别感兴趣、想找到好答案的课题，表现的手法尽量是你或伙伴有把握和有能力执行好的。执行中，尽量要包含视频，因为一个好的视频，包含了许多重要的元素，如策略、美术、文案、摄影、音乐、社交等。选好了课题，你接下来要做的，就是努力找到一个好而独特的观点，努力去表现你的策略和创意。

什么是好的执行？至少把作品执行得好看、美观。要知道，一个很好的想法，执行得不好看，这个作品就不好了。而一个不错的想法，执行得很好看时，这个作品就很容易被很多人喜欢，占领优势。当然，你应该追求的是，有很好的想法，同时有很好的执行，那时候，你的作品就会很好看，很有优势了。

现在来谈谈人品。说实话，面试一个新人，在作品和人品面前，我会先选人品，再选作品。我宁愿选择一个感觉人品没有大问题但作品好的，而不会选用一个作品很好但为人待事有问题的新人。因为广告行业是一个特别讲究团队合作的行业，是一个特别需要人与人充分沟通的行业。作为新人，加入一个好公司，有好的领导和团队，你的作品只会变得越来越好，但一个人的人品要变好，比较难。

第三，多多参加课外的广告创作活动和比赛。

国内现在有许多全国性的大学生广告创作比赛活动，如金铅笔奖中国（One Show China）、金犊奖、学院奖等。我鼓励同学们多参赛，尤其是集中营式的比赛，除了累积创作经验之外，还可以累积可能产出的好作品，更重要的是累积人脉，认识更多志同道合的同学和行业内的讲师，吸收讲师们在教导或演讲时的养分。集中营式的训练虽然很辛苦，但很值得。记住，任何行业要有所成，辛苦的过程是必然也是必经之路。

第四，竭尽所能让可能面试你的人，看到你的好作品。

多投简历，多参与类似"这一夜晒作品（Portfolio Night）"的面试活动，多多找机会让公司看你的好作品，同时继续创作，因为只要你态度正确，多创作会让你的作品越来越好。

第五，重看第二。

祝你好运！

NORMAN

陈耀福（Norman Tan）

OnBrand 创始人，智威汤逊中国区前主席兼东北亚首席创意官。美术入行，从业 38 年，曾在葛瑞、李奥贝纳新加坡，智威汤逊台北及东南亚，达彼思中国和睿狮中国任要职。曾任法国戛纳创意节评审、泰国亚太广告节评审主席。代表作：别克《事关人命，遵守交规》；方正集团《正在你身边》；天猫《没人上街，不一定没人逛街》；支付宝《知托付》；昂克拉《年轻就去 SUV！》等。著有《十年：给创意人的一百封信》。

如何提高首次提案的命中率？

身在广告圈，经常会听到"比稿为什么老是赢不了""提了 8 轮也没过""改你千遍也不厌倦"等问题。我觉得根本性的问题是提案命中率太差，老是打偏。那到底怎么才能减少反复，提高首次提案的命中率呢？给大家分享几点个人浅见。

一、多方面审核，慎重筛选比稿。

不是每个比稿都靠谱，作为广告的业务一把手，比稿前最好亲自去和潜在客户会面详细聊聊，严格把关筛选比稿。可以列出你认为最重要的几点做参考，比如：

1. 简报是否明确而且聚焦（如果甲方连自己要做什么都不清楚，尽量少碰，他邀请你比稿很可能是自己要写年度规划而不知道怎么写，就招个比稿来帮他写汇报材料）；

2. 是否有明确的预算以及预算是否充足（如果甲方连自己有多少钱可花都不知道，最好不要参加，或者甲方只有 100 万，却想做 5 件事，还想全网刷屏，这种不切实际的需求接下来就是火坑）；

3. 是否有出好作品、好案例的机会（如果预算少一点，但发挥空间大，也可以考虑）；

4. 对方决策层是否参加提案（如果只是经理级参与，见不到决策层，很可能被骗稿）；

5. 是否能付一些比稿费（让不熟悉的新客户付比稿费，一方面是收回一点点比稿的人力成本，另外一方面也是考验一下对方的诚意，如果对方愿意突破重围去找领导申请比稿费，至少诚意是毋庸置疑的）；

6. 是否有清晰的评分标准（比如技术标和商务标的打分占比就很重要，如果价格标占比很高，基本上就是拼价格了，你创意再好，价格不低也没用）；

7. 是否邀请了 5 家以上并需要多轮比稿（一般三家比稿比一轮还好，如果比稿阶段就找了七八家还要比两轮，你就要琢磨一下是否要参加了）。

经过严格筛选才参与的比稿，至少胜率已经提高一半。当然，还有很多提案是为现有客户而提，则本条可以忽略。

二、资深创意人冲到第一线去接简报。

创意总监们，别躲在办公室了，和客户部人员一起去听客户的简报吧。很多创意人员害怕见客户，只等客户经理或策略人员下简报，但原始信息被层层转达和消化后，往往就走样了，等你去提案却发现客户想要的是另外一个方向。不去听简报，你省下的是两小时会议时间，但浪费的却可能是反复几次的提案。用创意试方向，是创意的最大痛苦，但这痛苦往往来自你自己对简报的弃权。

三、打破砂锅问到底。

不是每个客户都能给出足够专业的简报，大部分客户的书面简报往往只说到一半。所以，挖掘出简报后面的潜台词更重要。在和客户交流简报时，多问问题，从各种角度问，问到一切你想得到的答案，问到客户不耐烦为止。问清客户的底线与边界，了解哪些是可变的，哪些是必须坚持的。这样，即使客户简报说需要一条 TVC，你最后给他的是线下事件，也照样可以让客户买单。

四、找到品牌的核心问题和挑战。

每个简报，每次传播战役，都要解决一个问题或市场挑战。客户总是很贪心，什么都想说，那你必须找到品牌的核心问题和挑战，了解主要矛盾和次要矛盾，这会让你的策略和创意更聚焦在正确路线，解决核心问题，其他都迎刃而解。

五、带着简报想创意和选创意。

很多创意人员想创意的一个通病，是把简报扔到一边，然后天马行空地去想，但往往交出的答卷离题万里。简报就是标靶上的靶心。想创意时，永远拿着简报想，创意可以夸张离奇、出乎意料，但最后一定得拉回来，让创意的落脚点还在靶心内。作为创意总监，创意会上收到小伙伴们的无数创意，判断到底用哪个的标准，除了创意够不够好，还要看哪些创意是在靶心里面、哪些创意是在靶心周围、哪些创意完全脱靶了。靶心里面或周围的可以一试，靶心以外的就别浪费时间了。

六、准备方案"以正合，以奇胜"。

如果是比较正式的比稿或 IMC（整合营销传播）的提案，尽量不要提供三个以上的方向，否则会显得创意总监没有判断力和决断力，最好的是提一个方向，前后逻辑严密，环环相扣，策略精准，创意精彩。如果想多给客户点选择，建议最多做两套方案，一套是非常契合简报（On Brief）的，在客户的预期之中，不至于一来就把客户吓到；一套是出奇制胜的，也许不那么贴合简报，但不失为另一种解决之道，而且创意更大胆一些。这样两套方案，以正合，以奇胜，基本上就能征服客户了。

七、提案必须策略精准，创意精彩。

策略的要诀是精准。做策略，不一定需要固定的模板、公式和套路，然后写个100页，让客户听得打瞌睡。好的策略是逻辑清楚，层层推进，紧紧围绕着核心问题和挑战，快准狠地提出解决方案。而且，不要提给客户一颗颗散乱的珍珠，珍珠再好，也需要一条主线串起来。如果串不进去，再好的创意也应该舍弃。

创意的要诀是精彩。创意提案最忌平庸，你的创意应该像利剑，狠狠地插入客户的心窝，必须不断用你的精彩创意轰炸客户，给他出乎意料的惊喜。讲稿的时候，切忌对着PPT念文字，需要你绘声绘色表演出来。

八、提案是说服的艺术。

光有一个好的方案还不行，还得说服客户买单。在提案之前，需要在脑袋中预演一下客户可能的反应，他们会担心什么、害怕什么、挑战什么、质疑什么，这样现场才可以随机应变、游刃有余。对专业的甲方，需要逻辑清楚层层推进地去说服；对不够专业的甲方，需要找一些参考案例让他们更形象地理解你的想法。你说的每一句话、用的每一个手势、看的每一个眼神、给的每一个参考、解答的每一个问题，都是为了说服对方接受你，愿意让你把自己的创意植入他的脑袋。如果是几个人一起提案，还需要配合默契，表现专业。

如果能做到以上所述几点，就可以大大提高提案的命中率，减少反复。当然，不是说方案提过了就大功告成了，后面还有很多执行工作呢。你提的任何创意方案，都需要注意可执行性，避免创意一时爽，执行火葬场。比如明明客户只有100万预算，你提的一个视频创意光制作费就得花150万，那后面执行时就掉进坑里了。而且，提案时也别过度承诺，不要动不动就提让马云来打卡，让马化腾来点赞，让联合国自媒体来转发，让美国总统来站台，他们又不是你亲戚，提了做不到，后面就得打脸了。

最后，祝大家提案一击必中。

再见，改你千遍也不厌倦。

邓斌（Billy Deng）

上海天与空联合创始人、首席执行官，文案出身，22年广告营销经验，先后就职于上海麦肯、上海天联广告（BBDO）、广州李奥贝纳、上海博达大桥（FCB）等国际4A公司，曾在上海恒美广告（DDB）任职创意总监超过6年。代表作：《上天猫，就购了》品牌战役；淘宝《一万种可劲造》地铁艺术展；亚洲航空《飞要自由》品牌战役；《一成首付弹个车》品牌定位。

如何从菜鸟练成高手？

我儿子三岁那阵子，有天坐在地上搭积木，搭着搭着，突然间烦躁起来，大声叫我："爸爸爸爸，过来帮我。"我凑过去，只见他愁眉苦脸地瞅着地上堆满的形形色色的、大大小小的积木。"找积木太烦了，"他说，"每找一块都要花很多时间。你帮我，你来找，我来搭。"我一下子就反应过来了，就说："我教你一个方法，可以让你每一次找积木的时间缩短到 3 秒钟以内。但前提是，你需要在开始搭积木之前，先花比较长的时间做一件事。"他说什么事，我就告诉他：先把积木分类，按照形状、颜色、大小把积木分类。然后我和他一起，花了 20 分钟把所有积木分门别类，一小堆一小堆地清清楚楚摆在地上。然后他继续搭积木，果然每次 3 秒钟之内就能找到他想要的积木。

虽然这是个教育小朋友的例子，但这个例子是不是同样适用于所有人？我们太多人，穷其一生，都舍不得把时间花费在基本面和系统建设上，都只对灵光一闪和一夜暴富感兴趣，就好像足球队员，永远只关心"输"或"赢"的两个瞬间，却从来不揣摩历史上所有精彩进球背后的战术素养共性和技术沉淀规律。我们宁可每次多花数天甚至数周时间大海捞针般寻找灵感，也不愿意每天例行花上一两个小时充实自己的资料系统，为系统性梳理所有经典案例的思维轨迹做准备。

入行这么多年，面试年轻人甚多，多半见面必拍胸脯说自己非常喜欢广告，喜欢创意，有的则信誓旦旦地说广告和创意就是他毕生之追求。我通常会问一个问题：无论国际国内传统社交，你脑海里记得的创意有哪些，你为什么喜欢？十有八九，说不出超过五个的案例或者别人的作品，而且相当局限，要么都是学校专业课上老师讲过的案例，对当下社交创意只字不提，要么脑海里就是最新比较火的一两则社交创意，对历史以来全球那些牛 × 的案例完全头脑空白。这就很让人怀疑了：口口声声说自己热爱广告和创意，却没见过多少好的创意，或者记不得多少好创意？当我问：那你平时都在干啥呢？多半回答：工作，想创意，做创意。这问题就更大了，一天到晚忙着在大海里捞针，却从没研究过别人怎么捞针？

　　前些年有次我帮朋友忙，为某地产经理人培训会讲一天课，我的课被安排在第三天。临讲前，我问朋友前一天的讲座情况，朋友说前一天的讲师是博加的老孙，讲得非常好，讲了 6 个小时。我问他讲什么主题，他说是"售楼部的包装"。我有点诧异，这么小这么细的主题，居然可以讲这么长的时间。后来我就明白了：他一定是搜集了全球地产历史上所有可以圈点的售楼部包装案例，并把这些案例按照不同环节细细分解，比如售楼部的导视系统设计、沙盘制作技巧、讲解技巧、看楼步骤规划、色彩搭配、气氛营造……然后分类整理，摸索不同的成功方法、技巧与套路，归纳总结背后的共性与规律，形成专业领域里一个小领域的细分资料系统。

　　后来我和老孙成了朋友，我们经常切磋一些专业问题，有次有个商业地产项目找我，说要做品牌包装，因为没做过商业地产，我就电话老孙，让他讲讲商业地产的基本套路，结果老孙在电话里足足讲了两个小时，还没讲完。讲什么呢？就以中国眼下最具代表性的商业地产品牌恒隆、万达和华润为例，讲每一个品牌各自在项目运作背后的商业逻辑、拿地逻辑、业态逻辑、外观设计逻辑、招商逻辑，甚至细到每一个商业项目的入口朝向以及内部动线设计逻辑，所有的成功套路，他都了如指掌，让我大开眼界。

　　有一次和湖南卫视前知名节目策划人范军聊天，他基本上是我见过的最有想法的媒体节目内容策划者之一。我问他的思维最得益于什么，他说是他公司的资料库。这个资料库，基本囊括了历史上全球所有著名节目的内容资料。这个资料库，是从他进入这个行业开始建立的，一开始只是兴趣和习惯，后来就变成取之不尽用之不竭的经验宝藏。我问他是如何进行分类的，他说，把整个节目从不同角度肢解成不同的片段，从不同的角度分类，然后分析背后的思维逻辑和执行技巧。

范军管这个行为叫"把隐性经验变成显性经验"。意思是，不同专业领域，在全球范围内、在历史长河中，都有很多实践沉淀下来的经验精华，很多都还没有足够系统性的收集、分类和分析。如果你建立了分类资料库，从不同角度和环节揣摩其背后的共性和规律，在借鉴他们经验的基础上创新，就如同站在巨人的肩膀上练功。

我曾经带过一个擅长高端视觉的美术指导，也是全球高端视觉影像资料搜集的爱好者。他每天除了处理当天紧急的美术工作外，大量的时间都用来搜集资料，并将资料非常详细地分类，从色彩、构图、排版、造型、质感、光影、空间、人物、环境等各个角度，揣摩高端影像的共性和变化规律。你大概跟他描述一下你的要求，他就可以快速从资料库里调出数十张大基调类似的参考影像，然后据此选择一种作为执行参考。因为长期临摹练习不同风格的高端影像的处理手法，他基本上对全球各门各派的高端影像技巧和套路如数家珍、了如指掌，慢慢地把自已训练成一个顶尖的视觉创意高手。

现代数学史上有个很悲剧的人物，一个斗大的字不识的湖南边远地区农民，被人发现是数学天才，一天学没上过，居然花了大半辈子，独自琢磨出一套巨牛的数学理论。行家一听，这理论就是"微积分"啊！可惜的是，那时，微积分已经发现 30 年了。这样的一个天才，如果能够基于见识，系统地站在早已广为运用的微积分这个巨人肩膀上，加上他那么努力，指不定有多大的成就呢！

即使资质平平的人，如果能基于系统和方法的累积，基于套路的见多识广、反复揣摩练习、在实践中临摹运用，举一反三，那么，击败 90% 的人也不是问题。问题是这个行业的聪明人太多了，大都以"笨功夫"为耻，所以盛产有一搭没一搭的花拳绣腿。

远至我们小时候读过的《纪昌学射》，近到"洛杉矶凌晨 4 点钟的太阳"，基本上都是系统训练的典范。无论世界如何变化，从菜鸟到高手之路，从未变过。

陈绍团

找马品牌咨询策略长，文案入行，从业 27 年。历任上海精信创意副总监、北京灵狮创意总监、上海李奥贝纳创意群总监、上海灵狮执行创意总监。代表作：上海万科兰乔圣菲别墅"梦见石板路"系列作品；凯迪拉克"雄性的退化是这个时代的悲哀"系列作品；比佛利"大家风范"系列 TVC；燕京啤酒 108 兄弟品牌创意全案。

做广告到底有什么好处？能出人头地吗？能赚大钱吗？

先搞清楚图什么，才能尝得出甜头。

这个问题不是我想出来的，而是以一封辞职信的形式，砸到我面前的。

有一次，公司创意部的一个小老弟向我提离职，态度毫不扭捏："老板，我不做广告了。还房贷车贷压力太大，某某集团给钱多……""多了多少？"……听完数字后，是有一点惊讶，倒也没夸张到负担不了的地步，只不过打破了我内心公平的度量衡，最终还是没再挽留。

想想可惜，想想也正常。广告行业嘛，一向流动快。只不过以往大多是在广告公司间跳来跳去，"脑流通"也能某种程度激起不同创意山头的活力，但现在越来越多地向行业外的"脑流失"，才真的可怕。

当一个行业没了吸引力，人才留不住，鬼才更流不进。好比一个大的蓄水池破了个洞，不停往外渗水。我无法回避地想要做些"补洞引水"之事，好让"脑回流"产生。

是大声喊出"不做总统就做广告人"的口号？或者高举"广告人改变世界"的标语？还是脱去这身华丽的衣裳，去直面这个不得不坦诚相见的问题：做广告到底有什么好处？能出人头地吗？能赚大钱吗？

一、无限度接近自己的偶像，从肉体到灵魂。

追星的最高境界——请他／她来拍你想的广告。很多广告都有明星代言，这也就意味着，只要你做广告的时间够久，不仅会接触很多名人，大概率会遇见自己的偶像。只要你的创意够强，能完美包裹住品牌需求，且成功地让你偶像的个人特质严丝合缝地嵌入，说服客户选择你推荐的明星并不太难。而回报你的粉丝福利不仅限于合影、拥抱、签名、聊个天，更有让偶像乖乖听你导戏的成就感。年轻人可代入自己的偶像，自行脑补。

物理接近怎么够，还要更深入。了解我的人都知道，我喜欢北野武和他的电影，经常被那套不讲道理的恶趣味所折服。也嫉妒他有老顽童般的玩心和永不枯竭的幽默感，并把这些统统投进他的电影中，一点不浪费。于是我琢磨起他的创作路径，广告能不能玩，能不能也那么乱来，没个正经还能让受众喜爱。我要把对他的迷恋转变成创作渴望，"如果是北野武，他会怎么搞？"闭上眼睛，请他"上身"，把脑内的"荒腔走板"变成作品的一系列"稀奇古怪"。说起来，北野武算是我精神上的创意合伙人。

二、想发脾气的时候就发脾气，看不惯谁就干谁。

我想我如果身处别的行业，看不惯同行所做的事怎么办？也许只能小范围对同事抱怨下，如果不认同老板的想法怎么办？发个仅自己可见的朋友圈吐吐槽，毕竟还要混下去。

但在广告行业，我们就不用暗搓搓，可以理直气壮地对着干。愤怒是创作最好的动力，千万不要压抑它。

好好地在等电梯，楼道里那些挥舞着拳头的洗脑噪音又来了；开开心心刷美剧，防不胜防被插播的视觉垃圾偷袭；逛着大街，发现已被烂广告包围到四面楚歌无路可逃。你为什么要忍？它们强奸你的视听，污染你的生活环境，侮辱你家人的智商，还不主动清出一方净土，用观点去重建内心与世界的秩序？

有一次，我从外地出差回上海，下飞机的一路上看到不同品牌的四块广告牌上都在玩"天生"体，如天生骄傲、天生不凡、天生××等词，我就气不打一处来，哪是什么天生的牛×，还不是一天天磨出来的。拍年轻人马屁忽悠人家买东西不带这么虚的。这口气我硬没咽下去，最后在某个广告中塞入一句"哪有什么天生如此，只是我们天天坚持"隔空怼了回去。

广告人就该是拳手，简报接到的那一刻，开战铃声就响起，你要么被撂倒，要么被授予金腰带，就这么粗暴刺激。

如果有一天你已经不满足在大街小巷抽他们的脸，那你还可以去世界大舞台把他们拉下马。你可以参加国际顶级广告节的比赛，让早已不服的前上司的作品也一起出局。

广告行业就像搏击俱乐部，每一个比稿都是一场极限笼斗。不爽就干翻！

三、不害怕错失改变命运的一次机会，因为机会超多。

有人说，人的一生共有 5 次机会，有人说是 7 次，只要抓住一次，就能把日子过好。反之，没抓住，人生也就歇菜了。

可谁知道机会什么时候出现？出现的又是不是真正的机会呢？既然看不见吃不准，又怎么抓得牢呢？

就像我从小听酒后的父亲念叨："哎，要是我当年抓住那次机会，就发达了。"我一直很怕像他那样，老了再抱怨自己错失无数次良机，这种恐惧直到做了几年广告后才得以消除。

有一天我突然想通了，每一个新的简报都是一次新的机会，而任何一名广告人，我敢打保票，一年中你至少有 7 个简报，也就是一年你至少就有了可见的 7 次机会。如果你从业 30 年，足以有 210 次机会等待着你去抓，抓牢一次你会得到成长及更多赏识，再抓一次也许你就出名了，再抓一次可能会有帮高人主动来找你切磋，再抓住一次，可能会收获意外客户的信赖……就像滚雪球，带来更多更好的简报机会，多到你可能会开始挑机会……

在 KARMA 起步的那年，有一个国际品牌看我们挺灵活的，主动给了一个小单试试水，账面仅仅十万元的微博推广活动，而"一贯很要事"的我们却创作出了一套连环故事在网络上转载，这是品牌当时的香港市场总监没想到的，连连用粤语称赞，大致意思是我们创造了很多内容，速度之快，案子之漂亮令他很意外，最重要的是他还没花什么钱，他感到自己赚翻了！因此，让我们在次年初拿下了整个品牌在中国的全案推广，从线上到线下，一个案子足足包养了我们四五个月，之后成了伴随我们长达三年的金主爸爸。事后来看，你觉得是谁占了谁的便宜呢？

作为广告人，我觉得真的不用去向上天祈祷机会的降临，恰恰只需要做个短视的笨人就好了，因为我相信：做好眼前的事（如简报），好机会就会自动找上门来。

四、寿命长，一不小心就是五百年。

很多人一看标题就跳脚了，这不是胡说八道吗？别说长命百岁，广告行业工作强度巨大，不猝死就已是万幸了吧？

稍安，我想聊的并非不可控的生命长度，而是可以无限扩充的生命宽度。

很多行业，上班即上班，下了班才是生活。但在广告行业，上班就开始要你"开小差"，去体悟各种人生，在广告业一板一眼敲钟就是不负责任的表现。

小时候，我看过一部由程小东执导、张艺谋主演的《古今大战秦俑情》，讲的是大秦王朝的一个士兵穿越到现代的魔幻爱情故事。当时我还臆想过，我要是那个能穿越的秦兵就好了。做了广告之后才知道，那真不叫事。

就拿一个潮流品牌来说，我们做了一套广告共有六条，按照计划两天内拍摄完成，强度大到几乎没怎么合眼，但团队所有人都因为这套广告创意，拥有了短暂的时空穿越超能力。上午在"美国"边喝咖啡边拍摄，中午就来到了民国政府门口领工作盒饭，紧接着傍晚又穿越去了日漫里，半夜就直接给你送上了欧洲战场。今天你是史泰龙、李小龙，明天你就是轰隆隆，这两天的人生体验够人活几辈子的了。

我常常觉得好的广告人不是固态的，是液态的，需要根据简报变幻成各种形状，有时很伤脑筋，比如女生做剃须刀创意，男生写卫生巾文案，但也很好地避免了生命的僵化。

广告人必须有吸星大法的本领，不断有意识地去升级自我系统。广告逼迫着人去跨界，去学心理学，去学销售，去学编剧导演，去学演讲，还要学习观察人群。

累是累了点，但你的观察力、理解力、想象力、表达力、触类旁通力都会不断打磨到光亮。很多时候，一个老牌广告人为什么总显得格调很高，这并不是因为他赚得多，而是因为他可以是任何人，过着不可思议的多重人生。

五、免费四处游学，结交世外高人。

都说一个人的格局取决于他的眼界，而扩充眼界的捷径就是走出去看看。就这点上，广告人几乎一直在领薪"留学"。

很实际的情况，每个案子在创意方案结束后到执行阶段前，只要预算允许，我们都会从全球维度来寻求合作资源，而不仅仅局限在国内。是在欧洲取景更合适？还是在日韩后期更精致？还是美国的制作公司更有效率？当今的中国广告圈早已经编织起了全球资源这张大网，汇集了世界各地的导演、摄影师、设计师、造型师、音乐人、演员等，来共同完成一个高质量的案子。老外过来打短工，或者我们过去长蹲守，这类跨国界的合作方式，很快将中国的广告综合水准拉至国际一流，而全球乱跑的坏处就是你的护照会在过期前被盖满章，换本子的频率比较高。

不怕大家笑话，我这么个抠门的人，在正式工作之前，是没舍得自掏腰包坐过一次飞机的。纵使朋友再怎么邀约，也不去那些日后工作一定会经常出差的地方，去北京面圣，去广州饕餮，去深圳探路……都是可以借由日后出差顺道完成的呀，有得蹭公司为什么不蹭呢？所以就反反复复地蹭。到我创立KARMA之后，像我同样的情况也换人发生了一遍又一遍，好些优秀的新人在我们这儿拥有了第一本护照，而第一次的飞行就是十几个小时，真是比当年的我还要会蹭，赞！加入广告圈，不用经常辞职，也可以经常去看诗和远方。

六、加着班，也可以把手儿牵。

现代人工作时间长，年轻人脱单难，已成了一个社会问题。而在广告圈，我看到太多人民内部矛盾内部解决的成功范例。

广告公司一般都空气自由，作风散漫。白天来上班先人手一杯咖啡，聊聊项目需求与策略，晚上一杯自制鸡尾酒开始脑暴创意或执行。

广告人（除了大佬）年龄大多在40岁以下，女的下起工单闭月羞花，男的谈起创意意气风发，成堆成堆的荷尔蒙在一个个头脑风暴室里挥发，根本不用众里寻他／她千百度，那人就在你蓦然抬头处，见状老板一般有装傻有助攻。紧接着，女朋友开始积极地给男朋友下个工作单，男朋友加班加点热情地帮女朋友修个图写些方案什么的。再接着，两人在公司一起迎接夕阳，又一同迎来日出，一起狂欢式加班，一起颅内高潮。自打在广告公司找到了另一半，你的灵魂就再也没空孤单过，聊不完的共同项目，想不光的刷屏金句，你越来越显成熟，你再也没有很早回过家，你爸放心了，你妈不催了，你和单身永别啦。如果恋爱失败难以挽回，那么没关系，此刻，下一场恋爱的脚步正从公司的角落奔向你，虽然此刻的他／她只是想找你说个很小的需求，"客户又改主意啦"！

资深广告人都懂，事业和爱情从来不是对立的两个面。

七、耍起横来，人工智能只能绕道走。

都说不久后大部分人的工作会被机器人取代。人类行为的套路都会被拆解成一个个代码，组合成可复制的指令。这种人类失业论我就不在这里做恐吓营销了，你们自己上网查。广告行业呢，听说阿里开发的鲁班系统已经可以一分钟做3000个广告物料了！是不是也要完了？

世界史告诉我们，在艺术强的时代科技就会弱一些，在科技强的时代艺术也会弱一些，那在全人工智能开启的未来世界呢？我认为，艺术行为因其不可复制性反而越来越不可或缺，变得超吃香。科技与艺术会两者并强，互生依存。

策略需要依靠数据分析，洞察需要从生活中挖灵感，而最后的广告成品是一种再创意，而不是简单重复生活的现象。你可以从所有优秀的广告作品中看到一个共性，就是关于人性的表达，我喜欢称之为"任性"的表达，它们或有细腻的情感流露，或有人情味的社交沟通，或是随机性的抽象思维，也有绝对偶然的创意性，总之是毫无套路可循。

我每天工作最重要的一件事，就是提醒自己，不要去重复我们的昨天，抛弃惯常的思维模式，哪怕创新一点点，也不要做创意的剪贴板。正因不懂套路，所以才做得很艰苦，至今也都没能力开课授业，只能拒绝诸多邀约继续闭关修炼。

广告行业又是个很绝情的靠人行业，因为作品质量太靠人了，服务得久了，客户反而不会跟这家服务的公司走，而是跟着服务的人走，人走了客户的茶也就凉了，所以牛的广告人个个都拽得跟二五八万似的，也不是没有道理。人性才是第一生产力的行业，你就可劲儿任性吧！毕竟你被机器人取代的概率是负无穷大。

八、想挣多少只要开口就有，而且是站着的。

先声明，没哪个行业能让每个人都发大财。为了一夜暴富而干广告的人只会落得一夜爆肝。但比起其他行业，广告更像是一块未来可期的深耕沃田。

对于广告的初级人员，你的薪水可能不会很好，因为这个行业入行门槛太低了，似乎谁都可以插上一脚，会点画画就可以做设计师，爱看几本书就可以来码字做文案，而英文不错长相过得去情商及格就可以来做阿康。鱼龙混杂并无稀奇，那是你没看到这个行业的自然淘汰率。

我可以告诉你我所看到的，从这个行业离开的人转行，通常干得还不错，既不会有广告业的辛苦，挣得还多些，但这正是因为他们在广告圈里摸爬滚打所积累下来的经验和实力。反过来，我就没有看到一个 30 岁以后的人还能再从别的行业杀进广告行业，并弄出声响来的例子。这种停滞的反向流动恰恰证明了广告行业的门槛高，并且这种高门槛一旦立下是牢不可破的。一个有壁垒的行业，一旦你在里面站稳了脚跟，自然就有了大杀四方的底气。

广告行业的另一个特点就是超公平，它全凭实力说话，不需要巴结老板求高薪。我觉得这和NBA有点像，人才的市值是由你此刻的战斗力决定的，完全的市场化。判定你价值的不是老板，这么说吧，喜欢不喜欢你，老板决定的最多浮动也就在一两千上下，只要脑子没毛病，一切都会给出合理评定。只要你有料，大幅度涨薪不稀奇。一旦你成了队伍的核心，成为打江山的主力军，赢下城池多分肉再正常不过。

我曾经也被别家公司老板三顾茅庐过，高薪诚聘，当时我真好奇他地位那么高为何还要花时间和精力来"忽悠"我这样的小朋友。如今我才明白，高门槛的行业得一人才有多不易，这是我今后的重要工作：找人、请人、求人。

别再问广告行业上升空间如何，你只要留意观察下这些广告大佬们住的房，开的车，高额的税单，子女受的高质量教育、读的国际学校或留洋海外，人脉网所铺好的康庄大道，懂了吧？我说得够直白了。

所以说，不要害怕在广告业没有未来，谈钱不伤感情，不谈价值只谈钱才伤，对广告人和广告公司经理人都是。

我一直认为，大多数从业人员的水准，决定了这个行业的水准。所以为了我们共同生存的行业生态，去做你所有迷恋的事；去改变所有你看不惯的事；去认真对待好每一件小事；翻着花样不重复自己做过的事；不回避任何你害怕的事；去找更多厉害的人一起共事；任何情况下都别忽视友爱这件事；赚钱根本不是个事。

最后的最后，我再分享一个小故事：其实我是误入广告行业的，刚毕业那年，和几个同学在上海福州路散步，逛逛外文书店装装文艺青年，有一位同学突然指着路上的广告牌说："看，这是我做的广告……我参与的！"这种从脸上不由自主流露出的骄傲之情仿佛在说："怎样，我牛吧，你们傻眼了吧！"接着他用鄙视的目光狠狠地扫射了我们这群人，顿时让我这个在杂志社做美编和插画师的应届毕业生低下了头。终日浑浑噩噩混日子倒也舒服，但心却直发痒，当即下了决心："靠，老子也要做广告。"为什么那么冲动？理智在哪里？路上的广告牌是你做的就光宗耀祖吗？一切都没想清楚，就辞了职，花了近一个月的时间找到第一份广告公司的工作，做完稿。

写下这些一是为了吸引人才们加入广告行业，鬼才们继续留在广告圈，也是想给 15 年前站在福州路街边的那个虚荣的自己一个交代，小子，未来的你没有后悔，做一个广告人何其幸运，好好干吧！

张俊杰（Kama.Zhang）
KARMA 创始人、首席创意官，设计师入行，从业 15 年，曾任奥美上海创意总监。代表作：Keep《自律给我自由》《怕就对了》等系列战役；饿了么《饿了别叫妈，叫饿了么》广告战役；冈本《解春历》战役；北面（The North Face）《一路向北》等系列广告战役。

前辈经验不断失效、玩法不断迭代的广告业，如何保持自学能力而不被淘汰？

　　我不能强迫你做任何事情，但你要强迫自己做一些有挑战性的尝试，如果你的目标是优秀的话。一个创意人最好在职业生涯早期，知道自己要做什么，闭上眼睛都能看到清晰的路径和版图，那么我觉得你"上路"了。很多人浪费多年以后，还对一些常识一无所知，除了打混，他的职业生涯会很艰难。

　　我有十个建议，创意教科书不曾说过。

一、问题意识。

　　如果我问你，策略是什么，你瞬间就自闭了。但是我换个问法，怎么回答品牌的问题？你心里绷着的那根弦马上就松弛了。策略让你无从下手，问答就简单多了。策略不就是怎么回答问题吗？

　　那么，你首先得有个问题。你要自己去找问题，别人给你的问题不一定是真正的问题。比如，女生看着巧克力冰激凌，"哎呀，吃了会胖怎么办？"这根本不是在问你问题，她早已自问自答了很多答案，只是在想说哪个给你听好。

　　创意的本质就是解决问题，不解决问题的都是意淫的无效劳动。问题越尖锐，也就是落点越小越好，它会戳中痛点。寻找问题就是寻找冲突，冲突就是洞察。一个洞察一定是包含冲突结构的，可以用"其实"来表达。随口举刚才的例子：你嘴上说怕吃冰激凌会胖，其实你更怕胖了没机会吃了。那你可以对她诉求：趁还没胖多吃点！我们做的就是"翻转概念"这件事，本来是坏事，瞬间变好事，这就是"意识塑造"。明知吃冰激凌会胖又怎样，一样吃得若无其事。

问题带你寻找答案，真正的聪明是问到点上。一个人思考与做事到点很重要，否则都是徒劳。当你抱怨创意是戴着镣铐跳舞的时候，你还没有明白创意这回事，正是镣铐让跳舞成为可能。限制越大，创意做起来越清晰、容易。这不是修辞话术，这是真的。

最大的问题是有些中国人没有问题意识。后科举式的教育在人十几岁时就阉割了我们对问题的好奇。我们的命运受制于共同体的性质，无法选择。我们对这种命运的抵抗也许是徒劳的，但它正是活着的意义。用问题意识的复兴，来重新成为新的中国人，新的你自己。

看到一切，问一切。和古人拥有的"格物致知"精神一样，我们唯一的神圣偶像是认知的真相，而不是人间的政治与道德权威。我们跳脱了这个有问题的社会，并因此活得更加自由，虽然它也许是自我设定的幻象。

你要反过来"剥削"你的公司，当你有一天离开，把它的资源变成你的资源，你要"榨干"你的老板，经常提问，把他的能力变成你的能力。你就像星宿老仙的吸星大法，辞了公司你已法力无边，这是你为什么要来这个公司的真正目的。本来如此，不要客气。

二、独立思考的习惯。

创意虽是一项分工明细的工作，但谁也不能代替你思考。等待阿康和策略等前端人员给你方向，不如你自己去找。因为，你怎么知道这个前端人员不是盲人摸象呢？

每个人都平均地长了一颗脑袋就是让你独立思考的。不要轻信任何人，不要被他带沟里，也不要轻信我，要带着怀疑的目光去相信。你唯一应该相信的是：有一天，你会有发达的常识和坚实如混凝土的逻辑，这才是你的自信之源。不要遵循我的思路，要去开发你自己的思路，你不行再遵循我的，但你始终都要有"独立"的意识倾向。用你的独立思考检视一切，让它们原形毕露。如果你认为我的思路不对，就和我探讨，不要顾忌，真相是可以被探讨的。

你来参加头脑风暴，不要只带脑袋来，要带一袋的独立思考来，每个人的独立思考相互碰撞激发，才能拼凑出事物的多维立体，也才能更完美地逼近真相。

当独立思考成为一种习惯，你就获得了思考的乐趣。也许是反过来，乐趣让你贪婪地索取，并成为习惯。你不一定喜欢思考，每个人的兴趣点截然不同。不强求你做一个思考者，我只说，请三思。我看到太多无知又自大的人，没有思考力，我替他们莫名其妙的自大感到惭愧。

你要形成"漏斗"式思考模型，把万物聚焦在漏斗腰部的一点，再过滤放大成漏斗的下部。创意人就是这么思考的，在头脑里拉皮筋，伸缩自如。

三、正确的直觉＋逻辑构成常识。

广告理论是有助于你理解大局的背景。实际落到创意这个点上，理论毫无用处，你会拿着奥格威或定位理论的教条，边对照边想创意吗？来不及了。

发达的常识是创意人真正的临场能力，包括直觉和逻辑两个部分。说过多次，不重复。

之所以唠叨，因为它真的很重要，特别是职业生涯早期奠定基础的阶段，很容易发生"离题万里""牛头不对马嘴""不知道你在想什么""你说的全部违背常识，好奇怪啊""明明不对，你为什么就觉得对呢"……因为你不清楚，你在错误的常识道路上狂奔太久了，贻误终生。一个常识健全的实习生，我觉得干掉创意总监都有可能。营销传播远远不止创意，但就创意来说，你试图抵达的目标就是常识发达。

四、找到表达的快感。

让你持续做一件事的核心动力应该是快感，不是认真、努力、奋斗这些无意义的口号，它们可以激励富士康员工，但对做创作的人毫无意义。

你必须找到让你获得快感的事物，你就去做那件事。你未必要赖着做创意的。人皆不同，快感对象不同。

没有快感做事情，就像享受强奸。你是为了享受强奸来上班的吗？我认为应该是：找一个公司养着你，发你工资，给你优渥自由的氛围，而你是来搞创作的。

要把自己当个创作者，而不是劳动者。创意行业不看苦劳。创意本身就是反傻兮兮地苦劳的，它推崇智力的"杠杆效应"。

当你找到了快感，它就像水之就下，小鸡之破壳，自然而然地让你的表达不可遏制。快感是表达的核心动力。你做创意有快感吗？你的快感可能在什么情境中，你就去创造那个情境氛围，比如喝烈酒、撸猫、睡觉、聊天、蹲马桶、爱干吗干吗，只要能激活你的创意。但你真的能找到吗？不要被情绪影响，不要被环境影响，如果你的快感足够强烈，没有什么可以影响你。

五、开脑洞。

脑洞大小跟人的性格有关系。保守的人，思路不够敞开，那么你毕生的目标就是开放。你可以放荡，有一天，你会静如处子，动如猛兽。为什么印象中那些欧美广告人都像花花公子，叼着雪茄，左拥右抱，因为那种放荡确实会激发脑洞啊。放荡不羁是有用的，也许你永远做不到，谁知道呢！就算做不到，你可以做到头脑放荡，把你的头脑变得性感骚气。

一个道德感太强的人，头脑里都是藩篱，你适合去做传教士，不适合做创意人。

开脑洞的核心动力是你的叛逆精神。没有叛逆精神的人做不了创意，甚至只能沦为平庸的执行者。这个世界上最有创意的人都具有改变世界的野心。但你不要自大，没有人可以自大，人都是差不多的，你有几颗脑袋？请用比别人做得更好来评判人，而不是嘴上说我可以做得更好。说大话是无能的表现。

除了天生的性格，就技术层面来说，开脑洞关乎建立发散思维的习惯。做思维导图的意义在于寻找 360 度的观察事物的角度和深度。开脑洞就是开角度和深度。

六、每天积累一个案例。

创意是一种日常劳作，就像农民种地，你是用肝脑涂地。你春天做的事情，秋天一定能看到结果。

再聪明的头脑也需要知识后备厢。你的后备厢够大吗？有一个国家图书馆那么大，还是巴掌那么大？你的认知深度和视域会完全不一样。

我常说"冰山理论"，你说的写的每一句话都是露出海面的冰山一角。你要把冰山放进后备厢里，从每天积累一个案例开始。

创意是意识形态塑造的科学，把你所知的竞品、同品类、跨行业的所有案例资料看一遍，你才有资格解读简报，否则你的判断千疮百孔，根本站不住脚。

动脑之前先动手。在你想任何创意之前，做好创意前工作，像个农民用火烧掉去年的作物，把土地弄平整，把水渠修好。

耍小聪明的投机的人没有前途。

七、建立套路之时就是变形它的时候。

套路会形成路径依赖，有什么关系呢？实际上没有人可以甩掉套路，只是有些人的变形动作比较多，外行看不出来。

如果你看了某种理论，不能内化为条件反射，那你根本不懂这种理论。它还不属于你。你要像操控自己的手脚一样无意识地操控它，你才算懂了它。那么，它就是你的套路了。

懂得套路的方法是实践与领悟，再领悟再实践，背诵理论毫无用处。当你懂了，你要变形，就像武术套路到了实战现场，你不能说"等等，让我先蹲马步调呼吸"。

说到底，技术性的套路并不重要，重要的是你的认知模式，那是底层套路了。人家为什么可以成为艺术家、哲学家？因为和你的认知模式不同。你无能为力。

八、认真、谦逊、真诚。

天赋不明显的人，认真是你可以抓住的唯一稻草了。天赋出色的人，如果不认真，是把天赋当废铁卖。

我喜欢认真的人，即使他说的是错的。认真不是固执，固执的人没有普遍理性，会走向灾难。

一个认真的人一定是谦逊的，而固执的人是盲目自大的。因为认真的对象只能是真理，真理面前，谁也不具有绝对权威，每个人都只是真理的平等阐发者，如何盲目自大呢？所以真正的认真会让人谦逊。

那么，他也是真诚的人。真诚是美好的品质，乃至说，真诚创造了美好。

据说人平均一天要撒 20 个谎，你虚伪吗？你对虚伪的承认说明你是真诚的。创意人的态度比创意好坏更重要，因为人性底色是你所有思考的背景。拥有真诚，然后才可能在作品里放入真诚。

穷尽一生的目的也无非是做一个真诚的人，做真诚的事。不至于最后叹息，我活了假的一生。

所以先问自己，我这个洞察虚假吗？我的诉求真诚吗？我是否真正地解决了问题，为受众提供了价值？

其实创意不是为了做一个创意，而是提供价值。

九、坦然失败。

热情是不需要讲的，进入这个行业的人没有不怀着创意热情的。真正的挑战是你怎样处理失败。

成功是偶然的犒赏，失败是每天的日常。

你给我 20 个创意都被我杀了怎么办？给我 21 个。不是我对你严格，是对创意负责。日常的阵痛是我们苦中作乐的一部分，也因此让这项事业具有了神圣性。孔子困于陈蔡间，如丧家之犬，耶稣付出了十字架上的鲜血，所有伟大的胜利都因为它的摇摇欲坠而激动人心。

当你经历 100 场失败后，你会对失败更加冷静，而不是消极，那只会让你更专注于自己的能力，抛开患得患失的干扰。你唯一可以打败失败的，是你对自己能力精进的自信。失败根本不痛苦，痛苦的是你像废柴一样受困于它，每天一点进步也没有。爬山虽艰苦，但你在进步。

你以为你失败了很没面子，想多了，实际上除了你自己，这个世界上没人在乎你的失败。我忙着成功，管我自己还来不及呢。所以，失败不过是我们呼出的二氧化碳。

反过来说，成功了又怎么样呢？那些成功的人真的配得上无条件崇拜吗？

你真正热爱的是创意这项事业，它不该被成功这个标准评判。让创意判断创意，获得它自身的尊严。

况且，做创意人是你选择度过人生的一种美妙方式，它的过程已经回报你够多了，你是幸福的，你不亏待自己的意愿，你按照激情的法则避免了堕入无趣与庸常。你还想要成功吗？像庸常的人那样去追捧成功，那人生多没创意啊！

十、向每个人学习，终身学习。

学习是你通往更好自己的必然之路。

终点是，你想成为什么样的人？以终为始，认识你的优劣势（SWOT），听从你的天性，你可以试探边界，但不要违背天性做事。任何学习都要在正确的路径上，也就是加强你的天性。

你只能选择成为某一类人，而不可能是个完人。阿康、创意、策略、市场人，哪一种符合你的天性，就是你的路径。

每个人都在与生俱来的局限里，"终身学习"就像一句无力的空话，到了一定年龄，你早就丧失了学习的欲望。何况，更多人从来不曾对学习有欲望。

这只是一个美好的愿望，但愿每个创意人始终不失去好奇心，失去学习的欲望。此生入了创意门，不负白首搔更短的日与夜。

小贩

樊苗林

江湖人称小贩，上海天与空创意合伙人。从房地产文案入行，拥有十余年创意资历，曾于上海灵狮、上海奥美、银都奥美等 4A 公司任职，也是天与空初创高管，在天与空服务超过 4 年，而后尝试草创 XX Lab 热店，几经沉浮。服务过天猫、淘宝、聚划算、西门子、亚洲航空、佰草集、银联、万科等品牌。做过的代表作，都已转化成客户的称赞；获过的小奖，俱已忘记。

甲方如何保持创意思考和输出？

求学期间，我本科的专业是商务英语、研究生在国外读设计和传播学。毕业后跟大部分留学生一样，想在国际 4A 广告公司或者外企求职，然而误打误撞进入了一家以代工出口贸易为主的制造型企业的海外市场部，一做就是 8 年。因为我在这里遇上的领导，愿意给创意资源和空间。

在企业里，如果你遇上一个时刻保持着独立思考，有阅读和学习习惯，且经常蹦出各种奇思妙想巴不得你马上试行看看的老板，其实是幸运的，你在体制中遇到了做创意最有力的支持者。这样的领导，是你保持高效创意思考和输出最正面的刺激，在这样的平台，你是甲方的立场，也是乙方的角色。你手握着资源，但为了资源的最优化和持续性，你需要经常保持自身创意的思考和输出。

我所在的部门比较特别，职能上既负责企业在海外市场作为 ODM 供应商的形象建设，又肩负在国内市场作为出口转内销企业的品牌塑造，常年面对各种大大小小的创意需求工作。这样的职场让我这些年也形成了一些做创意的习惯，借一位友人的启发和鼓励分享一些小心得，希望给广告营销传播创意相关的从业者、学生和爱好者一些帮助。

做个斜杠青年，你的经历、爱好和复合能力是最好的创意基础。

我将这一条放在最前面说，源自自身经历。我在以粤语为母语的广东地区成长，也因为本科和海外求学的经历，在良好的英文基础支持下接触并喜欢上伦敦西区和纽约百老汇的音乐剧文化，同时基于我自小的兴趣，以动漫为契机掌握了日语基础的听说读写能力。汉语、粤语、日语、英语，对应的是中国内地、中国港澳粤文化、东瀛文化和以欧美为主的西方文化这四类极具特色的创意环境。借着外贸行业的社交平台，跳开翻译层面的沟通，我有机会跟海内外的创意人直接对话交流，阅读创意类的原文书和网站资料，比对跨国品牌同一语境不同语言的表达细节和差异，这些都是很直观的创意得益。如果有条件，希望对广告创意相关工作感兴趣的人不要在求学时期丢弃学习外语的机会，这对你在创意积累和输出的广度上有很大的帮助。

在团队内保持定期的创意分享习惯。

我在进公司的第三年开始带团队，从那时候开始一直坚持在内部做主题性的实用创意分享会。这个思路来自我留英学习时的阅读周。学期中学校会有1~2周不用上课，但这并不是放假，导师会提供一份建议书单，学生需要在这1~2周内阅读书单上的书籍，并写出一篇小论文。为了不流于形式，这个分享会坚持着三个原则：1. 每次创意分享都会有一个主题导向；2. 分享的创意对部门工作在执行应用上要有参考意义；3. 不管什么职位，每一个人都要参加。随着团队的壮大和分享会的常规化，这些分享的内容形成了一个资料库，我称之为"创意包"，这个创意包现在成为我遇上瓶颈时去寻找启发的私人图书馆。

内部定期创意分享的好处很多，我在这里列举三条感受最深的。首先，因为要求每一个人都参与，所以在同一个主题上会看到不同的视角解读，如同一个设计的文案视角和设计师视角，或同一个发布会的新员工和老员工视角，这些不同的视角都让一个创意更加立体。其次，因为是跟工作内容相关的实用创意分享，实用的导向让这些创意大部分都具备参考和指导意义。再次，我发现在项目忙碌期，特别是当你沉迷于眼前的工作时，这个分享会可以让你不停运转的大脑暂时抽离于任务，得到休息之余还有可能重新审视和发现创意误区。

最后，我想鼓励创意人多走出去看看，切忌闭门造车。

临场感是最好的创意思考环境，一场音乐剧的舞台观感，一个发布会的流程体验，一个产品的细节和触感，一切的一切都是 Tangible Thinking。特别是针对做视觉创意相关工作的人，创意的展示环境和媒介形式，有时比创意内容本身还重要。我常常跟设计师说，不要老看网站精修过的作品展示图集，多去博物馆、设计周、展览展会等创意场所，就算是在公司内，也时不时去厂区、展厅、会议室等受众会出现的环境走走，你才会知道自己的创意是否可以有效传达。

在企业内部，创意的思考和输出是一件自主的事情。不要因为你手握资源，就将创意的主导权完全交给广告公司。如果你不时刻保持创意的思考和积累，当你跟那些经验丰富的资深创意人交流时，你会觉得他们说什么都对。保持对生活的好奇心，发展你的兴趣爱好，多听听不同维度的声音，多在临场体验中思考，才会让你在甲方的立场和乙方的角色上灵活转换。

Nikita

Nikita

奥马冰箱市场部负责人。Design Thinker、PPTer、日影 CM 控、舞台设计学习中。毕业于英国华威大学设计与传播管理专业，8 年创意和传播经验，现就职于广东奥马冰箱有限公司市场部，负责全球海外市场的市场推广和国内品牌形象建设工作。

哪些信念，让广告人受用一生？①

第一个信念：坏事里总有好事。

第一次听到这句话，是一个客户对我说的。他是一个连锁咖啡厅老板，比我年长大概 20 岁。当时我并没有很理解这句话，直到在公司的运营过程中，遇到第一次被诈骗的经历。

那是 2016 年，事情发生在我们一大队人马去北京挂牌敲钟的高铁上。当时我们接到一个电话，是银行的一个老师，她说："你们有笔 8 万美元的汇款要汇到波兰吗？"但其实这个项目并不发生在波兰，而是在另外一个国家捷克。当时银行老师存疑，让我们去和捷克协作单位核实一下这个账号。我们很快核实后，发现波兰的这个账号是个假账号，所以这笔 8 万美元的汇款我们就没有继续操作。但很遗憾的是，在此之前，我们已经操作了一笔几十万人民币的汇款。

这只是当中的一个桥段。在此之前，我们做了一个项目，这个项目在捷克拍摄。当时拍摄结束之后，在临近圣诞节前，我突然收到捷克方发来的一个邮件说："圣诞节前夕，我们公司的账号因审计问题，必须临时关闭一下，这笔尾款希望转到另外一个同名公司。"我们非常相信西方国家的诚信度，因为在

---

① 本文由马骏口述，方艾婧整理。

我们看来，西方国家大多是正直、诚实的。所以收到邮件的时候，我们很乐意去帮助。当时我们要支付这笔款项，需要调整合同、调整报价单，同时调整发票。但这所有的一切，双方都在邮件里很快进行确认，对方也很快收到了这笔大额尾款的一部分。他们收到汇款后还非常热情地回复："感谢你们的快速处理，希望最后一笔 8 万美元的尾款也能尽快处理！"

事情就这么推进下去，直到我前面说的那一段，在高铁上接到银行老师的电话，我们跟协拍方进行确认。对方给我们的回复是："从来没有换过账号，也从来没有说过改合同，我们就这一个账号，从来没有说圣诞节之前审计需要关闭原账户。"显然我们是被骗了。（这个时候我们才发现之前一直是邮件往来，从未电话确认过，问题出在邮件上。）

虽然马上报了警，但最后的结果是我们并没有追回那笔钱。很遗憾，我们在这个项目中损失了一大笔，这对公司是一个重伤，无论是经济上还是心理上，这是一件非常坏的事情。

当然我们有理由相信，被诈骗的起因是协拍方没有看护好他们自己的邮箱系统，我们可以说是他们被黑客攻击了，黑客盗取了他们的邮箱，然后发给我们这些欺诈邮件。当然对方是不愿意完全由他们来承担这笔几十万人民币的费用，而是希望和我们共同承担。

这是一个抉择：我们是不是愿意承担？如果我们承担的话，承担多少？最后我和我另外两位合伙人大雷和韩墨一起决定，我们愿意共同承担，毕竟我们也没去做电话确认，全是通过邮件跟他们沟通，我们也有部分责任，当然最多也就各自承担一半吧。

但因为这个项目对他们来说是一个巨大的项目，承担 50% 对他们来说，其实是很大的损失。所以他们跟我们协商，是不是可以我们承担 60%，他们承担 40%。公司最后核算下来，我们承担 60% 项目还不至于亏损，那就帮他们一把，我们承担更多吧。

当时做了这个决策，对公司利润上来说是一个很大的损失，这是一件彻彻底底的坏事。那怎么说是好事呢？

这件事情过后大概两个星期，我接到协拍方的一个电话。其实他们是全球协拍组织中的一个成员。全球协拍组织在非洲、欧洲、美洲都有很多点，大概有 15 个国家，这些点之间会互相帮助。你到其中任何一个地方去拍摄，比如你去美国或去土耳其拍摄，都会得到当地最好团队的支持，最低的价格和最优惠的账期，但是它在中国还没有设点。

他们说："如果你们愿意，我们安排一个会面聊一聊，看看是不是有机会，你们也成为组织当中的一员？"

我说："你们成立多久了？"

他们说："已经将近 20 年了。"

我说："20 年，你们没有找过中国的合作伙伴吗？"

他们说："有，但觉得对方不那么靠谱。我们愿意找你，因为发生那件诈骗事件之后，觉得你们是一个很有担当的公司，你们愿意承担更多，所以我想邀请你们来。"

很快，我跟组织的大老板见了一次面，聊得非常好，大老板也很爽快，他飞了十几个小时到中国，进行了一个星期的谈判。最后我们在愉快的气氛中，敲定了我们公司成为第 16 个国家的合作方，也成为合作方的重要股东之一。

一年不到，赤马正巧有个项目，是阿里巴巴为平昌奥运会做的一个宣传片，拍摄地在南非，协拍方就是我们组织当中的成员之一。他们给我们提供了很大的支持，最好的价格、最棒的团队以及最优的账期。最后这个项目的成果非常喜人。因为这个项目，我们又一次在业界获得了一些小小的名气。

回首那一两年，先是有了一件坏事。后来加入了全球组织，组织支持我们做了那么漂亮的项目，这是坏事里面的一件好事。在这个过程中，交了很多很有意义的朋友，更加了解这个世界，明白在西方国家怎么做制作，还有 15 个国家的合作伙伴会给我们很多资讯。在资本市场上，我们得到了更多的关注。

因为我们是在一个全球性的组织里，这是一件非常非常好的事情。

这个故事有点啰唆，但深深地印在我的脑海里，可能一辈子都不会忘记这个亲身经历。它告诉我，人的一生一定会遇到很多事，也一定会有坏事发生。但你怎么去看这件坏事，以及你会不会相信这个坏事里面有好事，如果你相信，这个好事一定会发生。

这是我的第一个信念。

第二个信念：帮助别人，成就自己。

2010 年创业之前，我在一家公司工作的时候，有个小小的办公室，我在宣纸上写了 8 个字"帮助别人，成就自己"，挂在墙上，时刻提醒自己。我忘了这 8 个字的来源，但我深深地感觉到，这 8 个字真的很有价值，就跟古语"得道者多助，失道者寡助"中的智慧一样。

这样的例子有很多，就说一个最近的。去年在韩国拍片，我遇到一个花絮跟拍团队，当时因为我们拍一个大导演大品牌的明星广告，客户就找了一个花絮跟拍团队来记录。当然主要是拍 TVC，花絮跟拍是辅助的。通常情况下，花絮跟拍团队会根据我们的时间，来调整他们的拍摄时间，大部分情况需要我们这边给他们行个方便。

我记得很清楚，这个花絮跟拍团队的负责人是一个女生，她有一点腼腆。我们加了微信，她说有些事情需要我们协调和帮助。当时项目的计划表排得非常满，每天要拍很多内容，要挤一些时间给他们有一定难度。但是，转念一想，既然是一个项目，客户也有拍摄花絮的需求，我就尽可能去帮助他们，给他们行个方便。其实拍摄结束，这事也就翻篇儿了。

过了几个月，突然有一天那个腼腆的女生在微信上跟我说："有一个项目在找制作公司，你们能不能来支持我们。"

我说："你们不是专门做花絮拍摄的一个工作室吗？"

她说："是，这是我们业务的一部分，我还有一部分业务是做创意，以及做代理商的制片人（Producer）。"

我当时非常惊喜，我觉得她来找我们，应该是觉得我们至少不是一个很讨厌的合作伙伴吧。通过她的引荐，我们得到了一个参与新项目的比稿机会。这个项目虽然最后没有成，但后来这个女生，还是继续找我们参与一些新项目的比稿，直到现在。

回想这件事情，我并没有因为当时她只是一个花絮跟拍方，就忽略她或者不重视她，而是予以最大程度的帮助。没想到仅仅几个月，就得到了一个正向的反馈。这也印证了这8个字，帮助别人就有可能成就自己。当然，未必是说这个项目一定会给自己带来多大成就，但是我觉得这是一个正向的反馈。你是一个乐于助人的人，也一定会得到别人帮助，或者得到别人的青睐。

所以说，希望每一个在职场中的人，善良、愿意多付出帮助别人，我相信时间会证明一切。可能几个月或者两年三年，你就会有回报，就算没有回报，你做这些助人好事的时候，心灵上的满足也是非常大的。

这是我的第二个信念。

第三个信念：人生是一场马拉松，起点的位置不代表终点的排名。

创业十年了，可能我们公司在业内还算有一些小的知名度，创造了中国第一个上新三板的制作公司，也创造了制作公司的产业链体系。我们投资了器材，投资了后期，还有前面说到的全球制作网络，营业额也是连续几年过亿。但我个人其实是一个很普通的人，父母是双职工，自己读书也不拔尖，上大学后在学校里的排名也不靠前。但这可以理解成一个马拉松的起点。起点怎样不是最关键的，关键的是这个过程，有没有去拼，有没有去努力。我觉得只要是去拼去努力，就有可能实现一些目标。

有人可能会说我读过大学，也不算起点太低。我再举另外一个例子，我的一个好朋友，原本他是一个小镇青年，心里有个导演梦。最初找工作的时候，先是找创意方面的工作，他很喜欢画画，很有创意。后来因为没有高学历，可能类似中专毕业吧，他的第一份工作是在小镇的墙上给人家画墙报。他说当时连睡觉的地方都没有，就睡在仓库里的货架上。后来他到了上海，在网上找遍所有大公司、4A 公司的 HR 或创意总监的邮箱，把自己的一些创意作品发过去，发了几十份上百份才会有一个回复，但他抓住了一次机会就进入了这个行业。2006 年的时候，他想转型做导演，虽然不是科班毕业也没做过导演，但十年时间，他不但成为一个很优秀的广告导演，而且还拍了两部电影。

　　这个故事更能说明问题，也许你的起点很低很普通，但并不代表你终点的排名会不好。只要有心，肯努力，就会有一个好的收获和回报。

　　这是我的第三个信念。

马骏

赤马广告创始人、董事长，从业 17 年，创业 10 年，工作游历 20 多国。长江商学院文创班，交大 EMBA，清华大学 EMBA 毕业。代表作：OPPO《小人国奇幻之旅》、阿里巴巴平昌奥运会《相信小的伟大》系列；QQ 阅读《自由图书馆》（胡歌主演）、奥利奥《故宫篇》。

广告人出来单干，都能干些啥？

　　这个问题困扰了很多人，显然，多数人不打算在广告公司干到60岁。出来做点什么，是一个广告人到30岁、35岁的普遍想法。我早先在奥美广告福建办公室，之后离职去美容医院和牙科医院做营销策划，工作之中写了一本《爆款文案》，很多人了解我正是通过此书。书籍畅销之后，我就辞职单干，卖营销课程，开始了第一次创业。当时赶上知识付费的风口，课程销售比较顺利。但风口一过，销量下滑，公司关门解散。目前我在第二次创业中。我离开广告公司快10年了，过程中自己创业，也看以前同事创业，自己和他们都会起起伏伏，在这中间，我发现了一些规律，不妨分享给大家，做个参考。

　　我非常感谢这段创业经历。创业是非常刺激的体验，初次创业时，心态起伏较大，有时会惊喜，有时会崩溃，在起起伏伏中，逐步理解了商业的本质。在广告公司，我的思维是一维的，营销做得好，这个公司就牛；而创业后，我看得更系统，我会把企业分成5~10个发展阶段，每个阶段又有1~2个重点，看问题比之前更客观了。此时再看广告公司前同事的创业，会看得更清晰。

　　广告公司出来的人，大概有这么几种。

一种是开广告公司。

　　如果你能力强，并且有客户资源，开公司会感觉很爽。你上班只能月薪几万，但是开公司，如果你业务能力强，可以一年赚几百万，你赚得更多，而且时间能自由安排，项目也能按照自己的意愿去做，此时你会感觉特别爽。

这种爽最多持续到 35 岁。因为 30 岁你年入几百万，可能是人中龙凤，但是 35 岁、40 岁你年入百万，只能算一个普通小老板。你会发现，你的同龄人、你的前同事、你的大学同学，很多都取得了更大的成就。特别是做互联网行业的，做消费品企业的，经过多年积累，可以年入千万。这时你也想发展更大，却发现很难，因为广告公司很难规模化。

简单来说，你的同学开餐厅，他想业绩翻倍，可以开更多连锁；你的同学卖化妆品，他可以想办法引流加倍，实现业绩翻倍。而开广告公司，即便给你翻倍的业务，你也不一定能接得住，因为好的创意、好的策划不能一下翻倍，人才需要时间培养。我见到不少 35~40 岁的广告公司老板，就是这样一个状态，一年赚个几百万，日子不算差，但是精神状态比较一般，因为他们发现自己很难翻倍增长，日子没奔头。当然，如果你喜欢岁月静好，这也是一种选择。

一种是开咖啡馆、工艺品店，做小资生意。

这种是特别需要提醒的。这是甜蜜的陷阱。开咖啡馆，当然会很舒服，听听音乐，闻闻咖啡香，或是做一些个性的手工艺品，非常享受。但是 10 个店，9 个要倒。因为没生意。你喜欢的东西，大家也喜欢，但是不会掏钱买。这就是现实。每个月房租、工资要花，收入没多少，每个月亏个几万元，亏一年下去，情怀也扛不住了。这种公司的结局大多数是倒闭。

另一种是不做公司，做个个体户。

比如做一个企业的顾问，做一个自由职业者，或者做一个培训讲课老师。这种干法很保险，一人吃饱，全家不愁，不需要发工资，不需要养团队，适合胆子小、非常害怕亏钱的人。

如果自己勤奋一些，好学一些，做到行业中上水准，一年上百万也是有的，但是如果你不雇人，不做团队，你的收入也就是这样了，因为你再强，一天就 24 小时，你只能接这么多业务。这时，会出现两种选择，一种人会开始消费自己的储蓄，比如去开奶茶店、咖啡店，比如去浪漫的土耳其、巴黎旅游，把钱花掉；另一种人会把钱存起来，去学习理财，做基金定投，或者买房子。一开始这两种人差别不大，15 年以后，前者还必须每年工作，否则没有收入，后者已经收房租，或卖股票有不少收入了，可以逐步退休。做哪一种人，自己可以选。

还有一种是做规模化的企业。

一家公司，一年要做到上亿的营收，并且还有清晰的战略规划，让自己在未来几年业绩快速增长，这才能称之为"企业"，否则只能叫"公司"。前者是做事业，后者是做生意。

一部分有野心的人，会挑战做事业。也有一部分人，比如我，一开始想做生意，后来发现做生意没意思，还是做事业有挑战、刺激，能让自己体验更多，成长更快，于是开始挑战做事业。

一旦你需要做一份事业，从第一天开始，你就会思考如何规模化。这时，你会发现，做企业是一个非常科学的过程，需要经过产品验证、团队搭建、商业模式、营销增长、品牌定位等多个阶段，每个阶段都有大量的知识要学。在广告公司里，我们常常认为"创意第一"，好创意、好的营销点子可以搞定一切。而真实的创业是，广告的重要性没那么大，很多时候甚至不会关注。比如初期，你要研究的是，做出的产品顾客是否买单，需要靠"精益创业"的思维去试验；比如在增长期，你需要测试各个环节的营销转化率，把营销变成数据报表，用科学而非感性的创意来做营销。

在广告公司，你可能会觉得世界是一个滑滑梯，只要找到一个叫"创意"的东西，就能滑下去，就能胜利；而做事业时，你会发现这个世界是复杂的亚马逊丛林，环境很复杂，有溪流、有沼泽、有水果，也有深坑，要更系统地学习和实践。恰恰因为它复杂，挑战大，才让人感觉刺激和有意思——如果你不甘平凡。

对于想做事业的朋友，我的建议是尽快离开广告业。如果你想做消费品，就去一家快速发展的中型消费品公司，学他们创业的方法。同理，如果你想做一家互联网公司，也去同类型公司"偷师"。广告公司练就的技能比较单一，直接去创业容易死，先"潜伏"学习更靠谱。当然，如果你能力不错，也可以试试直接干。无论干死了，还是干得半死不活，都会给你宝贵的经验。

以上就是我给广告业各位的建议。

关健明

水松 MCN 联合创始人，营销从业 11 年，前奥美广告人。著有畅销书《爆款文案》。

好文案该有怎样的心态？

出身文案的我，最常听到的问题是：如何培养自己的文案写作能力？写文案有哪些方法和技巧？提案时，怎么有效地说服客户？……

其实每个人都有自己写文案的方式与风格，但不论何种风格，日常的积累是基础，文案的功夫在文案之外。我平时用于充电的时间，比写文案的时间多了几百几千倍，所以要想精进自己的文案功力：

第一，要对写作这件事情保有热情。

平常你的思考跟感情可以透过写文案或写诗的方式来表达，如果平常没有这种练习的话，基本上是写不出来的。平常如果可以的话，每天写一则文案，每天选一个你有感觉的某个餐厅和某一道菜，或某一个商品，你觉得他们的文案写得不好，那你就自己帮他们写，然后你就可以把它变成你的练习，这一点很重要，每天还是要写一篇文案，不带目的地写文案。

第二，要平常观察好的广告或者好的标题。

好的标题不限于广告文案，可能还包括某一则很吸引你眼球的新闻标题，那个标题的句型，就可以拿来做自己写文案的参考。

文案没有什么特别的技巧，因为它是一个针对商品而出来的东西。就好比说，有没有正确的教育孩子的育儿法则？答案其实是没有的，因为每个孩子都是不同的。能够把每一个商品或每一个服务的客户或对象，都视为独一无二的，你才可以写出独一无二的商品文案。如果你有一个固定的套路，固定的方法跟技巧，那基本上这个东西写出来，放在任何商品上都可以使用，那么它的独特性，就没有体现出来。

文案也没有实习期、初期、中期或成熟期等所谓不同的创作时期。原则上就是自己写，写文案就是要一步到位。你不要自己还分现在我是新手，然后等我成熟才能写怎么样，这是自我设限，你一开始就应该写成。把自己设定成我就是这个商品的文案，就是服务这个客户的最厉害的写手，因为我可以找到它的独特点，我可以为它量身打造出特别的表达方式或者一个广告形式。这些形式还不限于文案，它可能只是一个活动，或者只是一张图，都可以，不要受限于它是文案这种形式，基本上如果要给一个东西做宣传，形式有千百万种。

如果就只把自己设定成文案，而这个行业一旦不需要文案的时候，那你就灭亡了。将来会应用多种形式的媒体，有可能通过 VR、AR 或 AI 等，这样就会有不同的形式。总之，你要知道，广告的形式多种多样，而广告的本质就是宣传或者让更多人知道，它传播的方法有很多种，不会只有文案，有可能只是一个活动、一个事件，就可以造成一样的结果，而可能你的文案都达不到那样的结果，所以我觉得先把自己从文案这个角色脱离出来，把自己视为这个东西的生产者、创造者，然后以你想跟大家怎么宣传，怎么让大家知道这个东西的方式来思考，你就会脱困，就不会再受限于文案的技巧。

如果你仍然受限于文案的技巧，受限于"一、二、三"这样的步骤，那你就准备被淘汰吧，因为这个东西就是落后的思考。

另外，作为文案，我们还经常需要面对客户，也总会有这样的困惑：觉得自己的文案写得很好，但客户不接受，该怎么办？原则上如果文案够好，大家都会喜欢的，创意本身若很动人，你做出来的东西非常感动自己的话，就不大会有客户不喜欢、不接受的问题。那排除文案本身的问题，你还应该想问题是不是出在提案上。跟客户提案时，你要把自己当成客户本人，他当时为什么要做这个东西？他的期望是什么？你如果能置身于此去思考，那根本就没有什么技巧，也不需要准备什么方法跟技巧，你就把它变成你是他就好了。他会怎么想？他可能担忧的东西是什么？你要帮他全部想完一遍之后，从他的角度来提案。他甚至会觉得你比他想的还要多，连他没想到的你都帮他思考到了，那他当然就会信任你。我觉得整个提案的准则就是让他完全信任你，而让他完全信任你的前提就是你要变成他，你要变成最高维度的他，甚至比他更聪明。

比客户更聪明，比客户更有智慧，比客户更有能力，你的提案，他就会百分之百地信任，这才是最重要的，其他的想用技巧、方法等让提案通过的方式，都太低维了。

总之，不论是写文案，还是向客户提案，说服客户接受你的创意，都不能受限于具体的技巧、方法，而是应从同理心的角度，根据具体的产品特性，根据你面对的不同个性的客户，为他们量身定制适合他们的文案，这样还能成就自己，把自己做到独一无二——这也是现在或未来想要从事文案创意工作的人必须有的特质。

李欣频

作家，被誉为华语世界的"文案天后""创意天后"。台湾政治大学广告研究所硕士，北京大学新闻与传播学院博士。曾任诚品书店特约文案、宏碁数字艺术中心特约文案创意，为诚品书店、诚品商场、中兴百货、远东百货等创作了诸多流传恒远的经典文案。连续多届担任广告流行语金句奖、金犊奖等奖项的评审。文案作品集中收录于《广告副作用：艺文篇》《广告副作用：商业篇》。创意类代表作：《十四堂人生创意课1》等。

做自媒体对做广告有什么好处？

做广告又同时做自媒体，这样的双重身份会产生怎样的意义？

广告创意是一个复杂的事情，它包含了心理研究、传播学、营销学、艺术呈现，以及对生活的理解、归纳等。最终能让品牌与受众沟通、对话，再产生下一步行为。

我们常说要做好广告，必须充分了解产品、洞悉人性，抓住人们关心的，或者未曾注意的但潜意识里已具有雏形的东西，这样才能做出直击人心的创意。比如，从生活上，广告人会留意生活中的每一个细节，因为很可能你的下一个创意灵感，就来自角落里一本落灰的笔记，一次与朋友的谈话，或者一个艺术展览。

让一个大创意、大制作执行出街，并能够在国际广告节上斩获大奖，应该是所有广告人的梦想。另外，我们喜欢让一个创意很干净，喜欢画面单纯、有视觉冲击；喜欢文字有力、能直击人心；喜欢让自己做的广告成为能放在简历中的作品。而这样的案例或多或少都会牺牲掉一些东西，一些普通消费者可能因此而看不懂的东西，一些广告人觉得没必要而客户却很看重的信息，一些广告本来应该要表达的东西。

当然，做到促进销售与创意都出色的获奖案例有，但非常少，想要顾及两头做到平衡很难。我们看过大部分在国际广告节获奖的作品，看起来都很高大上，但有没有觉得这些作品的确镀了一层光膜？看起来很美，却难以触碰到普通消费者。如果你是客户，你觉得这些是你需要的吗？

做新媒体之后，看待广告的角度不再那么单一，会更多地考虑客户为什么要花钱做这个广告，客户面临的真正问题是什么。关于这一点，我用了"更多"两个字，所以多说一句，现在很多甲方不乏许多来自乙方的专业广告人，但也有不少乙方依旧对广告营销知之甚少，他找到你，是希望你帮其解决困境，或者其自身看不到的问题，把预算交给你，无疑也是把希望交托给你。所以，我会多了一种客户的钱不好拿的想法，营销中的每一分钱，都需要认真对待。

现在很多国内的大型实业品牌，在与各个国际4A公司合作之后，会选择与当地的本土公司建立长期合作。为什么？因为这些品牌发现身带国际4A光环的公司创意策略都很大，但实际并不接地气，无法做到与市场真正沟通。因此销售上并没有多大帮助。

这并非我凭空臆测，而是采访了几家地方广告公司得出的结论。他们能获得品牌方信任的原因是：能进入客户角色，甚至与客户一同开发和孵化产品。真正理解品牌的需求是什么，将自己变成甲乙双方，从产品的研发开始，到前期调研、生产初级的调试、产品包装、销售渠道建设等，都了若指掌，真正做到"伙伴"二字，从而多维度思考问题。

如果能以这种心态来对待产品，自然也就知道需要与消费者做怎样的沟通，也会在意花出去的每一分钱。而客户自然更乐意跟这样的合作伙伴建立合作。

此外，做新媒体之后，因为有很多机会来分析出街广告，也会比较容易倒推出品牌做这个广告的目的和动机，还会去推导客户接下来的营销动作。习惯去思考整个案例的逻辑关系，比较能够锻炼自身思维的完整性，这很重要，因为比起单纯去看一个广告案例，你去了解起因会更有意义。说白了，就是比做单纯的创意站前了一步还是站后了一步，前者你是当局人，后者就会退为旁观者。

就我个人来说，创意意味着创新，想法是新的，文案语句是新的，美术表现是新的。如果说哪一种人会常常把工作带回家，可能就是我这种广告人。因为脑子随时都在收集各种信息、素材和资料。所以，无论是在家看电视，还是在外逛书店、潮品店和艺术馆，基本上都会有意无意地带着目的去观察和阅读，随时为自己的创作补充能量。当接到一个项目的时候，自然就想让脑子里的新奇想法和觉得好的创意能够在这个项目中出街，也能够在同行中大放异彩，这是一个创意人的惯性思维。

但退后一步看，广告只是营销中的一个环节。营销的目的是销售，尤其是在疫情发生之后，品牌方从意识层面改变了对营销的认识，几乎所有甲方的广告目的都只要销售。所以，广告如何做到有效沟通，我们也需要从根本意识上有认知。

如果你是广告人，不妨也像我这样，试着以双重身份去做广告。在业余期间找一些感兴趣的项目，从策略、媒介投放、广告表现上把它摊开来看，你就多了一层裁判的身份，以积极的态度去解读案例，有步骤、有逻辑地落笔。通过一次次分析，你的眼界也就不会单纯停留在创意层面了，面对新的项目简报，也不会再急着动手，而是会从更多方面着眼。

当然，有些人写着写着放弃了本来的创意工作，我不能说这样不对，但远离了实操经验，说出来的话就容易像浮萍，站不住脚。

还有一点，就是你的写作能力一定会有所提升，这一点就我本人来说，体会尤深，因为我之前是美术，做自媒体之后，不认识我的粉丝，都以为我是文案出身。

当你对案例的剖析越来越深刻，观点越来越犀利、清晰，看问题也就必然准确明了。这一点，你可以从阅读量的提升和粉丝的留言互动中得到佐证。

如果说同时做这两项工作的收获是什么，我想最大的收获就是能从根本上看出客户面临的问题症结，对症下药也正是广告沟通应该做的。处在一个多变、高频的时代，不妨尝试身兼这两个角色，你也许就会发现，站的角度不同，看待事物的方式和价值都会不同。

邓千军

自媒体"文案与美术"创始人，美术出身，20年广告经验。曾在北京电通、奥美、达彼思、灵智精实等多家国际4A任职，在DMG任创意总监之后开始创业。代表作：雪铁龙C5上市广告战役；通用新君威、新君越上市广告战役；标致508、3008上市广告战役等。

为什么品牌简报上，客户从来没有要求 LOGO 要小一点？

因为

美指从成为设计师的那天开始，

就有一个不容置疑的信仰：

LOGO 越小（最好找不到）画面才越牛 ×，

你觉得还用客户提醒他们"小一点"？

因为

品牌 LOGO 都有自己的雄性基因，

"尺寸"很重要。

LOGO 小了品牌力怎么大？

因为

有些 LOGO 的设计实在太简单，

太小的话，

你不觉得远远看去像海报上趴着一只苍蝇吗？

因为

LOGO 设计上花了时间与金钱的双重打磨，

这个"价值"太大的正圆点，

画面上实在小不起来。

因为

万一品牌和竞品 LOGO 本身的区别就很小，

再小点？

岂不成了为别人做嫁衣？

因为

LOGO 太小的话，

太多的空间留白，

不太美观。

因为

品牌的 LOGO，

不能比联名的品牌 LOGO 小。

因为

某些消费者有老花，

太小他们会不开心。

因为

你见过自己 LOGO 很小的广告公司吗？

（在某些创意公司的简报上，他们恨不得把 LOGO 跨越整版）

因为

广告公司里产出的大创意（Big Idea），

没有很"大（Big）"，

那就只有让 LOGO 更"大（Big）"。

因为

创意部的同事们，

老是做着做着就把 LOGO 变小了，

"LOGO 小点"岂不是顺着他们？

因为

文案每天都被密密麻麻的中文搞疯了，

难得 LOGO 上的英文可以换换眼，

LOGO 再小

你让人家怎么"看"？

因为

消费者有可能看不懂，

海报上"后现代主义"或

"诗词歌赋"般高大上的标题，

LOGO 再小的话，

连谁在卖广告都看不懂。

因为

五花八门的广告公司，

让同一系列的广告看上去像不同品牌，

LOGO 太小，

消费者怎么认得出，

原来这些风格迥异的系列广告在卖同一个东西？

因为

为了尊重某位德高望重的转世大师

给我们的五毛 LOGO 开了圣光，

LOGO 太小，

五毛怎么变成五个亿。

因为

消费者不在法国南部也不在泰国海边，

中国的飞机飞得太高的话，

LOGO 太小，

消费者会看不到。

因为

希望在任何距离，

都能让消费者一眼看到品牌 LOGO。

"小"事情怎么吸引他们的注意力？

因为

KOL（关键意见领袖）等大号的文章为了以表真诚，

当 LOGO 有机会露面时，

不能"小"气，要"大"方。

因为

LOGO TEE，

LOGO 太小就不是 LOGO TEE。

因为

创意难定对与错，

大 LOGO 一定没有错。

广告人每天遇到的问题里，

LOGO 一定不是最大的问题。

所以，笑一笑，大家都美丽。

小贴士：

既然客户从来不会要求把 LOGO 变小，

那么如何"优雅"地拒绝客户

把 LOGO 放大的要求？

双赢方法是，

把你刚刚千回百转产出的大创意推翻重来，

给出一个不放 LOGO，

就能知道是该产品或品牌的广告。

（如果你觉得有可能的话）

通常来说，

任何拒绝都很难优雅。

但我们可以转移视线，

不让客户产生"被拒绝"的不优雅感受。

比方说，
很多情况是这样：
有时候你觉得问题在 A，
但解决 B 的问题后，
A 的问题也迎刃而解了。
就像如果你想直接避免"LOGO 放大"这样的操作，
可以尝试一些办法，
让客户产生"LOGO 变大了"的感觉。

不妨开个小窗，
向客户主动出击。
例如，你可以说：
"对，背景太复杂了，把背景简化，LOGO 的角色会更突出。"
"对，画面的视觉中心在左边，把 LOGO 从右边搬到左边，
很难不注意到 LOGO 了。"
"对，LOGO 可以停久一点，加二十帧印象会更深刻。"
"对，加个声效与 LOGO 同时出现，耳朵都觉得 LOGO 变大了。"
……

最后一点，
当你的创意足够强势自带光环，
优不优雅都不成问题。
否则，

LOGO 小一毫米，
你再优雅都会有问题。

Tom.S

沈伟伦

The WIZ 创意合伙人，1997 年入行，担任美指 23 年。近年一直在线上、
线下，让自己的发际线避免忽上忽下。代表作：有一个想继承父业的九
岁儿子 Mark。

经营广告公司要量化思维吗？

讲到量化思维，很多广告公司的经营者或者业务领导由于专业背景或者其他原因，觉得量化只和财会相关，只要聚焦把业务做好了，把作品做好了，公司自然就做好了。

但你也发觉，当我说"好"的时候，本身就很抽象，而"好"是可以通过量化的方式被定义、比较和改善的，这样更具体，也更有启发性。因此，当我们在运营一家"感性"的广告公司时，管理者也需要有一些"理性"思维，帮助公司成长。

作为启发，讲两个关于公司运营的"量化思维"的例子，一个关于现金流，一个关于可持续增长。

一、流动资金周转率：不是赚多少，而是账上有多少。

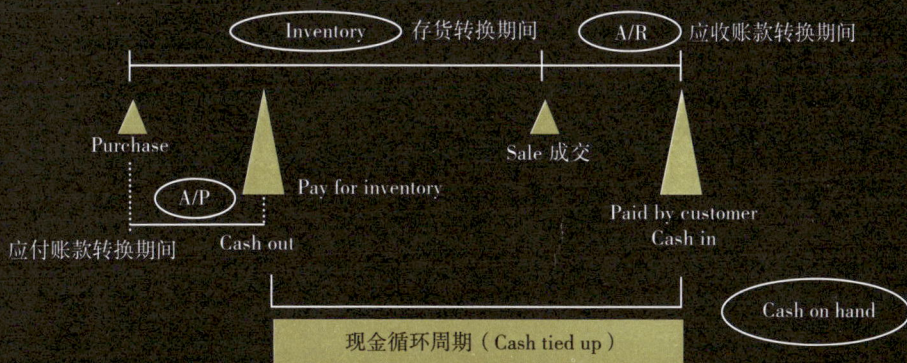

对于公司的运营来说，最重要的除了人才，就是现金流，如果缺乏现金流，公司本身就暴露在风险之中。这个图描绘的是制造型企业的生产经营周期（Operating Cycle），上半区间由存货转换期间（Inventory）（把原料转换为商品并销售）和应收账款转换期间（A/R）构成，寓意是从原料到客户付款的时间跨度，这个跨度减去下半区间应付账款转换期间（A/P）称之为"现金循环周期（Cash tied up）"，表示公司需要多久才能把财务记账的毛利部分转化为现金流，这个区间对公司来说是越短越好，表示现金的转化周期短，账上的钱自然就会多。

广告公司没有"原料"一说，运营周期可以近似为立项到收款入账的时段，应付账款部分也多是在客户到款后付款，所以对于广告公司经营者来说需要尽量缩短存货和应收的转换期间，并合理地控制应付账款转换期，当业务向好时，会面对更为复杂的应收、存货和应付的关系，管理者需要对其有量化的概念，管理并改善，以提高公司的现金流。

这里，广告公司的存货转换期和团队能力、效率以及客户的属性都有密切的关系，应付和应收的交涉能力和公司自身的核心竞争力及议价能力相关，在看待业务和公司时，心里有一杆秤，可以在数字背后找到原因，做长期的改善。比如说，在实操过程中，可以在报价阶段对存货转换期间做硬性规定，即明确此份报价和交货周期的匹配性，预防存货期间被拉长并占用公司资源。此外，对于大笔的应收款项，在考虑到公司利润率的前提下，给予客户提前支付折扣率，缩短应收账款的回收时间。

广告公司的客户部叫 Account，中文就是"账目"的意思，因此，业务领导人除了需要管理好客户的广告预算，也需要管理好自身公司现金流。

二、可持续增长率 g：通过找到量化思维找到公司增长的驱动因素。

$$g = ROE \times RR = ROE \times \left(1 - \frac{div\ declared}{net\ income} \right)$$

这个公式是可持续增长率的计算方法，表达了一个非常简单的道理，公司的可持续增长率来自公司赚钱的能力（ROE：权益报酬率）和公司留存利润的能力（RR：留存收益率，即发放股利/分红后的利润留存率）。

继续分解 ROE：

$$ROE = \left(\frac{net\ income}{sales} \right) \left(\frac{sales}{assets} \right) \left(\frac{assets}{equity} \right)$$

$$= \left(\frac{net\ profit}{margin} \right) \left(\frac{asset}{trunover} \right) \left(\frac{leverage}{ratio} \right)$$

可以看到 ROE 是由净利润率（反映赚钱的核心能力）、资产回转率（反映管理效率）和杠杆率三个部分构成，这里并不是要求我们真正去计算这些指标，而是启发我们在思考公司发展的时候，需要在哪一个驱动因素中着力，提高可持续增长率。

比如说，高净利润是来自优秀的创意人才还是新的模式，是否可以规模化？当两样都没有的时候，是否可以通过提升周转率即跑量＋高周转的模式提升增长率？抑或是在模式无差异化的情况下，通过杠杆来放大价值取得资源优势来变现？运营者可以从这些量化模型背后的驱动因素来思考、执行和改善，这样数字最终也只是结果，也达到了量化思维的目的。

这里给了两个例子以做启发，通过量化思维思考业务、组织和现金流，这些都是可以帮助本就熟悉业务和创意的广告人更好地经营公司、不断改善的。而这些思考和改善，最终会反映在公司的财务表现上，形成和管理人、投资人、员工、合作伙伴的对话基础及共赢关系。

最后，多啰唆一句，这里所指的量化不是传统意义上的建模、回归和预测，而是思考方式，目的不是监督，而是改善，真正要做的还是脚踏实地的思考、执行、改善，再思考、再执行和再改善的循环，持续做得更"好"。

陈佳祺

ADK 中国首席增长官、ADK 健康中国董事总经理。马马也原总经理、合伙人，曾任麦肯健康上海总经理。18 年 4A 从业经历，早稻田大学经济学硕士、宾夕法尼亚大学沃顿商学院高级金融管理专修，上海交通大学高级金融管理学院 EMBA 在读。

广告费去哪了？

一个古老的问题，也是当代的问题。在信息爆炸的今天，这个问题的回答，变得比从前更加紧迫。

信息短缺时代，人们都禁不住感叹："一半的广告费是浪费的。"如今，一个失败的广告，100%的无效，甚至负效果，都是可能的。

这个行业，实际上已经全方位全要素地被重新定义了。那么今天的广告费，到底都去哪了？

我没有完全的答案。但是作为长期以来致力于提升广告费实效的一个实践者，我有一些观点。

首先要谈媒介费。

媒介本身没有价值，它只是一个空的载体。对，它是空的。如果没有内容，它不产生任何价值。

但是，中国7000亿广告费，绝大部分都用在了购买媒介。如果沉迷于媒介的折扣、媒介的流量，而忽视了媒介是空的这一事实，巨大的浪费将继续。消费者不需要"媒介"，消费者需要"内容"。并且今天的媒介是爆炸性的供应，并不稀缺。所以，不应该再紧张于"媒介的采购"，事情成败的核心不在于此。

其次是内容费。

媒介有了内容，才开始显现它的价值。内容，决定了媒介的价值，决定了流量的价值。

今天的中国，最为稀缺的，是创新的内容。即使广告业之外，中国到处可见的，仍然是缺乏创新。

内容费，可以定义为：为这个内容所付出的一切费用，包括策略、创意、制作、执行等费用。可惜的是，即使中国的一些巨头公司，在内容费的投入方面，仍然非常不足。这就造成一个严重的后果，内容不佳，连带着摧毁了媒介的价值。

内容并不只是一个广告，或者一个创意，内容应该被定义成：呈现在媒体上的，一个推销品牌或产品的解决方案。所谓创新的内容，是指创造性的、更高效的解决方案。

不能解决，或者低效解决所设定的营销问题，当然也会造成巨大的广告费损失。所以我们所有工作的核心，应该是"高效解决问题的创新内容"。

总结一下：

广告费由媒介费和内容费构成。目前的中国，内容费相比媒介费，投资普遍严重不足；投入巨资购买媒介，发布低价值低回报的内容，是广告费巨大浪费的根本原因。

应该把更多广告费，大力投资于"高效解决问题的创新内容"，来提高回报率。不仅如此，如果想提升广告费的投资回报率，应该意识到，移动互联网的本质是消费者掌握传播权。媒体和内容，应该从一开始就一体化整合思考，从而激发自传播，才能算是当代广告的解决之道，才能将广告费的效率发挥到最高。

这是我和同事们长期实践之后的一点思考和发现。先单独购买媒介，再"投放"广告的模式，必须革命了。内容第一，媒介第二。加大付费给内容，减少付费给媒体。要知道，特斯拉的广告媒介费是0。

"能高效解决问题"的策划人、创意人或者 KOL，主导了广告费，广告费才可能倍增回来。

郑大明

之外创意创始人、首席创新官。策略入行，从业 27 年，英扬传奇前首席创意官。代表作：华帝《法国队夺冠，华帝退全款》；碧桂园《你有没有过，怕回家》；东风风光《看中国的风光，乘东风的风光》。

如何赢下比稿？

回想创业这一路，我们算是白手起家，靠赢比稿活下来，且活得还算漂亮的创意公司。

第一、二年，我们的比稿胜率高达80%以上。三年来，随着比稿越来越多，对手越来越强大，我们始终保持65%左右的比稿胜率。

关于比稿，广告人又爱又恨，比稿让人肾上腺素飙升，遇见好对手，更会激发内心征服欲，赢标后有一种用钱也买不来的巨大成就感。

但比稿更是广告人的一部"血泪史"，恶意比稿、骗稿事件屡见不鲜。曾经21家创意公司发起"付费比稿联合倡议书"，在业内激起千层浪，相信大家也都历历在目。

在写下"赢下比稿的五个秘诀"前，先给出第一个建议。如果你对自己公司的作品与实力有足够信心，第一个建议必须是：比稿收费。

比稿收费是一种尊重付出，以诚意交换诚意的公正方式。当你收取比稿费用时，将全力以赴比稿，每一页PPT都想对得起比稿费，这无形中提高了比稿胜率。

那如何赢下比稿呢？

第一个秘诀：客户挑我们之前，我们先挑客户。

挑好客户，是赢比稿的开始。六个问题筛选客户，决定是否接比稿。

1. 客户规模如何？品牌越大风险越低。

2. 市场部是否有话语权？离决策者有几级汇报关系？方案是否需要市场部与

其他部门共同决定？

3. 上一家代理商是谁？这个客户以前的出品水准如何？有没有作品心？

4. 有没有立项？是否有采购参与？有采购参与的项目，风险较低。

5. 几家比稿？分别是哪种类型的公司？是哪些公司？是否有二轮的惯例？原则上四家以上的比稿不参加，二轮比稿不参加。

6. 比稿内容是不是公司擅长或尝试去产出的内容？

第二个秘诀：对的人做对的事，赢在起跑线。

1. 为比稿组织合适的人、合适的资源，就有了赢标的底气。

2. 不要认为人多势众有优势，比稿参与人数控制在 5~8 人，人人都要有贡献。

3. 设立一个内部推进时间表，分配角色和任务，落实责任，限期完成。

4. 作为比稿负责人，该民主时民主，该独裁时独裁，要留出足够时间来码文件。

第三个秘诀：好提案，有标准。

1. 用一个清晰的主题串接提案，这对一天内听 N 家提案的决策者尤其重要。

2. 不要只讲事实，要将观察转换成洞察，让策略更具深度。

3. 有时候我们提的东西太多，一个漫长的提案下来，客户反而没有抓到最核心部分。要确保提案的内容是准确犀利的，对简报的回应是贴切且有用的。

4. 提案者要熟悉演讲内容，不要生硬地提案，控制好提案的节奏和语气。

5. 提案时间不要用得太满，留些时间与客户互动，高质量的交流能给客户留下深刻的好印象。

第四个秘诀：总结复盘是成功之母。

1. 无论赢输，比稿之后，进行内部交流与总结。

2. 找出比稿成功或不成功的主要原因，好的发扬光大，失误的避免重蹈覆辙。

3.输了也没有关系，不要去怪某个人，可以怪运气。

第五个秘诀：优秀的甲方如何挑选代理商，了解一下。

三年来，有幸服务过不少优秀的甲方，他们拥有创意的追求、尊重人、作品心和有一定预算的特质，我们称之为中国好客户。

想赢比稿，了解你将怎样被挑选和评定也是至关重要的。那中国好客户们如何挑选代理商呢？了解一下。

第一步：在专业媒体如广告门、数英、SocialBeta、广告圈微信大号搜索案例，把优秀案例列下来找相应的公司；同时找当年广告节获奖清单，确认这些公司和案例的业界认可度。

第二步：考虑项目的特性，找相应不同类型的公司，如4A大集团或创意热店；或特定领域如娱乐行业和电商行业深耕已久的公司。

第三步：筛选出公司，一家家去拜访摸底。接下来就是出题，一家家简报，感受简报中的互动，看看对方的理解能力、创意能力和投入意愿，最后就是看比稿方案。

第四步：比稿方案是最核心的衡量标准，方案之外，会综合考虑公司的实力，考虑项目的范围和工作量，与这家公司人力的匹配程度。

除了方案和公司人力的硬指标，以下的软指标也是加分项：

1.和项目的契合性，是否有打造成功案例的能力，最好有过同类型的操作经验；

2.是否有长期合作的意愿和持续学习了解行业变化的能力；

3.和市场部团队的气场合不合，能不能接受共建和讨论。

以上就是一个优秀的甲方挑选代理商的流程和标准。这些优秀的甲方视代理商为重要合作伙伴，他们用心挑选并珍视代理商，好的作品往往就这样诞生了。

写完这五个秘诀，最后再来一小碗鸡汤。我们还要学会面对比稿失利时的挫败感，虽然我也常常做不到。

比稿里不可控因素太多，运气也有自己的想法，只要你热爱创意，毕竟只有在比稿阶段，你才是创意的主人。

所以学会享受比稿吧！

李雪

TOPic 创始人。阿康入行，从业 18 年，曾就职于阳狮、盛世长城、杰尔广告。代表作：京东《一百万找王元》；快手《在快手，看见每一种生活》；腾讯公益《99 公益日：一块做好事》。

品牌营销，是做自己，还是跪用户？

做任何一个问题的解答，都先要对问题有个设定。就像我们做广告接简报一样，简报的精确度，很关键。

提出这个问题，就说明，在这里，我们明白，品牌营销，不是追求直接转化的，而是追求品牌影响力和品牌溢价力；我们也明白，基于定位理论的喊麦式广告，更多是刚需市场品牌空白情况下的一次砸钱偷跑，条件颇多，要有刚需，市场没领袖人格品牌；要有钱，短时间内刷屏，将来刷完屏，还要再花巨资把品牌形象扳回来。当然企业负责人还要脸皮够厚，否则负面言论可能会让你很难和朋友聊天了。

现如今，我们很庆幸的是，"中国制造"已经不是简单地代表着物美价廉。我们还庆幸，越来越多的中国企业，开始认真思考、面对供大于求的用户市场，企业如何更好地武装自己的品牌，去和用户沟通，没一个企业负责人想做20世纪90年代的健力宝。

但塑造品牌往往没那么简单。不少企业，花大价钱，找了顶级咨询公司做了品牌战略规划，但具体落地的时候，却发现，走了第一步，却迈不开第二步了。因为，市场一直在变，用户也在变，当初的设定写得很清楚，我们要做什么样的品牌，但具体落地的时候，却发现环境在不断变化，竞品可能更会使用游击战方式进行阻击，取得短期的胜利。

于是，问题来了：品牌营销，应该更注重自我塑造，还是注重借势去迎合用户？

这个问题，放在十几年前，答案绝对是前者，国外先进的品牌管理方法，让国内大多数营销者都奉为圭臬；严格的品牌规范，让营销一个品牌，就像是打造一个迪士尼 IP 一样，神圣，不可侵犯。

这个问题，放在六七年前，可能会有不少人说是后者，随着社交网络的兴起，带着互联网思维的营销人开始呐喊。在这里，品牌和用户是平等的，品牌不再是单一向用户进行产品和价值的输出了，更有杜蕾斯、海尔等靠热点、互动刷新年轻人认知的成功案例佐证。

这个问题，放现在，我们要品，细品，会发现问题似乎没那么简单。如，借势热点出名的杜蕾斯，却留得一个"营销看杜蕾斯，套套用冈本"的民间口碑，而全球营销殿堂的品牌集团——宝洁，却在全球迎来旗下品牌的老化、和年轻人沟通脱节的问题。

所以，只注重自我塑造，可能会跟时代脱节，而只注重借势去迎合用户，也可能会让用户觉得，这个品牌缺乏内在核心理念，从而无法形成将品牌资产转化成品牌影响力及高品牌溢价的效果。

如果，我们再往深层次去思考挖掘，我们会发现，这是品牌营销的一个长期目标和短期目标的矛盾。

品牌营销长期目标：形成独立的品牌人格魅力，有极强的识别力和号召力。背后代表着价值观、产品定位、技术实力、企业历史、企业实力和企业服务等各方面的因素。

要做到这些，务必要求品牌不能随意变化，需要在一个方向不断使劲，然后凭借营销、产品口碑、企业公关等方式，最终形成强有力的品牌人格魅力。

品牌营销短期目标：KPI。简单来说，就是声量、影响力。（前面说了，销量转化不在此文讨论范围。）

如果要做到这些，必须考虑短期用户洞察、环境洞察。现如今是信息泛滥的时代，如果不充分与时俱进、形式创新，很可能会被淹没在信息浪潮里。

基于这样一个矛盾情况，我们应如何解决该问题呢？这里，我要设定出一套理论去思考解决这个问题。这个理论的基本设定是：

1. 品牌不再是简单的 RTB（产品利益支持点）的集合，而是具有独立人格和魅力的；

2. 品牌是有成长周期的，这个成长周期，就像人一样，从接触世界，到拥抱世界、占领世界，最后，也可能被世界抛弃或者重生。

暂且叫这个理论为品牌生命周期理论，当然，这里的品牌除了品牌营销，还有产品技术、企业服务等各方面因素。我今天只讨论品牌营销。

接触世界阶段

品牌刚出生，就像人一样，刚来到这个世界，需要的是融入这个世界，并期望引领这个世界。某位伟人说过"世界是年轻人的"，就是这个道理。

这个阶段品牌的标志是，产品、服务已经具有一定特色，需要品牌包装去形成具体的品牌印象。

在这一阶段，品牌的设定就已经充分考虑当前的环境情况，并且大部分品牌这个时候的定位，都会相对设定得符合时代，并稍微引领时代，比如内衣品牌"内外"走在女性独立的路上，吸引大量粉丝拥护；又比如几年前的"小米"建立在大众品牌意识觉醒，放弃山寨时期。

这一阶段，不太会遇到是注重自我塑造，还是注重借势去迎合用户的矛盾，因为品牌最初的设定，已经考虑到用户的心理和当前的环境了。当然，如果你在品牌初创的时候，就脱离人民群众，那是作死，就另当别论了。

拥抱世界阶段

品牌的人格已经有一定的成型了，世界也未迎来巨大的改变，这个时候，正是品牌不断发力，逐渐走在具有领袖人格魅力品牌的阶段。

这个阶段品牌的标志是，已经拥有初步的品牌核心粉丝，并且品牌印象轮廓已经较为清晰。

品牌在这一阶段，一方面会根据自己最初的设定，扩大自己的影响力，用自己的营销能力，尽可能触及目标受众所注重的领域，形成一个包围式的营销，让目标受众逐渐接受，并信仰品牌。

在这一阶段，有可能会遇到本文所说的核心问题，选品牌还是选用户？但问题不是很大，只要营销负责人稍微变通一下，其实两边都可兼得（如果营销负责人很轴，就另当别论）。因为品牌还是围绕用户关心的点走，只是基于当初的品牌设定进行不同场景的演绎、融合，让用户更熟悉并依赖品牌。

如果举例的话，比如这两年的华为，还有两三年前的网易严选等，积极布局用户周边，希望用户逐渐脱离不了自己。

占领世界阶段

这个阶段，也可以说是品牌成熟阶段，人们对品牌的认知已经非常清晰。但这个时候环境可能已经开始变化了，也是品牌成长的岔路口。

这个阶段品牌的标志是，品牌形象非常清晰，积累大量忠实粉丝和用户，品牌能够明显给产品带来溢价能力。

按道理，这个阶段，是收割品牌溢价的最佳时期，你去做直播，只要喊出这个品牌参加，并且有促销，就有大量粉丝前来，这就是消耗过去品牌的积累，然后转化成当前的销量。

但也因为品牌的设定深入人心，品牌不会再轻易改变，如果这个时候出现新的风潮，就会变得非常被动。比如前几年的耐克，先是面对新百伦的明星带货风潮，后是阿迪达斯的重明星代言娱乐风潮，坚持走专业运动路线的耐克也坐不住了，开始请非运动领域的"三小只"出来镇场。在品牌营销巅峰的耐克艰难地做出了适当的变通，但也有品牌会继续坚持自己，很多国外成熟的品牌来到中国，基本是严格遵守的，如百威，聚焦电音和高端，但实际市场上，它已经逐渐是中国普通年轻人正常聚会用酒。

继续走高端、小众电音领域，去塑造品牌高端化，从而引领市场？还是迎合用户使用场景，贴合用户需求，进行借势营销？

前者当前肯定没问题，但存在风险，就是和核心用户沟通还行，但和广泛受众沟通失联，将来可能会遇到更高端的进口啤酒不断蚕食核心用户，而广泛受众又容易被潮流带引，没有忠诚度。

后者，就要考虑如何巧妙地在不影响品牌最核心的地方适当变通，比如耐克还是会一直强调专业和运动，只是在请名人方面适当放宽，而不是一味和竞品一样，走时尚潮玩方向。

又比如两三年前的OPPO，在流量明星最火的时候，通过流量明星形成年轻时尚的品牌印象，从而影响泛受众。但流量粉丝会成长，流量明星的文化也会渐渐过去，所以OPPO在近一两年就开始考虑如何对自我品牌进行创新，依然是时尚，但希望可以继续跟进用户、引领用户。

世界抛弃或重生阶段

这一阶段，品牌基本上和主流环境及用户走向不同的路，甚至越走越远。

这一阶段品牌的标志是，品牌的理念、形象和年轻人离得较远，和主流价值观也渐行渐远。品牌粉丝逐渐寻觅其他替代品牌，甚至只剩少数老粉丝苦苦坚持，但却很难吸引新的粉丝。

这个时候，品牌的理念，其实已经比较难引起用户的认可，还要坚持原有的品牌设定吗？如果放弃，是全部放弃吗？全面拥抱用户？

曾经，在全球全面落后于奥迪和宝马的奔驰，通过《重新定义汽车》广告战役，携新奔驰S，夺回了全球豪华车第一的宝座。这里我们可以看到，它没有完全放弃原来的品牌设定，而是在原有的基础上进行了革新。

而进入中国一直很难打开局面的成熟品牌添柏岚（Timberland），也通过巧用用户口碑"踢不烂"对品牌进行升级和革新，迎来了中国市场的新春。

当然，也有失败的，比如维多利亚的秘密，又比如曾经风靡一时的凡客，在面临用户需求升级的时候，产品跟不上，品牌营销继续走文字游戏模式，看多了几次，原粉丝脱粉，其他人就当八卦来聊了。

通过以上四个阶段的分析，我们可以看到，现在，是用户市场，不是产品市场。不管品牌的哪一个阶段，都要充分考虑用户的需求，借势是必需的。但，借势要考虑用户需求，不是说不考虑产品，不考虑原来的品牌基因。这就更考验每个营销人的智慧了。

虽然，疫情会让绝大多数品牌都痛苦，但整体用户对品牌的觉醒，绝对会倒逼品牌思考自己，如何形成自己的人格，去和用户形成良性、有效的沟通。

冬天来了，春天，不会远。

赵鸿鄂（Randal）

胜加旗下凡人互动总经理。客服入行，从业 13 年。曾任环时互动上海副总裁。代表作：可口可乐昵称瓶社交营销；银联云闪付行业百福图。

客户为什么总接受不了创意？

我刚入行的时候，曾经待过一个小广告公司。我的领导（老板兼执行创意总监）就像所有创意人一样，经常会与客户侃侃而谈各种营销道理，比如"少即是多""消费者没有耐心""受众只能记住一个点"之类。

后来有一次城市会展，公司花钱给自己打了份站牌广告。广告画面上，要放上一大堆密密麻麻的业务介绍文字。当时我在做那个画面，我对他说，字太多了，都已经放不下了！

这位大佬看了半天，最后指示道：嗯……你看看怎么能再加上一句……

这个职业中的小插曲教给我两个道理：第一，给别人讲道理永远比自己做到它要容易；第二，决策成本完全会决定行为方式。

这也是很多时候，客户对创意看起来很谨慎的原因。一个创意的出街，他们也许要花百千万甚至上亿的投放代价，而创意的结果，最后的承担者其实是他们。

这就像你走进理发店，托尼总监可以激情澎湃地向你推荐一个获奖无数的前沿发型，但最终决定是否顶在脑袋上的还得是你自己。

写到这里似乎我在说，客户就是接受不了创意，认命吧！

但是我还想讲第二个故事。后来在省广，由于服务品类的原因，我接触过很多传统国企。传统国企，大家懂的。

当我第一次走进某知名老品牌的大楼里，我惊讶地发现整栋楼都没几台电脑，PPT还得打印成A4纸。我很忐忑，这样的客户会不会直接把我的创意扔进字纸篓，然后对我说修改意见就是LOGO大、标题大、模特胸大。

可当我展示出精心为他们量身策划了很久，并且我坚信一定能触动消费者的创意时，我看到他们的眼中分明闪着光。提案结束，表情威严的领导带头鼓起了掌。

在后来的很多提案中，我都能明显感受到他们那种兴奋的期待。而这种期待，也同样在很多不同的客户身上出现过。

很多次这样的经历，也教给我两个小道理：第一，也许不同的文化背景会带来不同的欣赏层次，但喜欢美的、有趣的、有创意的东西永远是人类的本性；第二，不管甲方还是乙方，都是正常人，这一点上并没有什么不同。

反而我接触过的很多创意人，入行以来却一直没太真正弄懂创意。创意之于营销的意义，是为了更有效地制造传播，更有感地制造体验，更有力地制造价值认同，更有用地制造消费行为；而不是为了更巧妙地烧脑，更华丽地炫技，更完善地自圆其说。诚然，后者也是创意中不可或缺的部分，是逼迫创意不断进化的推动力，但它不是本质。

当然，我也碰到过不少奇葩和折腾的客户，烦起来的时候我也会吐槽，会开涮。但吐完槽之后，那些我们不认同的东西，我会尽量去思考背后存在的逻辑，因为这样双方才能找到相应的解决方式。

比如某个产品的存在看起来显得很不合理，也许在它的背后根本不是营销问题，而是经销商利益，甚至是就业问题；一个创意的出街似乎没有打动力，它可能压根没打算做给消费者看，而是做给有关部门看；一句广告口号被表述得土潮粗暴，可能它们的商品渠道正努力下沉；一个明明很棒的创意硬是过不了，很不幸这背后也许还触动了价值利益。

明白这些背后逻辑，我们才能找到优化的方向，并以我们的专业能力让它尽量出彩；而不是与客户鸡同鸭讲，完了再在背后补上一个轻蔑的眼神。

于是我常会反思广告人初入行时，对甲方们的各种没来由的鄙视。很难说清楚这是一种文化人自带的优越，还是长期被现实蹂躏带来的应激反应。

这种心态在不同年代的创意圈子里都得以蔓延，比如这两年那些"不要用 PS 要用 Photoshop"之类的群嘲梗。我不知道那些在嘲弄里获得内心优越感的同行们有没意识到，那些仅剩不多的知识边界，对于一个门槛日益模糊的行业多么值得珍惜。

再回到标题里的那个问题。对于此，我这些年来的真实体会是：首先，你的创意是不是真正有助于解决问题，没有客户真的不想要创意，相反，其实不少客户都在试图探索行业的边界；其次，也不要幻想出现类似刘备、诸葛亮似的从善如流，真实的世界没那么单纯。

对于行业自身来说，有几条小建议供参考：

1. 创意人先要清楚创意的逻辑和本质；

2. 洞察消费者之前，还要学会洞察市场、洞察企业；

3. 可以有个人风格，但不要用个人喜好来代表受众，不要习惯用一线城市 CBD 里的思维解读全中国。

最后，如果你的客户接受度真的太低，尽量试图理解原因，没必要陷入怀才不遇的自我悲情，这也不是我们放弃专业追求的理由。承担创意后果的永远是客户，而不是广告人。套用一个经济学的说法，谁承担决策成本，谁负责决策，这本身就是一个合理逻辑。

丁剑

省广营销集团高级创意群总监，设计师入行。代表作：红星二锅头《用子弹放倒敌人》《每个人心中都有一颗红星》等系列营销；衡水老白干《大小青花》《地缸发酵》等系列营销；长城汽车哈弗大狗上市传播。

为什么甲方总是觉得贵？

为什么做品牌营销广告投放的甲方总是觉得贵？因为并不是所有的甲方都是爸爸，甲方里也有甲方，所有人都要对效果负责。

广告界有句名言："我在广告上的投入有一半被浪费了，但问题是我不知道是哪一半。"让甲方的每一分钱都发挥效用，这是业界永远的难题。品牌营销是个花钱不容易讨好的行当，在公司里负责品牌营销的人有多难，只有经历过的人才知道。所以甲方必须要揪住乙方的服务和价格穷追猛打。

钱花了，效果怎么衡量？是促进了产品的销售还是提升了品牌形象？当然，大部分甲方是全都想要，但乙方能全都给吗？乙方觉得甲方要求太高，还得加钱；甲方却觉得乙方服务水平有限，价格虚高背离了实际价值。这就产生了认知偏差和理念冲突。

不同的品牌营销方案，需要选择不同的广告媒介，不同的媒介也有不同价值和价格呈现方式。我们以新媒体为例，简单探讨分析广告媒介价值与价格的背离和统一。

首先，现在乙方平台的传播价值"灌水"是常见现象。

当前，新媒体多而冗杂，所谓的 KOL 也是鱼龙混杂。他们在微博搬运段子当网红，在微信追热点写文章，在短视频集体转型做演员……很多人追着每一个新媒体平台跑，跑着跑着有的人就掉队了，中途又有新的人加入。那些随着平台红利而起的部分账号水分有多深，想必很多甲方都有共鸣。去除水分之后的价值到底有多少，也许只有他们自己知道。

比如，"刷数据"这一行业通病不是什么秘密。圈内也有过"刷数据"交差都懒得做全套的闹剧。这样的广告投放除了能完成公司的KPI，对品牌来说，并不能产生实质性的效果。这种情况，如果你是甲方，觉得贵还是便宜？

其次，乙方提供的实际服务与甲方的期望值有偏差。

有些广告公司只会劝甲方加大投放预算，忽悠甲方"只要钱砸得够多，肯定能有水花"，同时又无视自己的服务与甲方需求存在巨大偏差，这就是"耍流氓"。

一个拍摄乡村古风生活、传统美食、传统文化的KOL要帮3C产品做推广；一个知识服务App创始人要发布农用机械产品宣传；一个移动互联网终端设备制造公司的前创始人，现抖音新晋男主播发布二次元玩具的产品内测……

这些都是一个品牌营销项目的传播，如果只是单纯完成了内容的渠道分发，甲方永远都会觉得贵。花钱还不容易吗？但甲方赚钱不容易。

找出了原因，"甲方觉得贵"这个难点也就相对好解决了。

第一个是行业认知问题。

所有的媒体价值都有"灌水"现象，只能由媒体自己去澄清认知。法律上有"谁主张，谁举证"的原则，每个乙方都有责任去证明自己具备"靠谱服务"的能力。

第二个是乙方要优化自己的服务。

无论是挖掘自身能力，还是借力其他平台服务。只要甲方需求被满足了，就会觉得物有所值。

上文列举的三个难点问题的本质是一种"供需错配"，三个乙方的实力无须证明，都是业界头部新媒体，但错在自己难以提供解决甲方痛点的服务。

第一个案例中，乙方可以归纳提炼3C产品的本质属性，然后用自身擅长的表达方式，突出痛点场景，彰显甲方的产品特质。举个例子，乙方可以还原

"通讯基本靠吼，交通基本靠走，治安基本靠狗"的乡村场景，还原"纸筒+毛线"土电话的儿童玩乐场景，通过唤醒记忆与共鸣的方式，让产品深化用户认知。

第二个案例更加极端、更加典型，知识服务的用户群与农机的客户群几乎没有重叠，其渠道价值和媒介价值极低，数据刷得再高价值也有限。但知识服务团队拥有一个核心能力，即将枯燥的专业信息变得更通俗、更可读、更易接受。如果利用好自身的内容能力，将农机信息做得生动有趣，然后借助其他与农业相关的媒介渠道，就可以很好地满足甲方的传播需求，甲方也就不会觉得价格"虚高不下"了。

第三个案例，一般情况下，一个油腻男提供的传播服务，很难让一个二次元玩具甲方信服。但这个油腻男乙方可以把自己置入二次元的内容中，利用自己的形象和人气扮演一种搞笑的丑角，也可以制造"反差萌"和"冲突感"，继而影响消费群对甲方品牌的认知。

综合来看，其实品牌营销就像是撬杠杆，最优的方案肯定是在有限的预算内尽可能做最大能量的事情，帮助甲方解决好问题。很大程度上，专业的传播团队能帮甲方在无形中减少开支，高效办事。

当然数据也是不会被忽视的，善良的甲方自己跟自己的经验数据做纵向对比，外行的可能会跟"别人家的孩子"进行横向对比。这就是整个广告圈与客户对接时最头疼的问题吧，都想做爆款，但都在从众随大流。

其实，甲方也没必要只盯住价格和性价比，要把握好你的核心策略、你的内容以及如何合理优化渠道和用户选择。小到5万的微信朋友圈广告如何筛选到目标人群，大到全网轰炸硬广如何获得最大收益。

5G时代，人们会更加惯性地追求速度，信息爆炸，人们的注意力更加分散，而平台个性化的推荐也在努力抓取每个人的特质，成为一个标签人。找到你的用户、你的粉丝、你的受众，品牌真正做到了目标清晰，传播也会更加精准，乙方价值和价格的背离幅度也会越来越小，甲方浪费的广告费也会越来越少。

舒波

舒波

江小白传播中心总经理。公关传播入行，从业 10 年。

如果再给你一个重来的机会，你会选择入行广告业吗？①

2002 年，上海麦肯光明广告公司，一足以轰动上海滩的比稿，比稿的客户叫可口可乐，一共有 8 家国际 4A 参加，而麦肯也动用了整个亚太区的顶尖力量，全部聚集在上海，他们占用了一间会议室，每天都工作到凌晨 3 点甚至天亮。而其中一个人，更是常常半夜兴奋地来跟我们讲他想的伟大创意，然后让我们细化和执行，后来麦肯赢得了这场重要的比稿，而这样独孤求败力挽狂澜的场面，他在这家公司花了三十多年的时间来挑战。这个人，叫莫康孙。后来我常常问他，听说你很喜欢待在厨房，还有一个用 7 种瓜果做成的秘方，可以让人容颜不老，是不是真的？他说其实他更享受待在厨房的孤独时光，7 种瓜果的细细调配，可以让人忘掉所有的不愉快与烦恼，这种孤独的快乐，他坚持了三十多年。

2003 年，一家有上百年历史的广告老店达美高，因为被法国阳狮集团收购被迫全球关门。而那时达美高的大中华区却是业务及创意声望如日中天的时候，这种全球集团的突然决定对他们来说伤害何其大，可当时他们的领导人只说了这么一句话：不能把今天的事情弄糟糕，明天我们还是广告人。要知道，在他带领达美高的几年时间里，基本像垒积木一样在大中华区把这家公司建立起来并迅速

---

① 此文根据在龙玺杰青上的演讲整理而成。

到达巅峰，所有的所有都是满满的心血与付出。可以想象，当时的他，是怎样的孤独。10多年过去了，如今，他依然奋战在前线，以亚太广告节首脑的身份，为行业的发展而不懈努力。这个人，叫林俊明，和我在达美高与阳狮有过擦身而过的时刻。

2006年，一天晚上，北京盛世长城办公室里灯火通明，一场重大比稿正在热火朝天地进行，比稿的客户是雷克萨斯。当时，大家为了一个创意方向而热烈讨论，有的人说这个方向更适合市场、更适合消费者洞察，有的人说这个方向更适合客户审美更好卖，正在大家讨论得不可开交时，有一个人站了出来说，创意人，虽然都要为五斗米折腰，但要保留一寸傲骨，不能只干取悦客户的东西。后来，这个比稿赢了，再后来，我无数次听到"要有一寸傲骨"这句话，每次当我面对事情、面对客户的时候，要不随波逐流，坚持自己的看法与观点，我才知道，要真正做到这一寸傲骨有多难。不仅难，还会体验到前所未有的孤独，因为很可能大部分的人和你是不一样的，他们会吹牛皮会拍马屁，什么都会，却独独没有这一寸的傲骨，而这个人，却愿意为这一寸傲骨，坚持一辈子。这个人，叫苏秋萍。那个通宵达旦的夜晚，我们在北京一起战斗。

2001年，上海麦肯光明广告公司年会，他们颁了一个很有意思的奖，以表彰那些令人难忘的员工，那个奖叫"孤独之星（Lonely Star）"。其中一个获得这个奖的员工事迹是这样的：他是一个刚毕业的学生，开始的工作常常是在半夜出去接回插画师画好的脚本，连夜回到公司，在喷胶房把插画切成一格格的，细心装裱好，再贴上旁白文案，逐格核对；等第二天一早去提案的同事接到装裱好的提案板时，他才满意地回家睡觉。这个喷胶房，他一待就是半年。后来，他慢慢可以参与一些创意项目的执行，那大多是高阶的创意人员上半夜想出来创意，下半夜用来执行画面，执行好后再去喷胶房装裱好，让第二天去提案的同事接力。这样的日子又过了半年，在这一年的时间里，他常常最后一个孤独地离开喷胶房、离开公司。所以，公司给他颁了这个"孤独之星"奖。这个人，叫陈雄亮，就是我。这是我获得过的最最难忘的、一辈子都不会忘却的奖。

如果你问我，再给我一个重来的机会，会选择入行广告业吗？

为什么不呢？

广告让我见识到不一样的世界，广告让我知道创意面前人人平等、不分辈分，广告历练的不仅是专业的知识，亦是内心丰满的过程。更重要的是，广告让我知道孤独的价值。没有谁能随便成功，而在通往成功的路上，孤独一定会伴随你左右，想不到好的创意会让你孤独，做事情太难会让你孤独，无人理解会让你孤独……所有的一切都是要你放弃、放弃、再放弃。马云说：今天很残酷，明天很残酷，但后天很美好，而绝大部分人死在明天晚上。所以，一定要坚持到底。忍受孤独，享受孤独，挑战孤独，战胜孤独，你一定会欣赏到人生不一样的、独一无二的风景。

愿你，孤独前行。

陈雄亮

无二数字创始人、首席创意官，创意入行，从业20年。先后在上海、广州、北京的4A公司工作。近年带领团队赢得22金50银，共计百项国内外重要奖项，曾任龙玺奖、中国4A金印奖、金投赏、金瞳奖、金远奖评委，暨南大学新闻与传播学院、江南大学设计学院创新创业导师。广州年度杰出广告创意人。代表作：温氏食品《守味人》广告战役；酷狗音乐《致不易青年》广告战役；中国平安《要你登场·球童成长计划》广告战役。

初创品牌凭什么活下来？

这些年接触了非常多的初创品牌。他们大多是大公司高管，或者是有一定的社会资源和专业能力的人，从原有的体系中出来自己创立新的品牌。他们大部分筹集到的资金都用到了产品研发以及人力等其他成本上，留给品牌和传播的寥寥无几。

他们没钱、没时间，也没有专业营销团队，但他们还是需要做传播、做品牌、做定位、做设计、做包装等等。

所以近几年的数十个项目跟进下来，总结出了"初创品牌传播30条心得"，纯属个人见解，如有雷同，不是巧合。

一、生死之要。

1. 广告人创业为什么鲜有成功？原因其一就是广告人做了太多的大品牌，所以在自己创业的时候，审视的角度和做事的步骤都是大品牌的视角，因而忽略了很多初创品牌的必经之路，死在了大品牌的光环之下。

2. 做事讲究方寸、步骤，以及整体规划，在大品牌看来理当如此，在初创品牌却是寻死之路。

3. 一般品牌传播分对错，初创品牌传播分生死。

4. "现在的广告创意人员比较好干，只要拍个鸡汤，刷爆朋友圈。产品的角色在哪里，与品牌的相关性怎样，根本不重要。为什么呢？因为反正这么大的企业也玩不死，广告拍不拍其实也无所谓。既然有钱拍，不如大家放个烟火，一起拍手叫好。广告公司、导演、客户的品牌经理都开心。老板看那么多人讨论自己的广告，淡然也开心，转发一下，大家点赞，十分和谐。

新时代、新趋势，我们要适应。不过，我发现一个规律，这么干的企业，都是大而不倒的企业。最少也是上市公司。自己的买卖，很少有这么玩儿的。大家也不傻。"

（以上来自微博"二逼瓦西里"，自己的买卖，大家可以换为初创品牌来思考。）

5. "不可沽名学霸王"，初创品牌不能把自己当成大品牌，你没有每年固定的成千万上亿的广告投放比例。你的试错成本非常高，很可能就一次，但一次你就完蛋了。

6. 初创品牌的生命周期已经缩短到一年，太多牌子一夜起，也一夜之间关闭。好多创业者刚投了钱就宣布关闭，也有好多，赌上了青春，也没有赢回光阴。

7. 大家都融资几百万就开干了，但活下来的寥寥无几；发展壮大的，不足百分之一；而成为独角兽的更是凤毛麟角。

8. 天天看着一个独角兽企业的创业成功之路并将之作为准绳，必然失败。

9. 你的生意模式成功了，才会有商业模式。所以初创品牌先做生意，后做模式，最后成就品牌。

10. 投资人在电视上口口声声告诉我们该如何，今天的创业明星明天不过是路上的一座荒坟，连祭奠的人都没有。人们追着钱走，钱随着风走，风一吹，路就永远没有尽头。

二、内容之要。

1. 广告人太容易关注"怎么说"。就像很多总监，没有创业经验的过程，关注的总是我的创意如何，如何写一篇 10W+ 的文章，如何有一个大创意。但是在初创品牌看来，活下去最重要。先了解生意模式最重要。

2. 所以，初创品牌"说什么"比"怎么说"更重要。

3. 定位体系，是适合初创品牌的。说白了，没钱、没人、没投放，但是还要做品牌，你只能削减旁枝末节，突出主干。这就是所谓的聚焦。

4. 初创品牌最忌面面俱到，你要突出一个点，但要足够锋利，足够打动人。

5. 时间短暂，不要告诉别人太多，先解决一句话，一个名字和第一个准确的客户。一个好名字，胜过万语千言。

6. 有多少钱，办多大事。

7. 所有的初创小品牌，尽量不要以情感化为品牌核心点，尽可能地营造品类、产品性能或模式上的"唯一"或"第一"。

8. 小品牌靠气，大品牌靠势。小品牌需要剑走偏锋，大品牌重剑无锋。逆势而行，不如顺势而为。所以，小品牌要找到"势"之所在。

9. 初创品牌实际上想得清晰的人极少，大家都在摸完石头摸象，过完河，就以为到延安了。所以创业品牌需要一招鲜，找到这一招，传播才有妙招。

10. 做好两个度，一个是辨识度，一个是温度。前者是你的脸，后者是你的笑。

三、次序之要。

1. 先有招牌菜，才有金字招牌。大部分初创品牌老板缺乏基础常识认知。

2. 初创品牌的每一步都与规划中的每一步有所偏离，因为每一次的每一步都要与自身的市场状况去匹配，每一步都是战战兢兢。

3. 阶段不同，目的不同，手段不同，品牌的表达也不同。

4. 初创品牌的初始品牌形象等同于创始人形象，虽突出，但清脆。如同雷军模仿乔布斯一样，大家都在为自己的企业站台。

5. 初创品牌即使寻求市场突破点，未来品牌定位的走向仍然是建立系统的过程。系统的建立，在最大程度上过渡了创始人与品牌形象联系上的不确定性，就是不论操盘者是谁，在短期内都不会出现品牌游离的胡作非为。

6. 大部分初创品牌在一个菜市场一样的市场中，在消费者缺乏耐性的筛选中，你喊的声音越高，越容易招揽本能的生意。

7. 要解决问题，得先有一个问题。

8. Wallpaper 的创办人 Tyler 说：一个成功的品牌需要 4R，有意义的（Relevant）、辨识度高的（Recognizable）、带来收入的（Revenue Generating）、有弹性的（Resilient）。

9. 上面一句有点理所当然，但是所谓的解决问题的角度，比如 Tyler 在创办 Wallpaper 的时候，不只是在做一本杂志，顺便还成立了一家 Wallpaper 的创作公司，为客户提供像 Wallpaper 一样的设计服务。因为他老早就意识到，当 Wallpaper 出现的时候，一定会有无数的客户要自己去学习或者借鉴这种风格，那么与其别人抄袭我们，不如我们自己干。于是，他的商业帝国从起初的时候就见其雏形。这是解决问题的能力，以及不同寻常的角度。

10. 在一个产能过剩的时代，品牌泛滥，声音喧哗，无奇不有的营销事件，拼命地发现所谓的社会化营销的各种点。好像每一个人的一生都需要一个爆款，每一次的事件最终证实不过是一小部分人的自我狂欢，在这个群里溜达，在另一个群出现。好似光鲜，但步履蹒跚。

以上就是初创品牌切忌的自我满足假象。

晁悠

高扬
一起传播创始人，江湖人称晁悠，文案入行 20 年，广州协作与北京典晶 10 年，一起传播 10 年。代表作：国美 App 品牌焕新；地产小悦城等。著有《给创意新人的 100 个基本》。

广告人都是什么星座？

以下内容不具备任何专业力，请谨慎观看。

我以前以为广告业是属于双鱼座和天蝎座的，都敏感多情或自作多情。一个要人类之善，一个要自我的膨胀，是不是特别适合去提案？

你看广告狂人唐·德雷柏（Don Draper）就是双鱼，影响我从业最重要的奥美大佬招嘉宁（Charles）也是，我常听他说创意的灵魂，如凄美比最美更美，作为一个结构主义的摩羯座，我觉得那一片感动的海洋就是双鱼的天堂。

天蝎曾经出过不少好创意，那个画《向左走向右走》的几米曾经在台北奥美工作，他的画风充满了天蝎的细腻的毒，向左走还是向右走，那是一个人类问题。他不仅仅画非常强迫，文字也是一看心碎：年少时，我是一个孤独的女王。

我曾经工作的集团的北京公司最好的两个创意都是天蝎，他们都写诗——永生、永夜，浪得无比，不肯长大，留在 28 岁一直任性去了。我现在集团的全球执行创意总监依然是女天蝎，她说她宁可要无果的爱情，也不要无谓的人生。

2016 年之后我公司星座占比，天秤、摩羯、射手占前三。

天秤座在最近几年风生水起，占据了公司绝大多数位置，总监也不少，他们以优势的审美和优雅的服务，以及不求甚解的态度，在广告业占据了很多平衡点，斗争散去而天秤永恒。但是听说李奥·贝纳是天秤座，他拎着巨大的公文包，里面写满了小纸条，记录了随时想到的点子，这种天秤的勤奋耐心我还是第一次听说。

孙大伟是射手座，在华人广告圈大名鼎鼎，传言去亚太开会带中文翻译，不跟老外说英文。射手做广告总监的可不少，活跃在客户部、创意部，他们热情洋溢，反应很快，容易出现男女关系混乱等问题，不过深受欢迎，不分男女。

摩羯座的广告人藏匿于各个时代的各个公司，十几年前广州本土最贵的创意总监张科就是，我听他的西瓜霜提案，带着画板、一个大瓜跳上跳下，现场气氛十分感动。平时的他冷酷骄傲，你都说不上什么话。红鹤大佬雪松李是摩羯座典范，我去他办公室聊天，他坐在长形桌子尽头，仿佛神仙，他也是极少的本土广告公司有成型方法论的，好像奔着一代策略宗师去了，而他学的是设计美术专业。

狮子座大佬宋秩铭（T.B.Song），带领比邻的两大星座处女、狮子，凭着细致的工作管理，工作狂的天赋，还有政治能力的深度，广泛活跃在客户端口，最后纷纷从一线走向了管理层，领导着上面一群总监奋勇前进。我经历的三个重要的客户总监搭档，全部是处女座，工作能力都很赞。

水瓶座作为人类星座一直是创意企划的好手，他们怀才不遇的气质十分适合广告舞台，不过他们大多数专业完整自成一派，我的老师台北奥美叶明桂我很欣赏，他教的三个三角策略工具十分精彩。

奥格威是巨蟹座，是我一直懵懂的故事，其他我就不一一啰唆了。

你们觉得我是不是太无聊了？

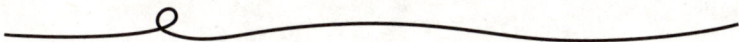

张冲

昭阳和牧场广告集团总裁、创始人。广州广告协会资深会员、广州年度品牌人物。设计入行 22 年，曾任黑弧奥美广告集团华南区首席执行官、华北区首席执行官，奥美大中华创意总监会成员。

甲方乙方为什么总存在错位的诉求？

在下 2000 年入行，正好经历了中国互联网和新经济形态的起步和成熟，也伴随着从丙方、乙方到甲方再到创业的过程，感悟着甲乙方生态变化的过程。

分享一个观点——甲方、乙方、错位的诉求。

20 世纪 90 年代中国经济起步，4A 进入中国，外资品牌 +4A 的甲乙方组合帮助中国的品牌和市场行为直接进入正轨，那是中国品牌市场的黄金十年，精英辈出。

21 世纪初，进一步的市场开放和互联网的发展，开始改变中国的经济形态，形成了极具"中国特色"的甲乙方生态，生态里的人痛在其中，又乐此不疲。

（以下言论，只代表在下个人经历过、接触过、听闻过的甲乙方的生存状态。）

今天，甲方市场（Marketing）是什么样一群人，又有什么样的诉求呢？

今天的甲方，公司数量上多了绝对十倍不止。市场总监的岗位介绍（JD）中，资历要求 5 年以上就够，清一色少壮派。首席执行官、首席营销官其实也一样，能逻辑地从战略讲到品牌再到广告战役的没几个。

甲方内部的状况呢，投资人步步紧逼，KPI 像紧箍咒，外部新玩意一茬接一茬……线上、线下互掐，品牌、运营互掐……今天投资人说要刷榜，明天竟对上了直播，后天聚划算开了补贴活动……钱是多了不少，都是投资人的钱，在钱上刷存在感的人也多了，各种外行财务、采购办一顿操作猛如虎……甲方是一群缺乏顶层设计和逻辑思维的人吗？是的，这是现实！

今天的甲方，没有"百年老店"的家底和试错机会，他们是一群在激流中拼命抓救命稻草的人，本身底子不好，更没时间搞顶层设计、没时间跟你谈战略策略，只有关乎生存的KPI。

简报里出现最多的是大数据、社交属性、病毒传播、10W+……这些实战属性的标签加上KPI。听完了你知道要做什么，却不知道为什么要做。

不论好坏，这是现实！甲方要生存，需要你帮他搞定这些技术实操的活儿。

今天的乙方……如果说甲方总监资历5年起，那我碰到的大部分乙方从业人员是8年封顶，"老妖精们"可能都已经转型或者不出台了。

上梁不正下梁歪，乙方的日子也好不到哪里去。日常状态就是接单一时爽，全靠刷数据，大力出奇迹，收钱真要命。甲方毕竟也是生存第一位，你服务过牛×的品牌，很好！完不成10W+，再见！不懂刷榜刷数据、大力出奇迹，你凭什么拿到单子？

月费包养成奢望。公关公司抢广告公司的活儿，互动公司抢公关公司的活儿，媒介公司谁的活儿都抢。很多公司是什么都能做，毕竟一站式解决方案对甲方来说最省事。

要在这个行业找点成就感，太难了，很难再见到那些牛烘烘的好创意和好广告战役了。挺同情入行新人的，做了几年不一定学到什么东西，除了技术活儿和大号资源。

乙方像是帮助甲方沦为纯执行的角色，这种角色的危险是随时可以被替代，甚至甲方自己直接把活儿干了。

今天乙方的生存之道，必须先把这些糙活儿累活儿干好了，再慢慢陪伴和教育甲方回到正轨，因为总会有那么一天，如果甲方能活到那一天！

混乱的时代，错位的诉求。对吗？肯定不对啊！好吗？当然好啊！乱世出英雄嘛，市场总有回归理性的一天，品牌野蛮生长之后，总有沉淀的一天，但不会走国外品牌多年前的老路。

乙方无须羡慕当年，因为就算回到当年，上面都满了，没你出头的机会。

那些伴随着中国特色成长起来的品牌的乙方，最终才是胜者。

最后送两副对联，甲方乙方共勉——
上联：当年甲方仰望观止船头摇旗！
下联：当年乙方精英辈出爱打飞机！
横批：山川异域　风月同天

上联：今朝甲方野蛮求生剩者为王！
下联：今朝乙方枭雄当道爱走捷径！
横批：甲方加油　乙方加油

陈嘉杰

天天果园前副总裁。慕斐广告制片入行 20 年，历任创意功夫网产品及运营总监、智联招聘集团市场及公关总监、易果集团副总裁、享换机副总裁，目前创业兼带娃。

几代人在一起讨论创意，
如何达成一致？

"我觉得他们害怕孤独，而不是受伤，就像路飞一样。"

"路飞是谁？他们应该害怕的是失去吧？"

"他们没东西可以失去，有什么好的呢？"

"应该是怕父母得寸进尺吧？所以要保持距离。"

"最怕爱豆受到伤害。"

"啥是爱豆？别跑题，我们在讨论卡通形象。"

"我认为是豌豆公主或者小王子那样，因为寂寞，所以更怕失去友情和爱情。"

"豌豆公主，我们这年代人看的吧？现在小孩子还看？不是说他们不相信爱情了吗？"

"既然怕孤独，为什么还要宅在家里玩游戏？"

"游戏就是交友的方式啊，玩游戏就不孤独。"

"我不这样认为啊，这是小孩子为自己找借口吧？"

······

会议桌旁，围坐着一群讨论创意的人，七嘴八舌的，说好听点是畅所欲言，说难听点是鸡同鸭讲。老板是 65 年的，总监是 76 年的，组长是 89 年的，记笔记的是 97 年的，讨论的目标对象却是 00 后。有没有鸡同鸭讲的感觉？没有！应该是鸡跟鱼、跟蚂蚁讲的感觉吧？鸡鸭怎么说都是家禽呢，几代人在一起，有时候你会怀疑大家是不是生活在同一个地球。

你觉得要听谁的？当然听老板的？里面最不懂你们在说什么的其实就是他了，他连自己孩子在想什么都没搞明白呢，天天在家里摇头叹气的。听总监和组长的？"00后"都说他们也落伍了，你确定要听他们的？而且他们不是最会揣摩老板的心思吗？听那记笔记的小朋友的？算了吧，连传播的基本概念还都没弄明白呢，你敢听他们的？这跟听座谈会时根据消费者的胡说八道改脚本有什么两样？专业已经那么不值钱了吗？

这世界变化真的太快了——B站都开始搞怀旧了；周杰伦上个热搜老粉们还得开始学习怎么做数据；肖战粉丝举报AO3的事情，大多数人连他们饭圈的对话都看不懂。互相不理解的事情实在太多，一个疫情，你不明白人家老外为什么就是不要戴口罩，老外也不能理解你们中国人为什么一定要戴口罩；你的隔离是要被人"押"着去，人家的隔离却就是要你自己在家隔离；你想要的是阻断感染，人家想要的是群体免疫……这世界其实最怕的是大家不能互相理解，怎么达成一致？

所有没能切身感受过的东西，都没有办法引起共鸣。无法引起共鸣，就造成了你非常有感觉的东西，我却完全无感，而你也无法理解我怎么会如此无感，我也无法理解你怎么就对那么无聊的东西那么有感。

可是，不达成一致又不行，我们总得做决定将创意做出来去向客户提报吧？截止日期就是告诉你到时做不出来就得去死啊。

以前的做法是谁官大听谁的，怪不得大家都想着怎么往上爬。理想主义的想法是谁对听谁的，问题在于谁都不认为自己是错的。

投个票吧，没肩膀的人总是主张少数人听多数人的，大家都没话讲，尽管知道真正的创意往往都在少数人脑子里。

策略人员的想法是听策略的，要不然策略是用来干吗的？但是策略人员也有老中青幼，他们还打成一团呢。

我们的做法是，谁提案，谁决定！做创意之前，你得决定是谁提案。选择提案者，取决于几个方面：他是否了解目标对象的内心？他是否了解听提案的客户里面的决策者是谁？他是否有提案表演的能力？他是否具有提案现场随机应变的能力？他是否能承受得住提案失败的责任压力？他是否能综合判断创意跟竞争对手相比有没有独特性……

很多代理商为了表示自己对客户的重视，往往是老板或者执行创意总监亲自提案，但前辈们提案在面对很多新兴互联网企业的时候，往往可能是最糟糕的选择。一是他们其实无法真正理解年青一代的想法，二是现在企业市场营销部门都越来越年轻化，你让老前辈去面对一群"80后""90后"客户的质疑，他不要面子的吗？反之，如果客户里面也是年长的老板非常霸道地做决定的，才需要老板出面亲自提案，尽管会议上双方年轻人挤眉弄眼暗自不屑偷笑，也不会影响到双方老板的互相热烈欣赏。

你也许会说，我也知道这是个针对年轻人的案子，而且客户里的决策者也比较放手交给年轻人去做决定，但是我们家年轻人提案，我总是觉得提案能力不够。那时你需要去想办法提升他的提案能力，而不是代替他做决定。同龄人之间的沟通，也许你觉得他们很幼稚他们很片面或者他们很过时他们过于求稳……这些都只是你旁观者的觉得，我不要你觉得，我要他们觉得没问题就好。

每一代都会对下一代不放心，每一代都会对上一代不认同。老夫少妻相处得好，不是因为三观相同，而是因为老的宠少的，当女儿般地宠。同辈之间相处得好，才是真正的三观相同，问题又来了，同辈之间往往都会说"凭什么我要听你的？"。

已故的孙大伟，曾经有一次悄悄地跟我说过：你不要领先对手很多，只需要领先半步。可能这才是真谛！你选择的提案者，不要领先听众决策者太多，只要半步，太多他理解不了，相同会觉得大家半斤八两，落后则真的死定了。这大概就是哥哥姐姐的话比爸爸妈妈的话管用的原因所在了吧？

等等！还有没有其他达成一致的方法呢？我们是否已经陷在这个问题里了？如果我们创意团队无法达成一致，能否先悄悄地跟客户方主管达成一致呢？客户自己参与的方案，你觉得他是会在提案会上助攻你还是会助攻你呢？你的创意团队是只好同意还是只好同意呢？

　　不过，这样的做事方式，你觉得对吗？请回答……谢谢！

杨舸

上海喜獾文化传播创始人、董事长，文案入行，从业 28 年。历任上海奥美创意组长、广州奥美创意总监，上海同盟广告创始人、执行创意总监。代表作：贝克啤酒系列广告活动；统一老坛"酸爽"系列广告活动；当当"书腿"系列广告活动。

如何拍一支不被骂的洗脑广告？

　　路易十五说："我死后，哪管他洪水滔天！"结果他儿子路易十六被人民送上断头台。拍广告也一样，不能不顾后果。搞不好是宣传一时爽，品牌火葬场。

　　追求品牌记忆无罪。金主和你，谁愿意自己的广告被看完后一转身就被忘个精光？

　　洗脑是个好方法。但失策之处在于粗暴运用重复，加上反人性的高密度投放，每次进电梯都"拍拍拍""跟老板谈"。防不胜防，不堪其扰。

　　我一向认为，广告即冒犯。除开广告从业者，人们看电视、看手机的目的从来不是欣赏广告。冒犯别人，是需要跟人家说对不起的。更好的办法，是弥补人家的损失。"广告创意"，就是给观众的一种补偿。相当于"不好意思，打扰你了，我表演个杂耍，逗你一乐吧"！

　　洗脑，还有更高明的办法。以麦当劳的《摇篮篇》为例。可爱的婴儿坐在摇篮里，正对着一个开着的窗户。当摇篮来回移动时，婴儿随之一下一下地动着。当摇篮上升接近窗口时，他就开心笑；当摇篮下降时，他就皱起眉头哭。这个过程重复多次。镜头转向摇篮正对的窗外，那里挂着一个大大的麦当劳标志 M。

　　麦当劳的这支洗脑作品可谓深入人心，广受赞誉。很多人因为看了这支广告，走上广告人的职业道路。

这支广告最初是为"美国春晚"——超级碗制作。在美国引起轰动之后，金主决定将其推广至全球。在亚洲，该创意使用本地演员，制作了本地的版本。这么多年来，超级碗佳作迭出，但真正穿越国界，打动全球的经典作品，除了这个《摇篮篇》，我还真想不出其他。作品还收获业界赞誉，拿下当年戛纳广告节影视类的全场大奖。

这样的洗脑作品，才真正是取悦百姓，又提升品牌，增加销售。这样的洗脑，才是真正的高！高！高！背后的创意人和策划者功不可没，正是他们的出色才华，让一个小小的灵感，打动全世界。

什么样的洗脑广告，不会被消费者口诛笔伐？怎样"重复"，才能创造大家喜闻乐见的作品？我总结以下几个方向，抛砖引玉。

第一种：悬念洗脑。

麦当劳《摇篮篇》就是一个经典例子。听过"企鹅打 Kiss"的故事吗？一记者来到南极访问，问企鹅平时的生活怎样？企鹅 A 说，吃饭睡觉打 Kiss。企鹅 B 说，吃饭睡觉打 Kiss，企鹅 C 回答也一样，一直到企鹅 N。它说，吃饭睡觉。记者问，为什么你不打 Kiss，"我就是 Kiss"。有悬念的重复点燃大家的好奇心，让大家有耐心看下去。谜底揭开，大家精神一振，自然对广告赞叹有加。

第二种：致敬经典洗脑。

博世的魔性视频广告 *Like a Bosch* 曾轰动全球。为推广基于物联网的系列产品，广告讲述用一部手机玩转高科技生活场景的男主，反复哼唱 *Like a Bosch*。广告致敬 The Lonely Island 的经典之作 *Like a Boss*，在原曲的基础上改编歌词，利用 Boss 和 Bosch 的谐音，打出 Like a Bosch 的口号。在每个场景中，用大字幕反复呈现这一广告语。国内论坛，这首歌下面的评论，几乎全是"千万不要被抖音发现"的真诚呐喊。

第三种：节奏洗脑。

耐克的经典广告《街舞风雷 Freestyle》用的就是这一路数。广告把篮球落地声和球鞋摩擦地板的声音制作成音乐，让人过耳不忘。研究表明，人类有随着音乐固定的节拍、周期性的旋律而同步自己的动作的倾向。蒙特利尔的科学家通过核磁共振研究发现，当一个人随着音乐的节奏打拍子，比如用手指击打桌面，他们的大脑听觉皮质、运动皮质，以及皮质下的基底核、小脑区域会被激活。

在广告中，基于生理学的重复，是能给观众带来愉悦感的。其中做得最为极致的，当属耐克的街舞风雷广告，超乎想象地洗脑、带感。

第四种：荒诞洗脑。

这是更高端的洗脑手法，属于不按常理出牌的重复。通常有不同的场景、不同的人物、不同的事件，循环往复，貌似沙雕，却能逻辑自洽，一盘散沙的内容能产生有机联系。其中十分出色的是 Old Spice 的 *Smell Amazing Forever*，抓住 Forever（留香持久一辈子）这个卖点，采用类似电影《盗梦空间》中的世界的创意手法，片段重复穿插，极其无厘头，堪称洗脑神作。在连续播放 14 个小时后，正式被收纳入《吉尼斯世界纪录大全》，成为电视史上播出时间最长的广告。

第五种：高智商洗脑。

这种风格的洗脑广告片我至今尚未见到：一次次重复，但每一次从头再来，都会和上一次有细微差别。电影倒是有不少例子，如科幻片《明日边缘》、惊悚片《忌日快乐》、喜剧片《土拨鼠之日》，以及心理悬疑片《恐怖游轮》。这种重复需要非常高超的编剧技巧。话说回来，想出这样的剧本，干吗不卖给 21世纪福克斯或者阿里巴巴影业？

一言以蔽之，洗脑广告不但不是过街老鼠，反而恰恰是对金主负责任的表现。

创意的目的，正是让广告深入人心，久久不忘，使金主的每一分投入都换来更大的回报。麦当劳的《摇篮篇》甚至还提高了广告业的魅力，吸引众多热血青年加入创作队伍。

但洗脑也是一把双刃剑，一不小心就会把自己割伤。被围攻的暴力洗脑广告就是反例。解决这个问题，不能靠大干快上的硬来，要靠精巧的构思和大胆的创想，用趣味十足的故事去"重复"。洗脑之余，让消费者感到开心，乐意转发你的作品。

纯粹为了记忆度，那还不如让你的金主去街上裸奔，立竿见影。

范耀威

F5 创始人及首席创意官。文案出身，从业 19 年。曾任恒美广告（DDB）上海执行创意总监、奥美上海创意总监，2019 年戛纳国际创意节主题演讲嘉宾。代表作：星巴克《用星说》；CCTV 公益广告《妈妈的心跳》；百度《记忆眼镜》。

都说广告人是解决问题的，
为什么有些人却成了问题？

人们常常喜欢站在高处俯瞰问题，但往往还是解决不了问题，因为你离问题有点远。就如只看地图，你永远到不了目的地一样，你离那里真不是一步之遥。

讲两个生活中的小事例：

事例一，灯不亮了。

普通的灯不亮通常就两个问题，一是供电问题，二是灯具问题。拿大概率是灯泡烧毁来说，家里发现灯不亮了，有些人会觉得自己无能为力，排除不是停电后，就结束了。也有人挺能耐，找出厂商电话一顿猛打，最后也许能很"愉快"地解决问题。

其实当你上天花板打开灯罩，就能看清灯泡的型号功率，也就能购买正确的灯泡，买来换上就完事了，就是这么简单快速。当然了，女生碰到灯不亮，叫男生来解决才是王道！

放到工作中，有时客户找你说觉得他们官网没人访问、形同虚设，你就开始跟客户说如何提升网站流量的问题，并张罗 PPT 提出解决方案了。咱居然也不打开网站看看，其实人家根本连个中文版网站都还没有，迫切需要的就是做个中文版的网站而已。

有时客户只是觉得 LOGO 真的丑，想要好看一些。明明就是个视觉优化或再设计的活，你非得按品牌升级的标准来做。

然后技术性的专业问题建议交给专业的人或团队来协作吧。亲眼见过问人家要一个网址，却发来一个 C:/Desktop/index.html，那场面着实震撼。

事例二，妈别洗了。

我是农村出来的孩子，学生时代，偶尔会倾家荡产啃泡面买自己喜欢的与消费能力不符的衣服。相信部分朋友也有同样的经验。

都知道有些衣物是经不起洗衣机或暴力拧干的摧残的，我妈就经常帮我干这事儿，眼见心爱的衣服，或皱巴巴或变加长版晾在你面前时，那扎心场面！在经历多了后，避免不了要进行必要的沟通了。

场景一：妈，你别洗了，我自己会洗！

真的吗？反正我妈不信。

场景二：妈，这衣服不能这么洗，会坏的，得这么这么洗！

有用吗？经验告诉我没用。

场景三：重复场景一和二。

而我的方法：妈，这衣服 ×× 元一件，洗坏了挺可惜，以后洗得轻柔些。从此，我妈和我的衣服过上了幸福的生活。

咱先不管妈妈会不会因为你过度消费胖揍你，至少衣服保住了，问题解决了。

因为她是我妈，我清楚地知道她的痛点。所以我们要像了解自己妈妈一样去了解客户，了解客户的产品和服务，了解客户的需求到底是什么。

见过很多服务护肤品牌的大老爷们始终不知道护肤有哪几类产品，甚至有哪些竞品都一概不知；也见过不少服务清洁去污等日化产品，却从来不洗碗、不洗衣服的姑娘；服务母婴品牌但团队中找不出一个当妈的；服务车企却没购置过车辆、没驾驶经验，甚至没驾照的，当年可也不在少数。诸如此类，在对客户零体感时，就开始提供服务解决问题的，都是耍流氓。

接近问题、看清问题，才不会成为问题，也才能更有效地解决问题。

陈君（02Chan）

数英创始人。互动中国前创始人。设计师入行，从业 17 年。

为什么动辄百万接单的广告公司，自家官微却丑陋得一文不值？

　　广告公司，名义上最注重形式主义，实际却很少对台面以下予以关照。事无巨细谈审美，方方面面显教养的创意机构，只占极少数。直到今天，甲乙方谈合作，仍然采取 20 世纪古早作业方式，一沓 A4 彩印方案，一通照本宣科——明明聊的是品牌官微托管的业务，直到散会，甲方代表也未曾亲眼测量过乙方自家官微的水深水浅。

　　自家官微？相比于百万业务，听上去似乎不值一提，至少不值得特设篇章关照。究其本质，却是擅长为他人作嫁衣的广告公司，面对自家机构的对外宣传时，暴露出的长短板问题。在公平可视的互联网，还有什么比一篇又一篇展现自家水平的长短文，更有效应、更具时效性？它甚至是免费的。

　　许多赫赫有名的广告公司，为了在同业竞争中博得更多席地、更多业务，习惯抛头露面于各大讲座论坛，开口闭口全是驰名案例和创新方法论。对外花枝招展，对内则荒草连天，你有心扒一扒贵司那一亩三分地，历史文章里全是三个句号充当的省略号和恶搞表情包。

　　这个行业，有心人太有限。按理说，一个张口就是方法论、选题动辄10W+的广告公司，背地里连自家后院都难以修剪成型，碰到尽心尽责的品牌部门，其叩门接单的资格都存疑。

　　回归正题，为什么乙方们明明置身创意行当，自家官微却丑得让人想骂娘？

一是过分依赖所谓网感。

互联网发展至今，除了分享一切的公共特性，还滋生了一切皆自以为乐的臭毛病。年轻的从业者往往免不了迷失方向，在审美力单薄时，错拿山寨当网感，连逐字成章的基本功都未落实，便嚷嚷着添加表情包渴求制造笑料。要知道网感是糖衣，其前提是你有经得起咀嚼的炮弹。

二是过分依赖面对面。

4A 公司在转型，热店正添柴加火，媒介公司的手伸得比以往更远。但没有谁真正认同并践行互联网的魅力，每有业务往来，天南地北的甲乙方必须面对面——互联网提供了分门别类的所有答案，创意行当的涉事人却只信奉对方当场捏造的人格。要知道，会议桌上的案例可以作假，自留地属性的自家官微却不会撒谎。

综上，如果有甲方凑巧翻到这一页，我想说的是，撇开那些虚头巴脑的竞标比稿，你作为品牌部门的负责人，只消三个小时，认认真真翻阅几家供应商的官微内容——观察他们如何分段成章，如何引经据典遣词造句，又是如何眼界大开洞见传播，便知道谁才是真正称心的合作伙伴。

怪就怪，这个行业偏爱无用功。

陈小日

随时关张创始人，以文案为业，入行6年，曾任职艺术杂志主编及策展人。

代表作：万科《今夜美术馆，水深75厘米》曼谷跨国特展；江小白《敬年轻气盛》广告战役；《睡不着蛋糕店》《夜闯美术馆》等城市公共事件。

广告是一门生意，还是一门"熟意"？

疫情期间，留给郭德纲的时间就多出来很多，听到他对相声的定义："相声不是做陌生人的生意，一单一单的交易，而是混个观众缘，要脸熟，要长期地经营客户，所以应该是熟意。"对此，我颇有感慨。同理，在广告行业也适用。

本人做了十一年的广告，游历过本土公司、国际4A公司，拿出履历来回顾，可以看到汽车类、快消类、地产类……各种类别的作品。回想起来，从拿到工作单到提案完成，最长需要2个月时间，急的方案可能3天内搞定。一路蜻蜓点水，一路套路调用。广告公司的经营模式逼迫每个从业者在一知半解的情况下，对品牌方的产品服务指指点点，出谋划策，真不知当年是谁给我的勇气，如今想来，汗颜不已。

大多数广告公司都是这么干的，把广告当成一门"生意"。（我们已经不必去讨论广告是"商业"还是"艺术"了，这篇已经在20世纪90年代翻过了，"广告是艺术"这种噱头是骗愣头青们来从业的。）

后来，曾经在提案会议上和甲方爸爸吵过架的我，也转到了甲方岗位，一干至今又十几年了。开始合作很多视广告为"生意"的广告公司，扪心自问，我是一个很友善的专业的甲方，但不得不吐槽老同行们，很多甲方为什么都在自养创意团队，包括策略研究团队、新媒体运营团队，甚至是媒介团队？只因为甲方需要"熟人"，熟悉自己垂直业务的熟人。在这样的需求下，"蜻蜓点水、一知半解"的广告公司，就变得可有可无了。

我觉得将来能有生存能力的广告公司，只可能是以下两种类别。

一、只做某垂直行业。

这样的公司，才是真正的品牌方市场部的延伸。他们懂这个行业的供应链动态、政策方向，对行业趋势判断、品牌方需求、市场需求有洞察力，才有发言权。他们能融入到品牌方的日常运营中去，而不是临时翻几篇行业报告，就写出策略的半吊子专家。

时代不同了，广告商曾经引以为本的策略、计划、创意、执行、媒介计划、购买等套路，也都已经在甲方面前没有了神秘感。（当然对那些要求做出"层次分明的黑"的甲方，还是可以继续忽悠的。）信息都透明了，差价没有了，更新迭代更快了。甲方需要的是，和他能在一个维度上讨论公司经营的一个深耕的伙伴，而不是一个路边的顾问。

你做车，就专做车；你做化妆品，就专做化妆品，把自己做到，真的有信心可以自营一个车品、一个化妆品，你会考虑年度的规划，你会平衡收支关系，你会关注消费者的真实体验……很多网红品牌，已经在这么执行了。集合了行业中的一群"熟人"，从线上到线下，无时无刻不在创业艰辛的状态中，奋力前行。"三只松鼠""喜茶"……他们需要什么样的广告公司？请坐到他们的办公室去，到他们的零售店、工厂里去。熟悉他们，才有资格服务他们。

二、只做局部领域。

这样的公司，只精于一个环节，熟到极致。比如就是拍摄制作，比如就是直播运营，比如只做短视频创意执行等。他们不奢望伸手能到甲方的全盘筹划中，只做某个领域的专家，不画整合资源的饼，只耕眼前的一亩三分地。这样的广告公司，就像单纯的男性医院，专治不孕不育。一旦哪天对外号称自己能治脚气，就是把自己当骗子，把品牌商当傻子了。

最后奉劝所有的广告同人们，所有和你们开会的品牌方，都已经进化了，就像现在很多畅销书都出自理科男一样，他们不单比你们懂产业，也开始很懂品牌、广告营销。

所以，如果要保住"广告专家"的金字招牌，赢得对方的尊重，就请把广告做成一门"熟意"，或熟于垂直，或熟于术业，踏踏实实，深耕下去。混得"熟"一点，才能活得久一些。

方圆

嘉银金科首席品牌官，文案入行，从业 22 年，历任天联广告（BBDO）、恒美广告（DDB）、SapientNitro 创意总监、携程营销总监、途虎市场副总裁。代表作：嘉银金科体育赞助广告战役；恒源祥羊羊羊广告战役；途虎SNH48 代言广告战役。

在中国做广告可以更快乐一点吗？

中国的广告看起来不是很快乐，因为中国人不是很快乐。中国经济发展得那么好，但中国人的快乐指数在全球才排名第 79 位。"做广告不是很快乐"是一个社会映射，我们中国人的负担太重。

历史上，中国人也有自己的快乐。唐朝的诗歌，自由快乐，还有无尽的想象力。李白的"白发三千丈，缘愁似个长""两岸猿声啼不住，轻舟已过万重山"，都是很视觉化的描写，夸张又自由，带有当时的豪放风气。他有才华，高力士给他脱靴，不高兴了管你皇帝老子就拂袖而去，傲气而可爱。

唐朝的女性，不开心了可以合离再嫁。她们的审美自由而不被束缚，不会像现在因为胖被人排斥，自己开心就好。她们可以穿得性感暴露，去展现自己丰腴的体态，去追求最大胆潮流的妆容，那时候的女人真的是环肥燕瘦，快乐自在。

这些快乐，被外在的压迫给扼杀了。五胡乱华，打破了唐朝如梦般的富丽盛世；元清把宋的诗意、明的清隽斩杀，清朝徐骏一句"清风不识字，何必乱翻书"，直接被灭九族，杀三百余人。严苛的封建制度，给我们的祖先父辈心里留下了很大的阴影。

后来的闭关锁国、鸦片战争、半封建半殖民地的社会，日本的入侵、第二次世界大战等，近代史又给了中国人太多的刺激。我们的血统，或多或少是留有一些被压迫的记忆的。

意大利、英国等国家，快乐的氛围在几百年前的文艺复兴就已经培养起来了。不是说欧洲人多么高尚，只是他们在广告领域，在创造的领域，比我们更自由更快乐。

1985 年，国际 4A 广告公司来到中国，绝对是一个文化桥梁，很多国际化的创意思维进入中国的市场，对中国的专业化起了非常积极的作用。100 年来中国人被压抑的心理，受到国际 4A 广告公司开放、自由的思维冲击，在当时产生了既矛盾又冲突的文化。

最开始我们受传统思维的影响，要肩负振兴中华这种太大的责任，所以早期，4A 的高层全都是老外，或者是新加坡、马来西亚、中国香港等地区的人。有些人帮外企工作不开心，很多是因为语言、人种、地域的限制。当年本地人要往上走，受到很多阻力，你一定要比别人更出色、想更棒的点子、赢更多的奖项、拿到更多的客户才行，这个过程中，中国广告人肩负的压力是非常大的。他们的职业生涯，还肩负着一个民族的尊严、个人的尊严和自信心，负担很重。

当年我在恒美广告（DDB），有些刚毕业就来实习的外国人，他们以去全世界游学的方式实习，做广告都非常快乐，并且他们广告的成熟度也比中国人更高。他们会喝着酒，天马行空地聊创意。中国的广告公司就很爱加班，要非常正规地去加班，仿佛这样才能熬出一点东西来。

中国人的性格就是太奋发向上，这是个很好的事，但也意味着没有那么多心情去享受生活，以及工作之外的一些事情。

我们的广告公司都在比赚了多少钱。开独立创意机构，盈利是要的，但一味去扩大垄断资产，这种想法是非常错误的。我觉得做独立创意热店最大的优势在于，能够碰到一些可以自由服务的客户，能够碰到更多的机会去创造一些有趣好玩的东西。市场应该更加百花齐放，而不是成为集团公司统治别人、收买别人。我们做广告的意义应该是享受每一个作品，享受这个过程中客户给你的自由，市场给你的自由，或者创造一些好玩的作品。我们的心态有些问题，导致一些不健康的思想存在，造成很重的负担。

我们的 DNA 带着一种不快乐的潜意识，当然我们正在恢复正在疗伤，我们在不断好起来。广告也应该进步，要跟艺术一样是快乐的、自由的，也要有责任心，为客户创造在市场上引起大家愉悦的、有趣的东西。

我在伦敦参加 D&AD 的评审，给我印象最深的是一个艺术酒店，那酒店就是一个艺术品，每一个房间都做了不同的风格。街上也有很多插画，随处可见的设计都是快乐的。反观我们的街上，非常冷静、非常现实，墙上很整齐不能乱画，当然国家也是为了城市的美化整洁，但从另一个角度看，我们的创作也受到了限制。我在想，我们是不是能创作更多快乐的元素，而不要这么功利？

别动不动就谈钱，钱很重要，但我们可以多谈一点艺术、音乐、诗歌、小说、电影。我们的朋友圈，太多人谈钱谈资本，不懂资本的人，每天也在谈资本，每个人都想成为马云，但很少人想成为李白、唐伯虎、祝枝山，或者成为一个喜欢喝酒爱酒的人，这就让我觉得很可怕，因为我们不再追求快乐。

很多人想做成达邦（WPP）那样的集团，做成达邦（WPP）那样的集团你就真的快乐吗？我觉得未必，也许我们的快乐就在眼前，一个小小的公司、一杯酒、一个好的想法，一个对你非常好的客户，这就很值得感恩。

我们现在正在一个最好的环境里，受过一些教育，受到一些正规训练，我们可以利用中国灵活的市场，创造使我们快乐的时光。

中国人老喜欢在广告里谈我们老祖宗的东西，谈四大发明，我们总是不能放下自己。李安在《卧虎藏龙》里说过："当你握紧双手，里面什么也没有；当你打开双手，世界就在你手中。"我们总是放不下老祖宗创造的那一点点优越感，也许是我们太自卑了，没有自信心。

那些广告，比如奥运会开幕式，都是一个套路。我们能否有一些真正快乐自由的东西在里面，而不再老说中国历史？不再把那些情怀全塞入一个片子中，最后变成了一个国家的宣传片。帮国家宣传这完全没问题，但是，企业能不能让老百姓稍微轻松一些，看了这些广告不用有这么大的压力？

有些广告使了很大的力气往前推，用情怀力量在里面推，你看得到它背后是一种创作的心，我当时也是被影响了。但不可能所有的广告都是一样的，我看有些广告它是悲伤的，但也是充满诗意的；有些广告是快乐的；有些广告是有趣的。但我们的广告相对来说还是比较单一、比较用力。

当然，我们的市场环境是蛮残酷的，大家为了生活在奔波，完全理解，但我们可不可以快乐一点点、更好玩有趣一点点？

2002年，我在戛纳见到一幅作品，是街边的广告牌，很美，美到我现在都没办法忘记——一个女孩在卖草莓牛奶，一个非常干净的蓝色底，女孩把舌头伸出来舔嘴唇上的牛奶，她的舌头变成了一只草莓，边上放了一瓶草莓牛奶。那张广告就很纯粹，漂亮的女孩子，干净的蓝色底，当我在欣赏广告牌的时候，不是在欣赏大标题大产品，看一些乱七八糟的信息，我看见的是用优美的方式去跟消费者沟通。我相信创作这个广告的老外，也一定是喝着这个奶，很愉悦地坐在窗边，摄影师也是，按下快门的那一瞬间是微笑的。它不是戛纳作品集里面的作品，而是大街上的大广告牌，这给了我一个很大的冲击。他们随便的出街海报，从字体设计到产品都是优美的、快乐的，充满了美的情绪。还有一个广告，卖点是皮鞋鞋面非常亮，它就把皮鞋当作反光镜用，非常妙，很生活。

我觉得戛纳不仅是广告节，它是创造者心中的圣地，每一年把那些对广告对这行业还有挚恋的人，聚在一起，分享这个行业里最快乐的作品，这本身就是一件很快乐的事情。

当然戛纳不是最早的广告奖，最早的广告奖是纽约艺术指导协会，它的LOGO来自16世纪一个非常伟大的德国艺术家丢勒，丢勒绘画的工艺非常考究，它希望我们的广告作品能够像丢勒的艺术品那样杰出，它在肯定广告给大家带来愉悦、带来艺术的水准。戛纳在它的基础上变得更盛大更快乐了，设在有阳光有海风的海岸边，那里的大街上，所有的人都在喝酒、吃海鲜，天空是快乐的蓝色，那里的人下午四五点就下班了，整个小镇基本没有人在加班，他们是真的在享受生活。当时我就在想，是不是戛纳广告节所提倡的，除了创造之外还有享受快乐。

这些年，国际 4A 广告公司已经把我们原来那些很严肃的东西冲淡了很多，我们应该感谢 4A，至少它们带来一些很开放的创作，让这些思想在中国的大地上开花传播。

最后，希望我们做广告的年轻的创造者们，能放开心态没有顾忌，把骨子里李白那个时代留给我们的 DNA，把没有挖掘出来的快乐基因，从压迫的基因里解放出来，产生我们自己独立审美的东西，或者用独立创作的快乐情绪去塑造后来者。

熊超（Jody Xiong）

The Nine 上海创始人兼创意总监。艺术指导入行，从业 25 年。中国第一座戛纳国际创意节设计类金狮奖、大中华区第一座克里奥国际广告节音乐类奖得主，入选《福布斯》中国顶尖设计师榜单。曾任 D&AD 评审、上海奥美、上海恒美广告（DDB）和李奥贝纳创意群总监。The Nine 上海蝉联 Campaign Brief Asia 排行榜 2017 年、2018 年中国最佳创意公司第二名，独立创意机构排名第一，亚洲最具创意机构前 25 位。代表作：时代中国 MV 品牌影片《万物所向》；Rokid 若琪体验装置《掌上音乐会》；华帝 AWE 整合项目《功夫之水》和《智慧大脑》。

从小文案到创意合伙人，不同阶段该如何跳槽？

"那谁从 A 公司跳到 B 公司，工资翻了一倍。"

"那谁因为加班，换了家清闲的公司。"

"那个案子拿了大奖，他被创意热店挖去了。"

"那谁跟着顶头上司，去开新公司了。"

……

跳槽这个话题，你们肯定喜欢。通常来说，跳槽意味着升职加薪走上人生巅峰，也有不少前辈说，跳槽是年轻人不安稳的表现。但反过来思考，这也是一种为能力加 Buff 和实现自己更高价值的机会。今天，就以过来人的经验，谈谈作为一名文案，在不同的阶段，应该如何跳？凭什么跳？希望能给热爱广告的年轻朋友们一些启发，也避免在职业分岔路上走一些弯路。

从校园到小文案

最折磨人的，无非是不确定自己要做什么。

从校园跳到职场，每个人都要面临职位的选择，我也是。大学是不知名学校的广告学专业，公关、设计、文案、动画、策划都学，这也意味着什么都学不精。虽然在校也参赛过学院奖、金犊奖，但仍然不知道毕业后到底该做什么，可爱广告业是肯定的。所以在大三的时候，找了一家当地的地产广告公司实习，力所能及什么都尝试去做，真切地感受到文案和设计的实际工作方式及流程。

这个阶段不要觉得自己的实习岗位是什么，就只做这方面的工作，一定要什么都主动去接触、去学习、去实践，你才会发现自己所擅长的和内心所热爱的。体验是一种不可逆的能力，一旦获得，就再也退不回去了。经过半年以上的实习体验，你会有自己的心得。而我，也被团长的"最好的答案，不在熟悉的路上"这句话打动，坚定地选择了一字一句都能让人感动的文案岗。而这句话，也成为一直激励着我的座右铭。

小文案到资深文案

学习和累积，是挖掘创意财富的第一桶金。

初出茅庐，学习肯定是第一位的。好的上司，是值得学习一辈子的宝藏，向公司里的前辈学东西就不说了，这个阶段能力提升大部分还是要靠自学。大家通常会对你说，作为一名文案，你要多看。虽不用说要熟读"四书五经"，但是要对业界作品了如指掌。

十几年前还没有微信，更别说自媒体了，每隔两个月到中环广场的龙之媒坐上一下午翻阅最新的《广告档案》(*ARCHIVE*)、*AD Select Monthly*、*Campaign Brief Asia*、《龙吟榜》、《动脑》、《亚洲户外》……是广告新人最满足的时光。现在，除了《广告档案》，其他杂志都基本闭刊了，但是获取资讯则方便快捷得多，只要有手机就能秒翻最新案例。然而，多数年轻人往往因为"财富"来得太容易反而不会珍惜。何为珍惜？

在我看来，珍惜就是不只是看看，需要花大量时间和精力去分析、去积累、去总结。光看是不够的，很容易忘，只有把自己看过的东西梳理，不时翻翻才能温故而知新。有一段时光我记忆犹新，博采的老板李炼在 2005 年的时候就能花巨资购买正版的《广告档案》和 *Shots*，作为新人借到手后视如珍宝，会把自己喜欢的案例复印成一本自己的"圣经"，不断研究国外案例右下角那句文案的逻辑。Copy 不走样，Write 有模有样，才能成为有料的 Copywriter。

做文案最开始的 3 年，是能力积累的黄金时段，但也是不少人急功近利的时段，有不少年轻的朋友都是通过跳槽来获得头衔晋升。如果不是有特殊情况，建议沉下心在一家公司好好修炼，拿每一个无论大小的案子练手。看到别人的出街，想想自己来写的话能不能更好，用自己的实力和贡献在同一家公司晋升到资深文案才够扎实，才能挖掘到"文案内功"的第一桶金。

资深文案到创意组长

所谓晋升，是你的贡献超出了原本的工作范畴。

恭喜你，已经是资深文案了，相信日常的文案工作你肯定不在话下（当然希望不是只会写谐音双关梗的文案）。走心的文案不是写出来的，是观察出来的。而观察和感悟，就是从自己的生活中来的。劳双恩说过："要有灵感，就要先有真正的生活。"生活中也有不少例子，比如大家熟知的："这一碗，让心里好满。"这句话就是 mimimomo 在一次深夜加班回到家后，爸爸起床给他煮了一碗热腾腾的面，她吃完之后的感悟。

如果要进一步晋升，就不能只限于写文案了，通常在 2~3 年内，需要熟知用户洞察、核心策略、创意概念和传播环境的思考和运用。在每次头脑风暴前带实习生或小文案做足调研工作、主动拉搭档一起讨论、在会议上能分享自己的思考成果、即使是文案也能画出能表达意思的设计稿、思考提案卖稿的逻辑……提案能力是此阶段的一个分水岭。徐卫兵曾说过："提案就是一门说服的艺术，只要提前研究客户的喜好，用他们熟悉的语境来讲解，在最后锦上添花献上一个与主题相关的小礼物。即使这次没通过，客户也会对你印象深刻。"这一点，我也一直受用至今。总之，这个阶段只要能做超出自己业务范围的工作，贡献超出常规工作的能量，不用你提升职，升职也会来找你。

当然，在工作之外，与同事保持良好的人际关系，对行业公司大佬的认知以及大客户比稿相关热点的关注，也是很有必要的。当年在世纪商贸广场，就有文案在电梯间与某执行创意总监聊天达成跳槽的真人真事。

创意组长到创意总监

你不是一个文案，是一名创意人。

不管是原公司晋升，还是跳槽成为创意总监，都要有优秀的作品，能得到客户的认可，能带队拿下比稿，或者能为公司斩获大奖。现在随着社交媒体的兴起，传统的国际奖项和公司积分似乎没那么有含金量了。在 2015 年以前，只要你的作品拿过戛纳国际创意奖，不管是出街稿还是飞机稿，都是升职加薪的最大砝码。而每年 6 月底戛纳广告奖花落各家时，也是广告行业高层人才的动荡时。反观现在，能带来生意的出街稿创作者变得更受新雇主和猎头们的欢迎，随着行业的发展，竞争变得更加良性了。

作为文案出身的创意人，不再只是一个文案，而是一名要把控创意质量、管理 3~5 位下属、提报给客户的领导。能激活团队的活力和创作力，独立带队产出成功的营销战役案例变得更加重要。这背后，就需要更加广阔的知识库，不管是创意逻辑还是执行手法都得有点水平。

但是，从团队合作上来说，还是得先让下属开动脑筋贡献自己的思考过程后，进行点拨，才能有助于他们的成长。稻盛和夫说过，"懂得克制，是做人的基本"，也是带人的根本。如果你做得足够好，带队拿下过千万级的比稿，公司还没有给你晋升，那么你可以准备简历，投给心仪大佬的公司，而工作过至少 5 年的你多少有些人脉，能找到大佬的邮箱（我就用这种方式投简历给劳双恩获得过面试机会）。不排除这时你已经进入猎头的名单了，这时候你会发现，接到猎头的电话是一种肯定，是一种荣耀。

创意总监到创意合伙人

不只是做创意，还得兼顾生意。

当你成为创意总监，相对来说是比较稳定了。在这个阶段，随着业态的变化，要用自己的超级确定性，来对冲外界的不确定性。不管是玩跨界还是云直播，万变不离消费者的需求。而你赢得未来的制胜法宝，不在于你拥有多少资源，而在于你能调动多少资源，再产出多少收益。用创意来驱动生意，成为基本职责。公司每年会给你的团队制定 KPI，如果 KPI 是营收 2000 万，你能完成 2100 万，那么你就有资本申请成为创意合伙人了，在有些初创公司甚至可以申请股份权益。近年，有不少资深的创意前辈也迎接了从创意人到生意人的挑战，创意总监喻雷在智威汤逊服务 18 年后，成为有门的创意合伙人；第一位本土创意总监胡岗，24 年的智威汤逊经历后，成为艾特的创意合伙人。

至此，在该行业至少工作了 10 多年，如果每天工作 8 小时，一周工作 5 天，那么已经工作了 20000 多个小时。远超安德斯·艾利克森（Anders Ericsson）的 "10000 小时定律"，你已经是创意专家了，拥有一定的行业名声和人脉资源，是时候把自己做成一块招牌，到各大讲座和奖项评选抛头露面了。作为创意人，有不少人在工作之外也打造着自己的 "招牌"，并一直坚持经营着。如：陈耀福 "写给生活的明信片"、Forest 的 "今天不说话"、Bill Chan 的 "假如你无聊"、李浪的越野马拉松、Awoo 的武侠小说以及童军在 Instagram 的 D.Ding ART（斗胆也放上自己的一个艺术项目）。

创意合伙人到……到头了

要么自创厂牌，要么创造自己的事业。

基本上职业的跳槽生涯，到这里就接近尾声了，但对创意的追求永不停息。

一部分对广告有新渴求的创意人，选择在社交兴起的时代创立自己的厂牌，2015 年左右是大家的创业元年。老莫在麦肯服务了 36 年之后，创立了马马也；天联广告的江畔创立了意类；盛世长城的 Forest 创立了天与空；智威汤逊的小塞创立了有门；奥美的张俊杰创立了 KARMA……另一部分转型做了自己热爱的事情：汉威士的前创意合伙人罗易成，做了 "一百零八匠" 中国民间守艺人项目；广东省广告集团（现省广营销集团）执行创意总监毛锏，成了一位独立画家；智威汤逊的郭磊，赤手定制着复古机车。

李奥·贝纳先生说："创意给人生命和生趣。"也许，这就是这个加班永不缺席的行业，还让人兴奋和满足的原因。说了这么多，就是希望给热爱广告行业的朋友一些启发。不要用跳槽来让自己成为一个更好的人，要让自己成为更好的人然后跳槽。不要奢望自己能度过完美的职业生涯，但至少能够拥有一个完整的从业人生。

童军（T.J）

有门互动创意合伙人，从业 14 年。先后于博采、DMG、奥美、盛世长城任职，拥有资深的广告行业经验，但没拿过戛纳奖。对传统媒体、社交、数字和艺术等多领域拥有独到见解，但没有出过书。近六年来，带领事业四群先后赢得宝马、支付宝、杰士邦等十多个优质客户。代表作：支付宝五福整合营销战役《在一起，过福年》。

如果查理·芒格开一家广告公司，他会如何思考？

都说贫穷限制了想象力，一个做比特币的小年轻孙宇晨花了3000多万，拍得和巴菲特共进午餐，一时间炒得沸沸扬扬，热搜不断，甚至人神共愤。

如果我有那么多钱的话，我会选择和巴菲特的黄金搭档查理·芒格共进晚餐，因为我特别想问问：他会如何运用他知名的"多元思维模型"，来思考一家广告公司的存在？

所以，以下纯属我的臆想，我原地变身为查理·芒格的千万分之一。

一、用滚雪球思维来思考。

如果把广告公司看成是一项滚雪球的投资，那它的坡的长度和雪的湿度可能都不够。

广告公司大多是to B业务，决定了坡的长度不够，你能服务10个客户，100个客户，但没听说哪个广告公司能同时服务几百上千个客户。

雪的湿度不够，大部分广告公司，都缺乏自己的核心科技，难于提供系统性的可复制的解决方案，靠的往往还是创始人或明星员工的经验作业和灵光一闪。

所以广告公司要活得好，要不想办法解决坡长和雪湿的问题，要不咱们就甘心做个小而美。

二、用反脆弱思维来思考。

这个世界充满了不确定性，黑天鹅事件层出不穷，谁也料想不到一场疫情、金融危机会突如其来席卷全球。某新晋明星前一天红到发烫，后一天便被毁到没朋友。

世界表面很强悍，实则太脆弱。而在生物链的末端，广告公司的脆弱性更是可见一斑。一个大客户的离去，可能就能裁掉半个公司；一个明星员工的跳槽，可能半个公司就会瘫痪。

我们怎么才能从脆弱性中获益，或者至少不被轻易击垮？所谓东方不亮西方亮，让自己不只拥有一种技能或身份，至关重要。我想这也就是为什么现在这些大互联网公司，电商、支付、社交、短视频、外卖等啥都要插一脚。因为你永远不知道你最终会死在哪，但你至少可以让自己死得慢一点。

所以广告公司同人们，抖音拍起来，网红经纪公司搞起来，电商直播卖起来，别再陶醉在写一句文案或拍一条刷屏片了。

三、用护城河思维来思考。

一个企业的竞争优势就是他的"护城河"。广告公司也不例外。而绝大多数广告公司的护城河，都非常狭窄或挖得不深，甚至没有。

一个人几杆枪就可以自立门户开公司了；能写几句文案，能拍个视频，整点平面设计，做个 H5 就敢说自己是全案公司了；人数少于 20，有过一两个案例，老板算是资深圈内人士，也就都说自己是创意热店了。

也许每一家广告公司，尤其中小广告公司的老板都应该暂抛俗务，静下心来好好想想，我公司的护城河到底在哪？是不是老板自己？是不是只靠老板的人脉？有无吸引资本进入扩大规模的可能？有无具备优势的特色业务？有无掌握无可替代的核心创意科技？我的护城河有多宽？别人真的难以跨越吗？怎么样才能拓得更宽？还是根本不需要，来一单接一单，全凭运气走着瞧？

四、用 77 格击球区思维来思考。

像打棒球一样，把机会分为 77 个棒球大的格子，只有当球落在"最佳"格子时，才全力挥击。用查理·芒格的话换言之："有性格的人才能坐在那里什么事也不做，我能有今天，靠的是不去追逐平庸的机会。"

这条对广告圈实在是太重要了。因为广告圈，几乎到处都是平庸的机会。客户甲：能不能免费帮忙设计一个 LOGO；客户乙：我有一个单页需要制作；客户丙：我有一条预算只有 20 万的好莱坞大片要找你拍；客户丁：我有一个 13 家公司参加的比稿等你来哦。

我们忙于应付这些"足够平庸"的机会，当真正不平庸的机会到来时，我们已经没有力气去应对了，甚至已经分辨不出了。

所以别去参加超过 3 家以上的比稿，别去为了讨好客户帮他的亲戚设计一个结婚邀请函，别去相信客户说"我的预算没有上限"，也别去服务那些根本不尊重你的客户。

五、用心流模型来思考。

"心流"，指的是我们在做某些事情时，那种全神贯注、投入忘我的状态。在这种状态下，你甚至感觉不到时间的存在。换言之一句话：你找到了热爱。如果还没法理解，那就想象你是一个新手爸爸，刚刚有了一个女儿的那种感觉。

广告这个行业，如果没有真心热爱恐怕是难于坚持下去的。它真的不是几个人坐在有空调的办公室吹吹牛然后就想出了惊为天人的创意，然后拯救客户于水火，从此世界和平的美好传说。

你面临的挫折和打击，远远甚于你的幸福感和成就感。每一件出街作品，都是九九八十一难磨出来的；改回第一稿不是开玩笑而是现实的存在；经营多年的客户关系，可能由于客户高管的变动化为乌有；越来越多的客户，懂的比你更多，胆子比你更大，思维比你更快。

而最终能支撑我们笑着走下去的，可能不是银行账户上的数字，而是心理账户上的那份情感。毕竟我们每一个人都只活一次，能找到心流体验的事，还真是寥寥无几。

六、用资本思维来思考。

如果从投资的角度来看广告行业的话，这似乎是一个资本不怎么感冒的行业。

除去几家国际 4A 大集团达邦（WPP）、宏盟、阳狮、电通、IPG 之外，中国 90% 以上的广告公司，大都是没有资本进入的私人企业。

所以你经常看到的行业新闻无非就是：经济好的时候，某某 4A 集团买这家买那家，经济不好的时候，合并来合并去。

而很多私人广告公司或广告公司老板，终极目标可能就是有一天可以卖给这些大集团，套现抽身走人。甚至连 Droga5 这样的明星创意公司都不能免俗被收购。而更多的私人老板，压根没想过拉投资或资本这回事，或者想借着开广告公司挣到一桶或几桶金，然后转型去实现自己的咖啡馆或餐馆梦；或者也没想要搞资本运作，自给自足自由自在不也挺好的嘛。

因为，毕竟资本是为了数字和收益，而从不会为情怀买单。

最后，很遗憾，99.99% 的可能，查理·芒格肯定是看不上广告公司的生意模式。而我，也 99.99% 拥有不了查理·芒格的普适智慧。但我和他之间，至少有一个共同点：相信复利。只要做正确的事，每天让自己和公司进步哪怕 0.01，时间就会带来奇迹。

丁和珍

上海不只广告创始人、小黑书联合发起人。

广告人的甜头，你尝到了吗？

首先面试的时候，你就能发现这里不同于大多数企业，广告公司总有一些细节彰显着创意和有趣。或许是墙上的涂鸦，或许是会议室的名字，或许是同事办公桌上的玩具，更或者就是你的同事本人。

你的同事们几乎都是宝藏男孩 / 女孩，你从他们的嘴里认识麦迪逊大道、鲍勃·迪伦、Kosta Boda、地下乐队、许舜英……喝到同事泡的咖啡，看到同事出的漫画书，有的同事还会给你写诗。

第一天上班，你知道了一个单词叫"Brief"，当然你也许早就知道，但是当你在办公室第一次听到这个单词的时候，还是有一种莫名的心动。

工作一年，你习惯了晚睡，生物钟被调理得服服帖帖。你说我再也不能加班了，但是零点更新的剧也太好看了吧，于是你每每成为弹幕头条君。

你身在一家大广告公司或者小广告公司，但是你服务的总是一些大品牌，你的一个创意也许就改变了一款新品的市场定位，就像你手里的可乐，可以代表经典也可以代表年轻。也许，你还有幸参与一个超级品牌的崛起，就像我们目之所及的许多许多。

你会因为一场头脑风暴，突然醍醐灌顶，走出自己画地为牢的思维困境。这不仅会促进你的工作，也会影响你的人生格局，人的思维总是螺旋上升的，而你不断地在思维大厦里更上一层楼。这一点从你不再纠结创意作品，而是寻找解决方案开始，就已经尝到甜头了。

你会因为一个项目，了解一个行业。当你跟朋友逛街的时候，不经意间就可以帮朋友避开雷区，成为朋友的购物军师。你也是朋友圈的安利大神，因为你在无数的市调中发现太多消费的秘密。你推荐的好东西，总是深得人心。

　　你会成为朋友里最有趣的人之一，当别人在聊公司八卦薪资待遇的时候，你一个金句就引来目光，你的友人笑得前仰后合，有时候还试图捶你的肩膀。于是所有的聚会，他们都期待有你在场。

　　你去相亲也不会冷场，当对方一开口，你马上就找到了话题。当然，你的要求也很高，对方得是有趣的灵魂。最好是你根本就不需要相亲，爱情如约而至。

　　你会有纷纷而来的成就感，每隔几天就一次，甚至一天就有很多次。写出很妙的文案，想到炸裂的创意，或者想到一个最新的传播方向。你兴奋极了，但还是压抑着想告诉所有人的冲动，把想法又完善了一遍，发现果然是个绝佳的方案。

　　你和同事比拼的方式也很简单，没有什么职场政治，当你不服气的时候，只要埋头做好事，给对手一点颜色瞧瞧就够了。当你的项目出街，你就可以挺起腰杆儿说，看，这是我的作品。当然你的作品，首先得满足客户的推广，帮客户解决眼前的和将会面临的问题。

　　你会拥有几个论道的好友，或者神交已久的网友。人总是会有厌倦身边种种的时刻嘛，所以才会有"生活在他乡"的说法。那些素未谋面却神交已久的网友，颇有高山流水的情谊，你们聊起行业现象，聊趋势变化，或者一起吐槽圈内的某某，总之是同道中人的乐趣。人生难得一知己，况且还不沾染日常的阳春水。

　　后来你实在是累了，你想换个行业，换份工作。于是你打算开咖啡馆、开花店，或者去一个陌生的行业。因为你长期养成的解读简报的能力和用不同的方法解决问题的活跃思路，你总是比别人做得更出色。哪怕是一杯咖啡，你也会给它一个特别的名字。

但是，如果你越做越投入，你简直离不开广告了，恭喜你，这个时候你已经有了一份非常可观的收入。你终于将自己的能力和才华变现，你也许不能成为乔布斯、马云，但是比起你的同龄人，你还是出色很多。并且你成功地逃过了中年油腻，一个有趣有钱的中年广告人，值得所有人羡慕。

　　说了这么多，做广告真的太有趣了，常常让我回到 18 岁。你看，做广告还能让人永葆青春呀。

志玲姐姐

蛋壳文化创始人，文案出身，从业 8 年，曾就职于环时互动、有氧。代表作：得到 App《菜市场遇见经济学》；微贷网《别让你的钱冻起来》。

为什么社群是更好的"广告"？

为什么哈雷可以成为永不落幕的图腾？为什么爱彼迎可以成为全球性的独角兽？为什么阿那亚可以成为中国文旅神盘？回答这些问题可能需要长篇大论，但从细节上来看，不论哈雷，抑或爱彼迎，还是阿那亚，都在做社群。不能说社群是它们品牌成功的基本盘，但社群在它们的生意逻辑里扮演着举足轻重的角色，社群既是品牌的差异化体验，又是人性化服务的体现，还是贩卖变现的路径，更是无限媒体时代的"广告"。

社群从来不是什么新物种，哈雷车主会（H.O.G）1983 年就成立，典型的社群组织，可以说是很多品牌社群的老祖宗。哈雷摩托车手，几乎每一个周末都会参与哈雷车主会活动，平时也许是牙医、程序员、私企老板，但是到了周末，他们拍拍文身，穿上皮衣，就成了叛逆者和热爱自由的人。

我们都知道，品牌和用户之间必须建立持续沟通的方式，品牌才能长青。在过去大众媒体时代，广告扮演着沟通的角色，它提醒用户品牌的存在，讲述故事传递品牌精神以求感动用户。因为媒体有限，广告只要覆盖媒体，品牌就可以覆盖用户。可以说，广告让品牌和用户的沟通变得更有效率。而且，广告如果创意出色、执行到位，就可以让品牌和用户的沟通变得美好，用户也会爱上这个品牌。不幸的是，绝大部分广告都没什么创意，只会反复喊麦，从而让人深恶痛绝，虽然很多这样的广告效果似乎不错，但却以牺牲用户的美好体验为代价。所以，兼顾让沟通更有效率和让沟通更加美好，是所有品牌和用户连接的基本原则。

到了数字化时代，媒体的碎片化和圈子的长尾化，让人们获取内容更加垂直和社交，广告的"更有效率"被削弱，而且，消费者的认知迭代和审美升级，以及对控制权的掌握，使得消费者对于广告的陈腔滥调，对于广告的粗暴无礼，不再忍气吞声，纷纷奋起反击，要么屏蔽，要么反广告。所以，广告必须进化，而社群就是广告进化之后的众多方式之一，而且兼顾了让沟通更有效率和让沟通更加美好。

简·麦戈尼格尔说过："一群有着共同利益的人开始互动，以促进这一利益时，社群就出现了。"可以说，社群就是品牌和用户的共同利益，用户之所以参与，是因为利益所在，哈雷有关乎大家的自由和叛逆的精神，爱彼迎有可以像当地人一样生活的价值，阿那亚有文艺生活的日常，基于利益的驱动，你心甘情愿成为其中一员，主动完成和品牌的连接。比起广告以推的方式来沟通，社群的拉会更有效率和更加美好。

对于哈雷摩托车骑手，对于爱彼迎的旅行者，对于阿那亚的业主，参与品牌社群，是为了一种生活体验。无论是到达从未到达的地方的一次骑行，还是家在四海的旅行，或是人生可以更美的文艺共建，用户在体验过程中，自然而然地完成对品牌精神的认同。比起广告纯粹以讲故事来感动用户，社群的体验打动力，显得更有效率和更加美好。

人人都是社会动物，我们终其一生都在寻找一种归属，有人寄托于宗教，有人献身于国家，更多的芸芸众生，从各种各样的社群确认归属。社群可以让用户找到自己的理想身份，在和同类一次又一次互动的过程之中，完成自我和集体的融合，从而视品牌为自己生活不可分割的一部分。比起广告诉诸个体的认知，社群作用于集体的连接，在品牌的塑造上更有效率和更加美好。

数字化时代，品牌和用户沟通的方式五花八门，各种创意令人眼花缭乱，各种技术层出不穷，各种平台百家争鸣。对于一个广告人来说，这是最好的时代，你可以做的事情很多。与此同时，这也是最坏的时代，你根本不知从何做起。然而，只要我们记住品牌和用户沟通的本质——让沟通变得更有效率和更加美好，就可以走出很多路。社群可以是更好的广告，广告可不可以是更好的社群？这值得每一个广告人去探索。

道鑫

深圳道里国际创意生态集团创始人、首席知识官，文案入行，从业15年。

代表作：七彩云南文旅品牌广告战役、万科X广告战役；国瓷永丰源国宴系列战役。

品牌如何帮助销售？

绝大多数的人，对品牌有三个迷失。

第一个迷失，就是无法分辨品牌与产品的不同，不明白塑造品牌魅力与促进产品销售的方法是如何不一样。

卖产品的思考维度是卖给谁，卖的是什么，及差异化的卖点是什么。一般而言，交易之所以产生，是因为买主对产品的价值认定超过自己所预估的价格，所以成交，价值＝品质÷价格，于是我们贩卖产品有两个手段，或提高产品的价值认知，或借由降价来促销。

提高人们对产品的价值认知有三个途径：1. 介绍产品差异化的特点，来提高产品的辨识度，帮助人们选择自己真正需要的产品；2. 运用消费者在使用行为与购买心态上的洞察来增加产品与需求的相关度，将产品打进消费者选择的排行榜；3. 说服人们产品质量卓越，值得信赖，直接影响消费者对产品价值的提升。

内容描述的是产品特点、消费者利益、终极的情感利益、产品的用途、产品对消费的意义、消费族群如何区隔、目标对象的消费洞察等项目，品牌的目的是创造溢价，而溢价的原因是人们对产品产生偏心，而偏心只会发生在人与人之间：人类只会爱上另一个人类，不会爱上没有生命的产品。也就是说人类虽然会喜欢某一个产品，理性地偏好某一个产品，但不会莫名其妙地对产品产生情感，所以我们必须将产品拟人化，当产品变成一个人物，人们才有可能对这产品起化学变化：在潜意识里产生对产品的偏心，这就是品

牌的原理 ——拟人化。因此，打造品牌所要思考的维度是如何将产品拟人化。

品牌梳理的内容是品牌主张、文化张力、人们与品牌的关系、品牌个性、品牌特有的风格与语气等这类将产品拟人化的设定。而大部分营销人员或传播同行常误以为只要策略讯息是情感的利益，或是创意要求是感性走心，就是在进行品牌的工作，其实不然。产品广告运用动人的故事、创意的点子来让受众感动、惊喜，借此使人记忆回味，让人对销售痛点更有感觉，本来就是天经地义的事。而品牌广告则是提倡独到的生活价值观，引起群众的共鸣。

第二个迷失，就是建立品牌需要长期累积才能达成。

以为经营品牌要花更多钱、更久时间、更多资源，其实透过正确的品牌梳理所产出的创意作品，绝对是一见钟情，快速达成，因为打造品牌的秘诀是利用已经存在于人类脑海中的人性冲突或社会纠结来撬动品牌主张，而产品定位所探讨的各种消费者在使用与体验上的洞察一定比不上品牌梳理的人性洞察来得深入人心。品牌输出的对象是全人类，而产品要求的对象是目标对象群。品牌追求溢价的偏心度，产品追求性价比的偏好度，是完全不一样的目的。

所谓品牌用以撬动品牌主张的洞察，就是人生哲学上对与错的选择，例如，爱情值不值得相信？到底要追求杰出还是独特？人性本善还是人性本恶？……这些貌似公关所操作的社会议题，正是本来就存在于人类脑海中的纠结，容易引发人们的反思与讨论，这也是品牌的塑造可以速成的道理。

第三个迷失，就是大多数的人都认为品牌是一个高大上、精神面、空虚、不落地的东西，而且品牌不可能直接帮助生意，因此品牌只是个"有就很好"（Nice to Have）的好形象罢了。

以上，不只是对品牌的误解，而是对品牌真正是什么不了解，虽然每个人都会认为品牌很重要，但，事实上，大部分的人并不真正了解品牌所探讨的内容，不明白品牌可以真实地帮助生意，不知道品牌其实是销售产品的原子弹！

品牌可以透过以下五个途径来产生巨大的销售力：

1. 品牌解决从人类角度遇到的销售问题。例如，闪送遇到的课题是对陌生人的不信任。

2. 品牌对抗人们潜意识中的竞争者。例如，简一大理石瓷砖的竞争者是大理石。

3. 品牌占领行业类别的制高点。例如，克丽缇娜的制高点是爱情。

4. 品牌借由人类的内心冲突与纠结来快速建立广大的知名度与偏心度。例如，游乐园独乐乐？还是众乐乐？

品牌创造有利于不同产品线的共同销售场景。例如，所有有关安全的产品共同销售的场景是放下逞强。

葉明桂

叶明桂

台湾奥美集团首席策略长，35 年传播专业经验，历任奥美广告总经理、副董事长。梳理服务过 58 同城、名创优品、转转二手平台、OPPO、欧普照明等品牌。代表作：左岸咖啡馆。著有《如何把产品打造成有生命的品牌》（台版为《品牌的技术与艺术》）。

成功的提案有什么诀窍？

我是文案出身，从业也有十多载了。虽然广告行业变化颇大，但随着年龄增长，套路（不要学）增多，情绪阈值降低，做创意总感觉没年轻时那么嗨了。但在工作中，仍能让中年人有点激素分泌的时间段还是有两个。一个是抛概念的时候，一个就是提案的时候。（内心独白：爽，很爽，非常爽。不管，我就是宇宙之王，创意之王！）

说正经的，关于创意内容本身，我想各位大佬已经在其余的很多问题中给出了更硬核的答案。

我这次想分享一些创意以外的经验，算是自己做过、见过、听过的一些牛×提案里的共通点。

一个好的钩子

和几位跳去甲方的老朋友在一次饭局时讨论过：你们听过的好提案是什么样的？"前 10 页内，钩住我。"一个老资格创意这样说道，我一直记着这句话并经常自省。在见多识广的客户面前，在清楚细致的简报面前，你慷慨激昂唾沫横飞地讲了十几页大家全部知道的东西？恭喜你，这个提案完了一半。

什么是一个好的钩子？

它也许是客户的少壮派很想说，但保守派不敢说的一个非常真实的市场挑战。

它也许是你的开场白：对不起，我们重新写了下简报。

它也许是你认识的一位竞品高层朋友，酒后透露出的他们的一个市场野心。

它也许是国家政策里不起眼，却很有可能给这个品类带来机会的一则新规定。

……

一个好的钩子，基本上，就是在提案开始的十分钟内，一个充满灵光，击中客户注意力的思想偷袭。

当客户被你钩住，你后面的内容和策略就会拥有一个强大的 Buff 加成。名字叫作：我倒要听听你葫芦里卖的什么药。

最好会点魔法

在 Droga5 被收购的新闻里，David Droga 说了这么一句话：一直以为，Math 和 Magic 好像总要打架，但我认为这个时代可以统一。什么意思呢？就是说，埃森哲给了他强大的数据支持，加上他牛 × 的创意能力，这是新一代广告公司的模式。我不知道后来效果如何，但记住了"Magic"这个词。

是的，创意其实是一个需要点天赋和魔力的东西，提案则是这一点集中爆发的反映。以前，见过一个 A 姓大佬前辈在一次提案里，两手空空，没有准备，光靠一张嘴说了一个脚本，把桌子上 10 个客户里的 6 个女生说哭了。这个画面至今仍历历在目。

魔法，大概是有点技巧和方法的，但是魔法师本身的魅力和天赋也是极其重要的。这样说虽然很残忍，但是事实上，提案的接收其实是一个非常综合的观感。当有了极其扎实的内容之后，提案者本身的魅力、口才、现场反应、气质，还有穿哪双鞋子，就成了额外的加成项。

当然，除了本人的魔法外，提案文件（Deck）本身的魔法实际上更为重要。这就回到我们常说的"创意魅力"课题，这是个很难统一修仙升级的事情，八仙过海各显神通。

但我看到的相同之处是，很多时候提案印象最深刻的部分，无论是画面，还是文字，或是一个观点，往往是一个很难被解释清楚的东西。

在生存需要和逻辑规则之上，我们人类有了一些不太有科学道理的功能：对一幅画落泪、被一首歌感动、听到几个单词哽咽、看着星空发呆、渴望去触摸一些不存在的历史或未来……

这些人的非动物本质，同样是提案中那些叫人震撼的内容本质。它可能是一个画面中你倾注的艺术细胞，可能是几个文字间那种充盈的想象力，可能是一段故事中令人头皮发麻的转折或真相，甚至只是一个不太关键却令人捧腹大笑的梗……

是的，这些魔法会让之前所有逻辑的东西相形失色，也会让你的提案被赋予灵魂，真正像个提案。

时刻保持更新

提案文件是死的，人是活的。这点放大到提案前后整个时间轴都是很有用的，特别是当下这个传播语境快速变化，客户需要你反应很快的环境中。

提案前后的一些基础：你可以随时根据客户信息增删内容，改变方向；你可以直到提案前一秒还在不断优化；你可以在提案后立刻发出一份修改版；你可以不断骚扰客户获取独家信息，或是补充提案文件漏洞。

还有一个我认为更重要的是：在提案中的临场反应——根据客户现场的反应、疑问、互动和问题，做出最即时的调整和反馈。主要包括两点：

第一是专业方面的反应，对于一些内容的疑问可以做出准确的回答，这本身也是准备充分和对客户业务深度了解的体现，如果反馈好则是大加分。这一方面需要在提案前充分预演，另一方面也需要日积月累的经验和训练。

第二是对现场的察言观色。如果客户对有些内容的疑惑或者麻木已经非常明显地写在脸上或是流露在言语中，你再嗨地自管自提下去，结局也只有死。当然这是极端的，我们可以在提案中尽量观察客户的表情和语言，看看他们的反应，相应地调整重点。

节奏感

看看整个提案文件是不是太满了？全是美丽的画面也就是没有美丽的画面了。在一定页数后，透口气，只是放几个字；在特别烧脑的策略后，搞笑一下；又或是在很牛的一个视觉后，放段音乐回味一下；讲到故事高潮中的那句点睛之笔后，给全世界安静几秒……或者提案中，偶尔停下来，喝口自带的百岁山也是个不错的办法。

拍马屁

别害羞，能有多了解客户就多了解客户，能把客户的业务包装得多厉害就包装得多厉害，能将客户的问题转成多正面的机会就转成多正面，能用多美的画面去梳理简报就用多美的画面，能用多客户方式的表达就用多客户方式的表达。对于他们来说，相近的创意能力之下，谁更懂我，就是谁更有诚意。而这个懂字，往往是挺肤浅的。

还有很多，未及梳理。希望下次还有机会分享。

最后，想说的是——其实一个真正热爱广告的人，提案绝不会差。

侯一默

上海胜加广告整合创意总监。写过词，当过配音演员，做了 13 年的广告创意。曾任有门互动创意合伙人兼事业群总监、盛世长城上海资深创意总监。代表作仍在路上。

为什么做广告成功的广告人，转其他行业很少成功？

　　我曾是一名广告人，90% 的作品是地产广告，当然也做过一些品牌广告。2001 年开始做广告，2006 年创业，2015 年年底我参与创始的广告公司上了新三板。可能是我广告做得太久了，后 20 年想换个活法，两年后——也就是2018 年初，我决定从广告公司退股，转行投入自己并不熟悉的行业——做茶叶品牌和文创品牌，算是二次创业。

　　在做广告人期间，我曾参与投资过一个餐饮，一个出版公司，两个互联网公司：一个是图案柔性化定制公司，一个是游戏公司。通过真金白银地"旁观"这些公司的失败过程，我自认懂得了一些创业的方法论。这可能是我自己转行最大的凭借吧！

　　因此这次创业的时候，颇有些智珠在握。有一定二次创业本金、有不同行业的观摩经验、有近 20 年的策划创意经验。曾经以为马云那句"所有的行业都可能被重做一遍"是对我说的。

　　两年前我梦想过带领一群创意人，每天健着身、不加班、没有改稿、站着就把钱挣了。我们在武汉最时尚的街区里摆过摊、在最潮的店里做过展，曾构思过美术馆、茶店、餐饮混合模式，在最文艺的号上投过广告，忙了一年，当公司账面数字刷刷地流逝且我发现我们连产品线都还没有雏形后，我惊出了一身冷汗。我忽然发现，马云那句话，对我来说就是个笑话！

　　为什么是个笑话？来源于当年年底，我做的系统性的反思，我发现广告人有很多思维偏差在影响操盘品牌。

偏差 1：我们是在做品牌。

这应该是大部分广告人认知偏差比较大的一个。一个品牌是由资金、产品设计、供应链、渠道、物流、运营、传播组成的，前六者是基础、是皮，而广告公司干了传播部分，皮之不存，毛将焉附？但因为很多品牌书是策划人、广告人所写，所以大部分广告人难免形成了广告工作 = 品牌工作的简单认知，现在一想到，以前我们每次提案都言之凿凿地对甲方说品牌应该怎样怎样的时候，我就不禁脸红。一个简单的问题，所有能花上百万找广告公司的甲方，每年营业额至少上亿，他在没做广告设计、传播时是如何活下来的？是不是它就不是品牌了？反问一下，老干妈是品牌吗？它做了多少广告？

所以这句话我现在的理解应该改成——广告人（设计、策划咨询人）是在为品牌做形象传播、公关传播，这个部分我们比较专业，我们只干了品牌的一小部分工作。当然，我们偶尔可以通过我们学到的知识给甲方产品设计提建议，给甲方做脑力激荡，但并不特别专业，而且根本没有数据支撑，至少工业设计公司比我们专业。高级点的咨询公司可以用数据找到行业痛点，重塑品牌定位。其他板块，广告人根本不太擅长，提想法基本等于空谈。

所以，没搞清楚前面几部分的广告人去转行，无疑是会被社会毒打的。

偏差 2：好的、精准的广告设计、策划、传播可以创造品牌奇迹。

这个认知偏差在于忽视了金钱成本。电商没出现之前，几万、小几十万用得好可以成就一个品牌。到电商起步的时候，这个条件依然还可以凑合着用，2013 年以后，得至少加个 0，到了 2016 年后，还得加个 0。这里有个发展趋势：2000 年前，物质极度匮乏，产品成本、信息不透明；2018 年后，物质极度丰富饱和，产品成本、信息极度透明。物质极度贫乏，不论什么产品，只要加上广告推广，大多会腾飞；物质极度丰富，你凭什么让别人知道，又怎么从中脱颖而出？消费者怎么看到你？你要付出多少成本让他们看到？再加上资本的盛行、烧钱的流行，流量成本居高不下。如果只是广告和包装变了消费者就喜欢你，那么，你付出的成本代价一定远超你的准备。1996 年史玉柱先生用 50 万东山再起，而 2017 年小罐茶砸了两三个亿，广告人讨论创意优劣的同时，大多数时候没有考虑过这中间的运营成本是如何呈几何级数上升的。

因此，拿着手中羸弱的资金去撬动品牌梦想，犹如小孩舞大锤，很容易让自己受伤。

偏差 3：努力等于能力；文艺忽视数据、效率。

不可否认，广告人是比较辛苦勤奋的一群人，但本质上这种勤奋或者加班，是创意的深度挖掘，而宽度远远不够，这个层面偏差 1 说得比较清楚。后面一句其实是我个人的理解，是个隐性的现象，而不是集体认知。为了追逐相对极致的表现，传统广告人（服务传统行业的）往往希望一周出个创意，会更容易达到极致，所以对一两天出稿、大量的改稿，特别厌恶。而互联网、电商企业，会同时组成不同的创意文案、图片，当天投放，当天收集数据，如果数据不理想，立即调整文案图片，第二天再投放测试……几次就能测出最佳点击率、留存率、复购率。相比于自我认知的文艺，互联网、电商企业以满足用户的喜好，理性地创造了极高的效率。著名广告大师约翰·沃纳梅克曾说，我知道我一半的广告费被浪费了，遗憾的是，我不知道哪一半浪费了。郑大明先生认为，如今，75% 以上的广告费是浪费的。而互联网、电商企业依靠算法解决了广告费的去向，但偏偏大多数广告人没关注。

偏差 4：坚持自我才是王道。

自我做广告是王道，做品牌就是歧途。广告人，可以说是艺术人，但本质上是手艺人，保持自己的极致，这种极致是坚持甚至是执拗得来的。一旦成功了，既有客户认可、买单，又让自己的文字、画面占满了市场，是物质和精神的双丰收，很快乐，挺好！没坚持下来，认为甲方审美不行，会有怨言。这种作风坚持久了，一旦亲自操盘，很容易拿自己喜欢板块的东风，去压倒其他板块的"常识"。比如有时会忽视信息的呈现，比如有时会忽视用户的使用体验，甚至有时忽视用户的审美阶段。当然，用自己所长压倒别人，也是每个人都难以改变的人性。个个都想学乔布斯，就觉得我应该引领一切，放弃掉对大众市场审美的认知，可你忘了，自己并不是乔布斯。怎么解决呢？非常简单：虚心虚心再虚心地学习。

所以说，你做广告越成功，就越爱坚持成功——坚持以上的偏差，就越容易在转行时遭遇失败。

经历过 2018 年年底的反思之后，我决定踏踏实实地做基本功。1. 丰富产品布局：新上线袋泡茶 20 种左右；2. 夯实产品质量：用出口日标茶做茶基底标准，用国家高级评茶员选茶，超越了目前的市场标准；3. 与三只松鼠等品牌做了产品跨界组合；4. 参加近 10 场渠道展会；5. 申请天猫。经历了 1 年的市场实战搏杀，营业额显著提升，大节点的每一仗都够清盘，几乎没有库存，公司开始企稳。而这一年，我们公众号都没写过几篇，也几乎没做什么朋友圈海报设计。天猫旗舰店才开，接下来线上的运营是我关注和精力投入的重点，这也是我们广告人的超级短板，也是我要下功夫去学习的地方。

干广告时，即使到公司规模不小的时候，我也经常加班到转钟，但从未影响睡眠，沾床就着；这次创业，很少加班，但我经常半夜失眠几小时，这应该就是改变认知时伴随的焦虑、脱离舒适区的后遗症。当然，这种认知及复合能力上的提升，也会让人兴奋。

看完我的转行故事，还是坚持要转行的广告界朋友，还觉得我说的靠谱的，可以琢磨我的以下几点建议。

1. 如果你是广告公司的总监、经理。

你的商业经验应该是非常少的。建议你先去互联网、品牌类电商公司入职看一看，无须和你以前服务的品牌类型一致。重要的是你不能选微型公司，也不能选大公司。微型公司很容易死亡；公司太大你又可能只是一个螺丝钉，还在你的专业范畴，看不到市场真正的残酷；中小型正在飞速成长的公司值得去看看，因为你有可能成为骨干，这样就有机会见到市场的真实。短期记住两点放下：放下你的工资、放下你对创意的执着；也记住两种收获：收获真正的用户数据、收获你的认知能力。

2. 如果你是广告公司老板，不想主导操盘。

这最好。参与专业并靠谱的团队组成的公司，小股尽量不要在 20% 及以上。股东亲自投入 50% 的时间去学习。

3. 如果你是广告公司老板，想主导操盘。

股东考虑好至少拿出 200% 的时间、精力。至少准备 200 万 ~500 万。多琢磨我说的认知偏差，不断自我矫正。当然，你也可以先做 2，再做 3。

还有几点思考，也值得琢磨：你的资金能力、你的资源能力、你的供应链能力、你的产品设计（不是广告设计）能力、你的渠道能力、你对用户的嗅觉，以上每一种能力在操盘品牌的时候都是优先于你的广告传播能力的。

做销售的转行最容易成功，做产品设计其次，做广告的转行最难。

互联网就别碰了吧！比起疯狂、效率、对用户的理解，广告人基本被甩得看不见。

（注：以上的文字只能帮助减少失败的概率，如果你认为有用，我吹个牛，应该至少值 100 万。）

秦铭

摆普茶园、姓会文创创始人。文案入行，从业 20 年。历经深圳风火广告、深圳图登广告总监，湖北培根文化（新三板上市）创始人总经理。
代表作：摆普茶园天猫店；星河国际；万科金域蓝湾；金地国际花园。

创意人自认为是品牌的外脑，可为什么总是被当手脚？

"创意引爆战略"，这六个字听上去很熟悉，却略带年代感。20世纪90年代的亚太广告圈可能有过峰值，一个故事带爆了一个咖啡品牌，一句广告、一个包装形象，就有可能成为挽救一个市场的救命良方。可现在呢？别说创意引爆战略，创意、广告、甚至品牌，在部分企业眼里都降格成了底层的手脚工作。

首先，有个自我认知定位问题。

什么是创意？广告创意，传播创意，产品创意，渠道创意，商业模式创意？创意是表现内容，还是实现载体？现在的广告公司、品牌公司依然很擅长怎么做，但通常很少问为什么。如果说创意为品牌服务，我们创作的广告创意，是解决品牌的什么问题——市场拓新打开知名度问题，还是沟通消费价值获取粉丝认同提高复购率？——问题来了，那品牌解决什么问题？

自我定位背后是认知体系的局限。

品牌是什么？品牌一头连接着企业，另一头连接着消费者。对消费者而言，品牌是满足期待。在众多干扰信息和同类竞品中，消费者对品牌的认知度和信任感，能极大缩短购买旅程。那对企业呢？企业的本质是为社会解决问题，品牌是对解决该问题的完整承诺。所以，品牌是什么？品牌是企业围绕经营战略所做出的一切战术落地。

　　所以，从企业层面，它要塑造的品牌完全不能只依赖代理商、创意机构创作出短期行为的广告传播，而是要把品牌建设渗透进企业的经营，包括营销4P（产品、渠道、推广、定价）、内部文化、创新机能、商业信誉、业务经营，甚至人才培养……离开了企业战略和整体经营思考的品牌或者营销，都是伪品牌和伪营销。

　　所以，别说一个大集团企业的品牌部总经理，更多的一直在吃创意这碗饭的品牌人，一直在做的工作，其实只是一个大圈圈（企业经营）里的一个小圈圈（广告、品牌、营销）。如果不懂或没有整体的知识逻辑，谈品牌的深度，谈品牌的塑造、推广，都像烟花只有即时绚烂。所以，没有什么纯粹的品牌的专业、营销的专业，更没有品牌形象、品牌推广的专业，只有一个专业，就是企业经营管理的专业，有企业经营理解的前提，其他的专业才成立。以这个大的整体知识体系作为底层认知体系，才有可能在每次推广上，不是浪费而是投资；才有可能在每次动作上，既赚吆喝又赢买卖；才有可能以战略思维为指导，实现创意。反过来，创意的背后是整个企业战略，是设计战略的人在策划产品，在设计品牌形象，在创意产品的包装、品牌的广告、渠道的信息体系。

求速和取巧是整个商业社会的主流追求。

　　有这种整体思维认知的人，多半是在行业摸爬滚打数年后才有的切身感悟。可恰恰，由不得你沉淀多年后修炼真经，浮躁的品牌机构和求速的企业主，或许根本没兴趣讨论持续健康发展的整体思维，早已迫不及待地要求更多点击量、曝光数、转化率，在第一、二季度中完成更多KPI。更糟糕的是，当你有了一个能帮助战略的创意，企业的品牌部推市场部、市场部推渠道部、渠道部建议电商新零售部，最后又推给产品生产部……这种企业内的耗能部门墙，已经牢牢卡在那里，成为一座座大山，导致大部分从业者只能从手边的事、眼前的需求中读懂品牌，经营品牌。久而久之，就像盲人摸象，没有完整认知背景的动作，不断创造一剂剂速效药，还成了唯一解药。

技术的革新、传播阵地的分散、多向信息沟通，增加了"创意引爆战略"的难度。

数字化的同时，量化的 KPI 种类渐增；革新技术的出现，依附于流量的"碎片化营销"，把推广目标推向一个"爆款"年代，短期获益心理纠结人心，"快品牌"成为市场部的"快时尚"。

最后，别找不着北。

商业复杂吗？从来都只是卖和买的关系。放弃求速取巧的想法，遇上愿意做成基业长青的企业主，就死心塌地爱吧。毕竟，过了野蛮生长期，中国的商业会越来越成熟，返璞归真总会来的，你降维打击的机会也就来了。

彭展

柏立品牌营销创始人、总经理，浙商品牌智库副秘书长。文案转客服入行，从业 12 年，创业 9 年。实战陪伴百草味、顾家家居等企业从零品牌基础成长为行业第一。代表作：百草味《年的味道》《心机月饼》大单品定位及推广；顾家家居"816"全民顾家日广告战役。

为什么甲方的预算越来越少，要求却越来越多？

广告越来越难做了。不仅广告人有这种感觉，广告主也是。

经过了电视广告的黄金十年和初代互联网广告的高速发展，广告也伴随着移动互联网的发展，共同步入互联网下半场。在这个触媒方式多元化、广告受众分层化、用户时间粉尘化的环境中，广告的参与者，广告人和广告主同时面临着新的挑战，这种挑战带来的直接感受就是：广告越来越难做了。

对于广告主来说，在电视广告时代，央视黄金时段的广告虽然贵，但只要肯砸钱，几千万就能让全国人民家喻户晓；在互联网的上半场，信息分发技术还没有如今这么发达，广告的形式从电视跨越到了电脑和手机屏幕，广告主依然可以用大预算获得大效果。然而当时间来到互联网的下半场，过去的成功经验好像不再起作用了。

以信息智能分发起家的今日头条将内容算法变成了价值的效率系统，"精准营销"应运而生。"聪明"的分发系统为了更好地迎合用户，不断地学习用户的使用习惯，只给你推荐你喜欢看的内容，而不再是过去简单的关注——阅读导向；逐渐地，即使你拥有100万粉丝，你发的抖音和微博也未必会被这些粉丝都看到，每条信息，似乎都有了自己的想法，只给喜欢自己的人看到。听起来，这对广告主是件好事，因为基于这种算法，理论上广告主投放的广告会更加精准，有理财需求的人应该看不到借贷产品的广告，有孩子的人群应该不会收到交友广告的推荐。

事实上，"精准营销"确实帮助广告主找到了典型客群，但另一方面，这部分通过"显性"特征收集的客户也缩小了品牌的受众范围，用户的购买选择往往不是由完整的兴趣链推导出来的，一眼动情不仅存在于恋人交往的过程中，对于很多用户来说，他们在决定买一件商品的前一刻甚至不知道它是什么。此外，精准营销的用户筛选和竞争出价机制，还加剧了同业对于相同人群的厮杀，这一作用的结果，就是广告成本持续攀升。

面对获客成本的不断上涨，甲方们、手握流量的腾讯系、字节系和广告公司们都在绞尽脑汁。甲方们纷纷成立精准获客团队，在利润空间下探的背景下，将考核下探，更加关注提款成本及后端投入产出比，追求稳定高质量的获客。腾讯系和字节系开始积极拥抱广告主，更多地倾听行业的需求，推出联合建模、动态人群包、分阶段出价等新的广告投放策略。广告公司们也顺应大势，纷纷成立或扩大效果团队，希望在品牌广告疲软的当下，用效果广告拉动新的增长。

对于广告主来说，新的广告形式带来了可以预期的 ROI，但就目前的流量价格来看，再有钱的金主也无法接受投入和产出完全线性增长。当广告投入达到一定量级之后，边际效应开始降低，在这种情况下，甲方受到财务预算的约束，不可能一味地增加投放，转而开始向广告公司和代理公司要效益，希望通过更精准的人群包、更好的创意、更优的媒体投放组合不断地提高至少维持广告的投入产出比。这对广告人来说无疑是更加艰巨的挑战，预算不增，甚至减少，而对转化效果的要求却与日俱增，广告到底应该怎么做？

对于广告人来说，创意已经不是撬动传播的唯一杠杆，还需要配合媒体形态、品牌主张和客群特色做出定制化的传播策略。在优秀的创意基础上，广告人需要拥有甲方思维，比以往任何时刻都要更加深刻地理解甲方的需求和产品，更加了解甲方的客群特征和触媒习惯，同时，还需要更加了解新媒介形势下的传播规律，用有限的预算帮助甲方打造自己客群的"信息穹顶"，形成有效的广告传播。

对于广告主来说，单纯的压预算、提要求也无法实现超越同业的广告投放效果回报。效果广告固然结果可预期，但也不能忽视品牌广告对用户心智的长期影响。用户的购买行为并不能简单归因于最后展示给他的效果广告，品牌广告的前期铺垫是用户转化的催化剂。合理分配品牌广告和效果广告的预算，在品与效之间找到协同的平衡点，或许是新形势下广告主突围的新思路。只有广告主、广告人和媒介一道努力，才能在当下艰难的环境中走出突围之路。

任师迁

中原消费金融品牌管理中心负责人，上海大学新闻传播学院专业硕士研究生导师，河南财经政法大学文化传播学院广告学实践教学导师，中国消费金融品牌研究院副秘书长，第十八届上海国际大学生广告节终审评委，谷歌社区开发者节特邀讲师。《人人都是产品经理》专栏作者、数英网认证作者。代表作：王者荣耀 KPL 春季赛整合营销项目；H5《我的新年签》。

让人此生难忘的比稿是怎样的？

那是我离开奥美前的一次大比稿，我真正感受到了团队协作和整合（Integration）。

策略部、客户部、创意部（奥美广告加奥美互动）亲密无间地用一个月时间交出了一个不需要任何人提案的整合方案。

那是一个相机的 360 整合创意提案，这个任务落在了我们 Moto Team。当时我们 Moto Team 是传统和数字化（Digital）创意坐在一起的，与当时奥美广告和奥美互动分开的格局完全不同。大家都很熟悉，一起想概念，一起想大创意，再思考如何落到传统广告和数字化的具体创意上。

接到这个简报，我们先和策略、客户部的小伙伴一起去走店。我们分成小组，设置了一份简单的问卷，抓店长聊，抓销售聊，抓进店的消费者聊，有很多人提供了非常有用的信息，当然也有人送给我们白眼。这是非常关键的一步，你需要了解消费者，才能做出打动他们的创意，才能找出能说服客户的角度。

接下来大家把搜集好的信息汇总、讨论，找我们觉得对的洞察和角度。当我们经过几轮讨论确定下我们觉得对的消费者洞察和讲故事的角度后，我们又加做了一轮功课，找身边的机主再聊一次，看看是否和我们的想法一致，并且把机主的采访视频都录好，做后续提案的重要素材。

在奥美的简报里有个单词叫：Button（触发点）。这个"触发点"是策略的同学要提供的，它的要求是要能启发创意，很高兴的是策略的同学给我们规划了一个特别好的启动触发点。

之后就是我们传统和互动的创意小伙伴们在奥美10层的各个会议室和角落憋概念和大创意了。这是我最开心的时刻，我们大家畅（胡）所（说）欲（八）言（道），你知道有的时候创意的角度就是在这样的时刻碰撞出来的。我们毫（绞）不（尽）费（脑）力（汁），终于在某天的黄昏大家几乎异口同声地喊出了那句话。我们太喜欢这个角度了，激动的大家开始脑暴TVC脚本了。根据我们的概念，我们需要想一系列脚本，做跟这些脚本对应的一系列平面，各个角度都很有趣，切入点都很新。我们又萌发出一个大（作）胆（死）的想法，把这十几支片子全部剪出来。这些片子的角度太刁钻了，10年前我们能搜集素材的地方有限得太厉害，这时另外一个感人的团队协作出现了。客户部的同学们自告奋勇和我们一起找素材，素材没有就一起去拍。这是一个极其耗费时间和精力的过程，一天下来可能都找不到一个合适的镜头和素材，总之能翻的电影、广告、MV……我们都翻了个遍。

素材差不多七七八八了，传统那边的几位同学基本就住后期了。眼看着一条又一条感人的小片剪出来，老板问我这个负责数字化创意的，你的设计稿都能动起来吗？太能了，我肯定不甘示弱，也不能拖传统同学们的后腿。所有的数字化小样全部做好素材，也进后期全部动起来。我特别清楚地记得当时做的网站是横移观看，但是不知道什么原因在做成动画的时候非常卡顿，我生生在后期熬了两宿。

创意的所有素材都是动起来的了，也激起了策略同学们的斗志，策略的提案文件也要动起来。所有的提案内容都能动起来了，我们又有了一个更扯的想法，这个提案我们不要任何人提案。好嘛，我们又生生地把所有提案内容撰写成了文字，找到英文的配音全部录了一遍，最后拿到后期完整地合了一遍，然而作死到此并未结束。另外一个更扯的想法呼之欲出，我们不去客户那里提案，我们包个影院放映厅提案。虽然听上去很扯，但我们激动坏了，创意急忙加做了电影票、信封，所有的平面打印装订成了一本影集。所有的工作做好，提案的前一天晚上，我们所有人在电影院屏息演练了一遍。开场是一段大卫·奥格威老人家谈大创意的视频，20世纪90年代的影像质感加上声音，仿佛是这个老人家在帮助我们提整个的方案。最后又是以他老人家的一段视频收尾，除了幸福我没有其他的想法，这一个月的日日夜夜都化作大荧幕上的每一个镜头，影像会帮我们留住这段珍贵的记忆。

然而客户为了公平起见，并没有去影院看这份提案，这一场在影院的提案就成了我们送给所有奥美同事的礼物。他们在影院看，我们在会议室提案，我们同步了这个美好的时刻。

还有个小插曲，陶雷老板要求我们所有人穿黑色西装提案。什么？创意哪有这么高级的装备，我在商店关门前的半小时冲进店里置办了一身。第二天陶雷见到我，念叨了一句，创意穿西装不是挺好的嘛！是，你不看谁穿！

说了这么多，最后有4点心得分享给大家。

1. 广告一定是团队协作，再强大的人都需要伙伴。让身边有热情有能力的伙伴加入进来一起作业，哪怕他只是一个阿康，你也会幸福感倍增。（当然，时下可能这样的伙伴越来越少了。）

2. 前期功课一定要做足。虽然现在已经有很多数据可以帮我们佐证一些观点，但如果我们能接触到活生生的消费者，跟他们聊聊则更有说服力，更能帮助我们卖掉创意。

3. 把自己当成要听提案的人，想象你想看到什么与众不同的、能打动自己的提案。尤其是当我们要提关于影像、独特摄影视角的脚本，一套漂亮的分镜是远远不够的。

4. 一个提案一定是完整的形式，从方案到提案的形式。比如我们这次是提关于照相机影像的提案，除了我们花费了很多精力把整个方案做成一个完整的视频以外，发电影票、做影集、在电影院提案都是将我们的创意思路变成一个完整的体验形式。就像我们在数字化广告一直强调的用户体验，用户体验一定是完整的一条线。

　　这就是到目前我的职业生涯中最难忘的一次比稿，我们各个部门的小伙伴一起完成了一个里程碑。

张波

北京视丘道文化传媒有限公司创意合伙人。美术入行，从业 19 年。历任北京奥美广告副创意总监、北京奥美互动副创意总监、北京 VMLY&R 执行创意总监。代表案例：2008 年 MSN "知人有信" 品牌营销广告战役；2014 年康师傅 ×《爱情公寓番外篇：辣味英雄传》；2017 年搜狗翻译《唐朝有嘻哈》H5。

如何避免经常加班？

考诸广告公司的加班情形，一般来说分这么几种：

1. 日常工作量巨大，人手不足；

2. 改稿；

3. 比稿；

4. 突发热点或重大节点方案。

通常广告公司加班以第3、4种为主，因为这两者都对截止日期有严格要求，为在规定期限内完成，只能加班赶进度。如果你所在公司加班多是因为第1、2种，特别是因为第1种，没有比稿和重大节点方案要做，日常服务都要天天加班，那你也别费心思考怎么提高效率、避免加班了，建议你评估一下这家公司的服务能力、工作流程和公司文化，是否还值得待下去。

为了减少加班、提升效率，我有以下几点建议，这都是无数痛和泪、日与夜摸索出来的经验与教训。

第一，学会开会。

头脑风暴会是广告公司的日常，也是做创意的主要手段。但我发现，大多数广告人开了好多年的会，却根本不懂得怎么开会。

首先，开会的目的是讨论创意，而非发想创意。而常见现象则是：一说开创意会，大家就进会议室开始冥思苦想，各自想创意，于是创意会一开好几个小时，上午一个会，下午一个会，一天就结束了。没办法，手头的工作只好晚上加班做。

我开过最长的创意会，从下午 2 点一直开到凌晨 2 点，大家在会议室默不作声，各自想，看手机，这不仅毫无成果，且极令人疲惫。

激发创意依赖高质量的讨论，这样的创意会半小时就能解决问题。创意会不是用来现场想的，不是用来闲聊的，而是用来争论的。所以我以前在公司还特意提过这么几点：开会前，先把各自的创意打印或发群，开会就专注讨论；不要带手机进会议室；会议尽量站着开，可显著缩短开会时间；开会超过 1 小时，主持会议的总监要罚款。

其次，开会应该追求明确的成果，而非一轮又一轮的重复。我们接到简报开始做创意，过程往往是今天想不出创意就明天开会接着想，明天想不出就后天开会接着想，一轮一轮会开下来，每天都在重复劳动，每天都在原地踏步。

其实每一次开会都应该得出一个明确的结论，比如上午开会能明确方向，下午能定下来创意概念，第二天能确定调性。就算创意再难想，至少也可以通过开会明确哪些方向是不对的、需要规避的，从而减少重复犯错。

没有结论只有讨论的会议不值得开。每一轮会议都应朝着结果推进，这会让人产生更大的信心，从而做出更好的作品。而如果每天只是重复开会，议而未决，一开会就是每个人说创意，否定，再接着开，再否定，那么不仅没有推进工作，也特别容易让人产生挫败感。

第二，敏捷创意。

大多数广告人都对管理缺乏兴致，他们只在意创意表现如何，却对工作流程、工作进度漠不关心。完全可以说我见过的 80% 的广告人，每次做方案都压在截止日期最后几天通宵做完，却在方案前期慢慢发想，精雕细琢耗时间。

当然我充分认同，好创意是花时间磨出来的。但是做创意仅靠天马行空，想到哪是哪，寄希望于灵光一闪，毕其功于一役，这是不现实的。

在这一点上，创意人应该向产品经理们多学习，做创意和做产品一样，也是一个精益制造、敏捷开发的过程。好的创意作业方式，应该设定节点，并将创意流程进行更精细化的分解，比如分成方向、洞察、概念、调性、参考、元素，直至成品。每天按步骤推进，争取每天都能向前一步，不断迭代创意，直到把一个平淡的想法变成一个大创意。

而广告公司传统的创意出品更像是暗箱操作，成品的效果和进度，只系于创意总监的一念之间。而敏捷式的创意开发，更能确保整个创作团队对工作的成果和进度拥有共识，不至于产生分歧。

第三，做好预案。

一年里的营销节点，其实大部分都是固定的。比如企业的新品上市、行业展会，电商 618 和双十一大促；传统与法定节假日如春节、中秋、十一，及情人节、妇女节、儿童节、圣诞节、世界环境日、无烟日、读书日等特定节点；还有体育大年的世界杯、奥运会；重大题材肯定会火的影视剧，比如漫威系列、阿凡达系列等。

对于这些固定节点，企业和广告公司应当提前做好规划，预先设计好方案，而不应等到节点临近，才开始动工，最后天天加班赶进度，执行效果还未必佳。

而对于一些突发性热点，无法提前准备的，则应预先确立创意原则和方向，比如什么热点该追什么热点不该追、追热点的方向是结合产品功能还是表达品牌态度等，这样才能在热点突发时，迅速应对，不至于慌了手脚，忙中出错。

对于向来注重策略、策划的广告公司而言，一切工作的展开都应该基于明确的原则，而非临时性的突发奇想，最大限度减少这种不确定性带来的工作量大增和临时性的加班加点。

第四，作息管理。

很多创意出身的广告人工作习惯不好，喜欢半夜干活，第二天中午才回公司，长此以往形成恶性循环。

当然我特别理解这一点，因为晚上过了十点，没有会议要开、没有客户电话连环呼叫、没有阿康接连下单，这时候无人干扰，专注度高，更容易做出好作品。但长期保持这种不正常的作息，对整个团队的身心健康和工作状态都是巨大的消耗。

所以还是建议各位，尽量把作息调回正常时段。将白天的时间合理分配，比如上午专门用于沟通和会议，下午专心干活。如果实在要熬夜，那么我分享一下我个人的加班小秘诀，如果实在太忙，我会选择晚上 12 点去睡，凌晨 4 点起来干活。凌晨睡醒，工作注意力集中、无人打扰、不会犯困，工作效率更高，而且也更加健康，比熬夜好多了。

第五，客户管理。

日常服务也天天加班的最主要原因是广告公司掌控客户的能力太弱，被客户牵着鼻子走，工作反复修改，迟迟定不下来，一个小物料折腾广告公司修改小半年。要么就是遇到变态的客户，一到下班时间就给你下工作需求单让你第二天上班交作品，一到周五就下单让你周一交方案。

客户是需要引导和管理的，而不是一味迎合。如果一家广告公司的文化就是客户说的都是对的，客户想要什么就立马做出来给他，那样的广告公司是不值得待的，也注定做不出好的作品和业绩。当然，如何管理客户，这又是一个新的难题了。

只知迎合甲方的乙方，只会拼命下单压榨乙方的甲方，这样的公司都不值得待，下次换工作前多打听一下。

当然了，说了这么多废话其实都可以不听，最有效避免经常加班的办法就是升职，升总监、升管理层、升到自己做老板，这样才能完全掌控工作，真正掌控自己的时间和人生。如果你只是个小兵，那总监、老板、客户叫你加班，你也没法说个"不"字。

空手（闫国涛）

省广营销集团内容营销中心副总经理。策划入行，从业 14 年，历任事业部副总经理、高级营销群总监。代表作：中国劲酒品牌管理 2009—2017。

为什么大部分广告公司都认为生意不好做？

公司的生意基本盘：第一、定义好你的那个不可外包的核心能力；第二、公司可接触到潜在生意机会的本事。而后者是前者的放大器。

公司难做，主要可以归结为：

一、业务减少；

二、预算减少；

三、成本在不断增加。

再看这几年我们经历的大洗牌，病毒视频取代部分传统TVC，H5取代病毒视频，UGC（用户生成内容）取代部分传统广告，短视频取代社会新闻，直播电商取代部分传统电商……

新的产物不断迭代，同时将红利带走，大几百万的拍片预算很难再出现了。

站在广告公司的角度，如何评估所有总量中，唯一不变的时间变量，相当于在不变的365天里，如何创造更多的财富（业绩）。

回到生意的基本盘。

第一，你只需要做好一件事：定义好你的那个不可外包的核心能力。

比如，独特的创意能力，洞察用户、连接用户的能力，以及提供专业服务的能力，剩下的所有设计、制作、传播等可以利用现成的基础设施提供全套解决方案。

第二，尽一切机会链接更多的生意可能。

往小了说，公司老板能接触到的人（资源）有多少，只有把老板个人的流量池或者私域流量做大了，再不断去优化资源，才有更多转化机会的可能性，才有更多转化成更优质生意的机会。

往大了说，公司老板要具备跳出行业看市场的眼光，并能带领团队一起。先用想象力去获取机会，下一步就是执行。

除了显而易见的，2009 年中国成为全球第一大汽车消费国，近两年中国成为新能源汽车的最大消费市场，机会就摆在那里。另外一个特别值得关注的是新国货品牌——完美日记，成为天猫彩妆的销量冠军，被它击退的两个品牌中，巴黎欧莱雅 112 年，雅诗兰黛 73 年，而完美日记只有 2 年。所以，"机会在哪里"不在于历史多长，"机会多少"得看销量。

今天，很多广告公司都不肯承认自己是一家传统广告公司，因为"传统"两个字已经被翻译成"被迭代"了，取而代之的是创意热店、创意冷店、网红经纪公司……从定位等方面让公司业务、优势一目了然。话说回来，公司如何包装自己是一回事，干的事情还是不是传统的事是另外一回事。而对一家公司的重构，仅止于此是远远不够的。

去年，我们拜访了国内一些年轻且敏锐度极高的公司，它们都不是传统的广告公司，干的也不是传统广告公司的业务，却都在抢着广告公司的生意。它们具有共同的特点：跳出传统广告公司的舒适区，不断地开发新业务来拓宽自己的生意面，给更多的机会提供着力点。

大概没有人可以否认中国社会的复杂性。一个人可以有很多种活法，一个公司也可能有无数种结果。在大时代的驱动下，风口可能时刻出现在眼前，社会上各式各样的抓手似乎都不能被忽视。

面对越来越复杂的市场，单一业务难以满足客户越来越复杂的需求。调动员工的参与度，饱和度较高的团队才有更强的凝聚力，开发多个生意入口，从而形成业务闭环。

对于广告公司来说，核心的优势除了上述提前布局的资源，另一个就是人才了。一个会 PS 的阿康，一个会写文案的美术，被各家视为珍宝。

但今天，很多公司可能更需要会写剧本的策略师、会剪辑还会配音的插画师、会说相声的文案、会带货的 KOL 兼商务……人才都开始自我重构了，公司也就重构了。

观察现象，注意关键数据，然后提出问题，自己去研究、自己去解答。

建议每家公司给自己找到一个在客户心智中的定位，一段时间里客户可能会认为"创意"是他们需要的，还需要多久，我认为不会太久了。至少让客户认为"你"是他们需要的。

金存依（Brenda Jin）

大创意创始人、总编辑，资深广告人。曾就职于 LG 广告、麦肯光明、奥美广告、达彼思等国际 4A 广告代理公司，合作过多家世界五百强头部企业，经常充当各大品牌的营销外脑。策划出版《超级广告人创意心得》；ECI Awards 国际数字商业创新大奖评委；中国国际女性影展"商业广告中的性别平等"活动演讲者。一个游走于品牌与创意之间的人，一个具有理性宗教信仰的人，一个不相信进化论的人。

心得多大才能做好阿康?

如果广告行业有鄙视链，那么大多数阿康都会认为自己是处在最尾端的那一个。本人直觉也是如此。

大家想一想广告行业面试的情形：设计师要懂操机，要会 PS ；文案要能海侃名著精读，还得现场发挥吐出几个感人煽情的标题文字；媒体部要拿到一手资源，还要懂得复杂的运算。阿康面试时大多离不开谈一下个人职业规划，是否灵活变通，自觉情商与爱好等，说得再复杂，也就是五官端正与情商高一点通常都能找到工作。

阿康入门，基本从主任做起，初入行的菜鸟往往心生得意，想想中国人多，尤其内地城市，很多人工作十几年也就是科长，四五十岁才当上主任，所以阿康一开始是热情高涨的。

阿康的日常离不开每天跟客户通几番电话，传达两端的需求与时间，布置工作给创意部等其他同事，好像并不是太难。偶有跟着老大做提案也是搜集资料与分类整理，虽然摸不到策略黑箱子秘诀，但自己是客人在公司中的代言人这个特殊权力还是很舒畅的。团队都听命配合着自己，菜菜阿康可能自认人生开挂了。其实不然，蜜月过后发现自己是夹在客人与设计师中间的夹心饼干，苦日子掰着手指数。

在广告公司，我见过哭得最多的，排行榜首席可以说就是阿康妹妹。

向内看，创作部的爷们儿情绪都极不稳定，人也不受控制，大多数白天不见人黑夜鬼不见，行踪不定，拖稿就成了家常便饭。阿康常常因为要维稳一个设计，而使出浑身招数，斟茶倒水，嘘寒问暖，还有当起保姆的，叫起床的，叫车的，帮叫外卖的，活生生变成了公司里的小丫鬟，简直就是看着创作部情绪活命的节奏！

向外看会好一些吗？好像好一点，毕竟分属两个公司，在不同地方办公，还受一些距离、空间、礼仪等因素的约束。不过上帝总有让阿康知道自己身份的时刻。

例如，在电话交流修改意见的时候，阿康往往会遇到客人说"你把电话给设计师吧"！阿康直觉智商被侮辱了，心里暗自埋怨客人没想清楚或语言表达障碍。如果这个时候，阿康死活顶住的话，之后情况就是等着客人到上司处投诉去了；如果顶不住，设计师往往挂了电话也会投诉阿康开放"边境"任由客人长驱直入，左右都没有好脸色就是了。

再如，明明与客人约定的会议，经反复确认后，到客人处轻则被晾在一边，长时间等待；严重的会遇到被放鸽子，一天有半天工作时间被浪费，又将受到小组成员一顿抱怨，或上司责备。阿康心想明明就是确定的事情，又这么不守信用吗？！其实不守信用的最可恶的还不是开会被放鸽子……

最严重的算是在请款事情上，阿康更是承担重大的压力。每月总有一次或几次，阿康将请款所需的资料、报告、票据给客人后，还得就着客人心情，请客人签收，请客人推进办理流程，这段时间就像进入黑色隧道般难受。

运气好的阿康遇到配合好有诚信的客人，很快拿到钱。运气差的就求爷爷告奶奶地去要，更有甚者过了一段日子，淡淡地回一句"资料弄丢了，重新开过来"，阿康直觉被生活暴击了，这一点很多人都接受不了，阿康大呼上当受骗也没办法，上司也会要你回顾哪里做得不好，有没有言语上刺激了客人，有没有请客人喝咖啡奶茶，总之从自己身上找问题之类。中国人深受儒家思想影响，有事情总是先自我反思，反思再反思，反思多了阿康快要抑郁了。

基于客人与阿康各有立场，又必须联系合作的现实情况，广告公司老大会更乐意请年轻漂亮的女孩子工作，往往漂亮的阿康总是在专业上不被看好，更常常被问到私人生活的话题。拒绝客人各种超出合作范围的事情，阿康往往慎之又慎。于是，客人与阿康之间的事故与故事就这样经常在圈内流传。

虽然看着挺不容易的，但为什么年轻漂亮的青年男女还想进入广告行业，愿意当一个阿康呢？

无他，广告行业在众多工作中来讲，往往在城市中心体面的写字楼办公，周围都是时尚潮流达人，接触的都是高智商的营销高手或文化艺美类同事。服务行业品类也有非常大的变化空间，触类旁通，也能接触到很多领域，喜欢新鲜玩意儿的人很合适也很容易适应广告公司的工作，同时工作时间与空间也相对自由。美国电视剧《广告狂人》里的角色，人物个性鲜明和衣冠楚楚，起了很多推波助澜的作用，只要运用智慧与情商，总能找到自己的位置，获得相应的体面生活。

那么想入行的妹子要准备对付这些内外大神，有没有一些办法能为自己的工作护驾护航呢？

分享一下本人经验，只要把这些人与关系转换一个情境就可以了。想想看，在生活中，你会不会遇到这样很重要、难沟通又离不开的人？

客人是不是很像你那个掌握财权又要对一切结果最终负责的父母？所以可以理解客人为何坚持吹毛求疵，为何谈到钱就不好搞定了。初入行的阿康起码有二十多年为人子女，撒娇、求愿、捞钱这些事谁都有经验，不会陌生。起码是有了情感包容想象力，对客人的办法自然就多起来了。偶尔再用业务公关费，请客人喝点奶茶。这样客人感受到你的爱心，合作的气场都不一样了，工作起来是不是就一下子感觉简单多了？

如果还搞不定，那么这位客人一定是段位极高的家庭女王，每月总会有烦躁咆哮的日子。这样就需要阿康更细心体贴点，或避之锋芒，跟上司沟通调整一下项目，不要在一棵树上吊死。

创意部的大爷该怎样侍候？这个真家里人，关系必须处好，包容、爱心之前还有个理解。阿康妹妹要观其性格，分人下菜，他若是奉行原则讲规矩的，就约法三章，大家共同遵守，严于律己；他若是大哥型，你就相对示软，激发他的美队精神；若他也是一个刚刚入行的菜鸟，相扶坦承支持很重要。

据统计，广告公司总经理从阿康成长起来的比例是最多的，阿康在行业内纵跨部门多，内外兼修并蓄，扎根最深。因此，本人奉劝阿康们要清楚哭什么，什么时候停止哭泣。

秦桂娟

昭阳和牧场广告集团总裁助理兼全国大客户总监，客服入行 22 年。历任三九广告、黑弧奥美广告事业部总监。代表作：999 感冒灵（孙楠代言）；美即面膜《停下来享受美丽》；红树西岸《思考房子的未来》；保利香雪山《完美的可能》；凤凰岛《一个驭海的传奇》。

品牌营销到底什么才是好的标准？

做品牌营销，到底什么是好的标准？销售额高，品牌就是好吗？传播量大，就是好吗？在朋友圈刷屏就是好吗？还是从长远来看，牢固品牌在消费者心中的位置？这个似乎是一种"死亡缠绕"，影响着广告行业中的甲方乙方。

到底做品牌营销是做效果还是做品牌？还是两者兼得？我听到过两种观点，大约现在的行业里大家所在的位置不同，看问题的角度也不同。一部分人认为既然做品牌，一定不能揠苗助长，要在不同的阶段慢慢地种进消费者的心中，哪怕这个过程很缓慢，一年或是几年来养一个品牌都在所不惜。这个过程里，每一步都是有计划的，制定一个远期的目标，然后过程中所有的对外发声都要围绕这个大主题和方向来，不要有两个人在说话，要给消费者对品牌的统一心智。另一部分人认为，帮助客户一定要有个衡量标准，慢不得，几年以后的事情谁说得清楚呢，所以只争朝夕。再加上现在流量为王的时代，似乎也有个误区，好像给了足够的资源就能拿到好的结果。而且所有人都在这样做，你不这样做，在整个商业竞争中就被落下了，所以各种品牌争相效仿，表面上看也的确拿到了一份不错的成绩单，但是是否真正能对品牌起到帮助？

个人认为，现在的品牌营销既不能用传统的那套方式经营，因为时代已经不一样了，如果还是用老方法、老观念来做品牌，很可能品牌还没有"养"起来，就已经跟不上现在高速的市场环境发展了，也不能太急于求成，一味追求战报，一个活动下来多少 GMV，多少触达，这样也不是个健康的品牌营销做法，很多时候对品牌反而是一种伤害，快速堆砌出来的成绩，之后要用更长时间来扭转品牌在消费者心中的认知，一定是更花精力的，某一方面这也是造成消费者对品牌忠诚度越来越低的原因。

两个部分既不能独立，也不能混为一谈，的确纠结得好像一个天平一样，不能独立是因为随着商业模式的转变，对消费者发声的渠道和维度越来越多，可以更精准地触达消费者，利用好这些渠道，统一发声，多点开花，其实对品牌在消费者中的认知是有帮助的。而把效果转化等同于品牌建设，也并不恰当。两者不要混为一谈，既然叫品牌营销，就不能只放大"销"。要知道既然是叫营销而不是促销，还是要顾及品牌，过分地只看结果，只会带来不必要的麻烦。记得之前在广告圈小刷屏了一下的文章《adidas 花 30 亿买到的教训：做品牌为何如此艰难？》就是在说这个问题：过度在意数字和效果转化，而忽略了品牌的建设。

虽然品牌建设是品牌营销的源头，可它毕竟离"收获"很遥远，通过层层的转化才有可能等到收获，更有可能就算等到了收获的那一天，大多数人也不会意识到是这个品牌建设常年以来的积累才等到开花结果的日子。既然有办法可以很快地拿到好看的成绩单，那么何乐而不为？

所以到底什么才是好的品牌营销？以下纯属个人看法。

不掩盖自己的目的。营销本来就有明确目的，是要用品牌的能力收拢一帮新用户，还是给人树立一种形象？是要完成自己的销售额，还是要传递一种精神信念？这些其实需要更明确，才能知道要在里面花多少力气。

例如，纯粹以拿结果为目标的促销其实不必要含蓄，做促销就好好做促销，只要保持品牌透出清晰就好，没有必要硬要在促销里经营品牌、传达品牌心智。一方面把事情弄得很复杂，狂欢就让它简简单单的就好；另一方面其实消费者在这个促销的氛围里，也不会有更多的时间用在感受品牌心智上，消费者对品牌的认知原本就是在潜移默化中改变的，让他们在狂欢中还要体会品牌的态度几乎不可能。

但是这里说的不掩盖自己的目的，也不是说都是直接喊出来，喊麦式的广告我一直不敢认同也不敢尝试，更不用说数据有多好，话题量多大，多少是正向的话题？多少谈论的人真正用过这个品牌的产品？当下热热闹闹其实对品牌是种伤害，虽然当下赚够了眼球，但是未来要扭转消费者认知也许要付出更多的时间和费用。

　　健康的做法应该是跟随路径，花足力气。随着互联网的发展，线上线下打通，更多的触点能够触达消费者。根据消费者的喜好有更精准的投放，有越来越多的方法可以缩短消费者从认知到购买的过程。那是不是可以在这个链路里，把品牌的心智也做个拆分，化繁为简。在不同的环节、不同的渠道中把品牌的声音传递给消费者，当然是在一个统一的方向之下的拆分，整个链路就像一个拼图过程，当消费者走完这个链路时，也完成了品牌心智的拼图。

　　各司其职，不混为一谈，就好像品牌是一个人，我们做的只是把他介绍给大家，并且让大家都喜欢他。该直接的时候直接，该潜移默化的时候潜移默化。只有这样，营销网络才不会只是在渠道里，而是会无形地铺入消费者心里，产品也会自然地进入消费者心里。

吕皓曦

曾在博达大桥（FCB）、腾迈广告（TBWA）、智威汤逊、BBH等国际4A工作14年，服务过新秀丽箱包、统一汤达人、阿迪达斯、耐克、哈尔滨啤酒、曼妥思、美加净牙膏等国内外品牌。曾获得戛纳广告奖、金铅笔奖（One Show）、D&AD、伦敦广告奖等近百个国内外权威广告奖，其中为新秀丽旅行箱制作的《天堂地狱》成为平面广告奖史上获奖最多的作品。现任阿里巴巴创意中心资深设计专家。

创意人如何尽社会责任？

我很高兴出生在战后婴儿潮的时代，因为如此，幼年时见过真正的好山好水。记得村旁的小溪里河水清澈，陪妈妈去洗衣服时还能抓点河鲜给晚餐加菜，全村700多户人家，几乎没有垃圾和废弃物，所有的东西都被回收和再利用，而村里的诊所顶多就是治疗感冒和香港脚，从没听过有癌症或超级病毒感染的大疾病发生。一直到所谓的经济起飞年代，环境开始变坏，河水一天红一天黄，夏天的夜晚再也没见过萤火虫闪闪发光。每个人追求发展和收入增加，不就是为了提升生活质量吗？但放眼我们的周遭，似乎挺嘲讽的，人们拿赚来的钱买空气净化器，买水质过滤器，买各种确保自己不会生病的药品，整体生活质量因为大地反扑得越来越剧烈而越发糟糕。鼓励消费的广告创意人某种程度上也是帮凶，那是否能做点什么阻止事情往更坏的方向发展呢？

联合国多年前在全球范围内，面对企业推展了SDG（The Sustainable Development Goals）项目，即可持续发展目标，又称为2030可持续发展议程。SDG是一个被联合国193个成员国和众多民间组织共同接受的全球发展协议，它包括了17个全球发展目标（消除贫困，消除饥饿，良好健康与福祉，优质教育，性别平等，清洁饮水和卫生设备，廉价和清洁能源，体面工作和经济增长，工业、创新和基础设施，缩小差距，可持续城市和社区，负责任的消费和生产，气候行动，水下生物，陆地生物，和平、正义与强大机构，促进目标实现的伙伴关系）以及169个施行指标。

而社会设计（Social Design）的运作方式，能接轨SDG目标，让企业发展的同时，不需要拿环境健康做交换。竞争力大师迈克尔·波特（Michael

Porter）用"创造共享价值"来定义社会设计的核心精神，而且断言社会设计是将来最有商业发展潜力的机会之一。简单地说，社会设计的方法论就是让企业一面善尽责任，一面获利赚钱，是一种善良且新的营销方向。创意人在服务客户的同时，导入社会设计思维，就能善尽工作职责也善尽社会责任。

目前的企业都有一定的资源或金钱投入社会公益行动中，立意很好，但方法和观念完全错误。举个例子，企业在生产过程中持续污染空气和水源，然后创意人员建议用以此赚来的钱给少数偏远山区小孩送书包，达到公关传播效果，这账怎么算都是赔。倒不是企业要打掉整个生产线重练才能做到对社会有益的要求，这不现实，创意可以建议企业以极小批量更换产品的原料和加工步骤，并以此作为广告传播核心，影响消费者的购买行为，取得品牌、消费者健康、环境健康三赢的局面。

再举个例子，创意如果建议牛仔裤品牌推出植物染料牛仔裤，并倡导消费者不要购买做旧水洗款式，那么我们将因此避免了 3 件 /200 升的水资源浪费和约 2500 种化学物质的污染，包含丙烯酸树脂、黏合剂、漂白粉、酚类化合物、偶碳化合物、次氯酸盐、钾金属、偶氮染料、高锰酸钾、铬、镉和其他更多叫不出名字的含重金属元素的物质。

因为一条做旧水洗款牛仔裤出厂前要经过反复 20 次脱水打磨，然后喷砂、磨破、漂白、重新上色。为了洗得尽可能干净，水里会添加大量的表面活性剂。之后这些污水基本上不经过任何处理，就直接排入了水沟，汇入江海，侵入海洋生物，最终有毒物质又通过食物链来到人体。然而这样的洗涤不过是让牛仔裤闻起来不那么刺鼻，而在皮肤出汗的时候，这些隐藏在牛仔布料中的有毒致癌物质便会被释放出来，直接接触消费者的肌肤。

道理和逻辑很简单，因为领域新，所以创意的空间极大，只要观念改变，就能真正做好事并增加品牌好感度及生意增量，但目前推广社会设计仍然困难重重，企业主很容易将其与捐书包类型的公益活动混淆，或者误解需要对生产流程做麻烦的巨大更动，更多的是觉得很好但就是不行动。如何让企业动起来？

对此，就需要广告人和创意人一起努力说服客户开始行动，疫情的发生给我们敲响了警钟，现在为环境尽一份力希望还不晚。

沈翔（Peter Shen）

生米组成首席创意官兼执行合伙人，创意从业31年。曾就职于智威汤逊、奥美互动台湾，曾任安索帕大中华区首席创意官、杰尔鹏泰大中华区首席创意官。代表作：可口可乐昵称瓶广告战役；苏宁《承诺胶带》广告战役；英特尔《保护野生东北虎》广告战役。

如何做好一个案例视频？

大家有没有这种经验，几经磨难终于做出客户满意自己喜欢的作品，然后开始做案例视频（Case Video）的时候，突然觉得怎么做都无法体现出作品真正的亮点，要么东西说不完，要么素材不够，再去看一下国外的得奖案例，更加觉得没有了信心。

做一个好的案例视频，一点都不简单，你需要在 2 分钟内，把整个广告战役的来龙去脉讲清楚，还要提背景、洞察、大创意、各种执行，然后还要展示成效，最后还必须为它配上好看的设计和背景音乐（BGM）等。案例视频，其实就是广告的广告，因为它必须能够很好地"卖"你的作品。好的案例视频能够让一个一般出色的作品，看起来很棒，而差的案例视频却会让一个好作品减分，显现不出原有的价值。

所以，我们必须正视案例视频的制作，提早规划甚至是在想创意的时候，已经在想怎么做了，而不是把它当作无趣的案例总结 PPT。因为一个好作品，值得你为它好好地包装一下来呈现，不管最后是为了作品集还是拿去参赛。

谁是案例视频的目标受众？

每年，国内外大大小小的广告奖，除了一些特别奖项外，都会要求一个 2 分钟的案例视频，所以你的案例视频的目标受众就是这些广告奖的评委们，这些人不是创意大咖，就是业界权威，有导演、摄影师、大学教授，也有资深客户等。

通常第一轮评审是在线上，每一个评委都会被分到一百多个作品，自己在线上打分。如果你的作品足够优秀入围了，恭喜，你将进入下一轮终审。这时候有些大型广告奖会聚集当红的创意或行业老大在某海边或酒店，闭关三到五天，十小时一天，一天要看超过一百个来自全球的作品案例视频，最后还要激烈讨论谁值得出线，评审工作大部分是很辛苦的，阅览的数量会决定过程的无聊程度。

看一下戛纳去年的数据，只有 1/10 的作品能够入围，而最后只有 3% 的作品能够突围而出得奖，所以只有非常非常突出的案例视频才能让一天看上百个案例的评委为你的作品留步，甚至为你打高分。

一些建议：

别陈腔滥调

案例视频是给评委看的，都是非常专业而且没耐心的人，所以千万别班门弄斧，别说一大堆无聊的行业术语却半天没有说到重点，他们更有兴趣的是你独特的观点和创意。

很多人喜欢以"在中国（In China）……"开场，来说明这是国内独特的情况。怎么说呢，不鼓励。一来许多年来评审可能见够了这样的开场，二来创意不应该有国界，有时反而招致评委们反感。

越有趣越好

评委一天要看超过一百件作品，他们很需要被娱乐，所以尽可能让你的案例视频有观赏性、记忆点，不管是搞笑还是催泪，让他们暂且忘记一天的疲劳。

说一个好故事

只有 2 分钟，不可能把所有执行细节都说清楚，只能找出广告战役中最突出的一个点，然后想办法围绕这一点来说。接着想想以什么方式来"卖"你的作品，是纪录形式、倒叙方式、漫画风格、MV 风格、搞笑或是感人等。总之，要说一个好故事，而不是做一个 PPT。

找最会讲故事的文案来写，把它当成 TVC 脚本来写，从一开始就要抓住眼球，然后必须维持强度，一直到最后。如果你只需要 1 分钟就可以讲完，就直接爽快不要拖，规定只说不超过 2 分钟，评委们会感激你帮他们省下时间的。

取一个好名字

好的名字能够画龙点睛，取一个有记忆点的名字，还要有关联度，让评委们和其他人讨论你的作品的时候，容易想起来。

提早规划

很多时候当我们开始做案例视频时才发现素材不够，想要的素材精度不够、画质很差，或者连视频都没有，只有可怜的几张图片，这样是绝对做不出一个国际水平的案例视频的。国外有很多特别好的案例视频都是经过精心规划的，从一开始有了创意后，就开始准备，和客户沟通，预留剪辑后期预算，准备所有能想到的素材，把需要的画面例如现场活动、制作花絮、采访等先记录下来。

精雕细琢

随着广告奖的发展和客户的重视，越来越多的人愿意花心思和预算去做案例视频，一般的执行已经很难脱颖而出，得奖的难度越来越大，你更需要让评委眼前一亮的执行，从叙事方式、文案脚本到视觉设计等，每一个细节都很重要。多看一些国外得奖案例，假设一下自己是评委，想想为什么有些作品只能入围，有些作品却可以得奖。

少即是多（Less is More）

有的时候，太过刻意反而会起反效果。如果创意作品本身足够强，不需要过分装饰，让作品自己说话。阅案例无数的评委绝对看得出亮点。

旁观者清

终于做完让你满意的案例视频，但这还没有结束……你需要的是一些真实的反映和意见，最好找几个完全没有参与这个作品的人来看，听听他们真实的感受，喜欢不喜欢、有没有看懂、哪里有问题等。因为你和你的团队已经沉浸在这个工作中数个月，当局者迷，有些可能很基本的问题也会被忽略掉，这个时候有一个清醒的全新视角很重要，毕竟，评委们也将会是第一次看到你的作品，事先做好各种模拟没有坏处。

最后一点提醒，好作品永远是最重要的，案例视频只是一种包装以及呈现它的方式，也不仅是为了报奖，对个人作品、公司拓展业务都很有用，千万不要为了得奖，而无中生有地造假，这样就有违原意了。

记得有一位国外同行说过一句话，我印象深刻：做好一个作品需要好创意，做好一个案例视频更需要好创意（It takes a great creative to do a great work, it takes a fucking great creative to write a good case）。其实，我个人还是蛮享受做案例视频的，毕竟花了这么多心血的案子，值得为它多花一点时间来包装和总结一下。

许统杰（Kit Koh）

180 上海首席创意官，曾 4 次获得 Campaign Brief 大中华区年度创意人提名，并在 2014 年获得银奖。曾就职于吉隆坡、台湾、上海、香港、北京等地区，拥有近 20 年的大中华广告经验，对华文创意有着浓厚的热爱和独到的国际化视角。担任过各大国内外广告奖的创意评委，曾任 2018 年香港 4A 金帆广告奖的主席。代表作：VISA 北京奥运体育营销；吉列剃须刀《性感剃须》；俄罗斯世界杯 vivo 全球案例。

年年比稿的甲方是不是好客户？

　　每次有新的大客户上门要求比稿，如果有机会一开始就见到决策层，我都会直接问他们几个问题：1.之前有无年度广告代理公司？ 2.之前如有，是否经过公开公正公平的比稿获得？ 3.既然去年是经过慎重的比稿后选择你们认为的优秀广告公司，为何今年又要发起比稿？是不是说明之前的比稿或者说与之一年内的合作并不能选到你希望的优秀的广告公司？那为何还要比稿？

　　到目前为止，很遗憾，我没有遇见一个可以让我很信服的回答。新客户比稿，即使没答案，还可以理解，毕竟和你公司不熟悉，家家都有难念的经，鬼知道人家经历了什么。但现在广告界流行的要命的大问题是：有的客户年年都要比稿！年年都比，你说怎么搞？注意，我说的是："年年"都比稿。

　　广告从业20年，我经历了太多的大型比稿和一开始客户想比稿后来深入沟通后又不比稿的成功谈判，关于年年都比稿的原因，可以总结为以下定律：

　　1.客户换了大领导，上任三把火，内部不好烧，烧完怕没人干活，那就先烧代理公司，外部起火没事，春风吹又生。这种比例占70%左右，堪称中国特色。

　　2.公司有制度规定，不比不行，流程比留人更重要。这种比例占20%左右。

　　3.给之前的代理广告公司压力，希望做得更好，这种比例比你在写字楼里见到稀有动物的比例还低。

4. 压广告公司价，因为销售不理想。这种比例 10% 左右，能这样想的客户是把宝都押在广告公司上，他们的活靠促销基本能活。

5. 其他原因，基本没有。

从以上的原因，我们看看这些企业能否找到好的、对的广告公司？能否成就伟大的品牌？

一、换大领导或部门负责的领导。

领导刚到，很多内部人还认不清楚，更不用说对广告公司的熟悉程度。大家研究出一个命题，有的著名通信企业更是召集十几家广告公司，要求各家 15 分钟内把公司简介和应标的提案全部述完，有的让所有广告公司在半小时内把困扰了他们几年的市场课题给解答了。如果各家广告公司答对了，是不是显得企业很无能？如果某家广告公司答得特别好中了标，到了明年又比稿，那今年的比稿表现再优异也是毫无意义的，更不能说明你之前的比稿选择是正确的。越是大领导，越应了解和代理商深度与长期合作的重要性，要比就一签 3~5 年的合同，这才是真正地对企业负责任。

我以前服务过美国的国际知名家电品牌，对接部门负责人一换，马上要求比稿，引进了她非常熟悉的国际广告公司，合作不到 3 个月，被部门所有对接窗口投诉，又立即终止合同，这不是打脸吗？还曾经比稿一个著名家电集团，比稿时他们特喜欢一家著名国际广告公司，说他们的东西就是洋气有感觉，结果两个多月后就又发起重新招标。还有广东一个著名汽车品牌，年年激烈比稿，每年定一家，不到半年又中途换代理公司。还是王首富爽快，投资董大姐 5 个亿，觉得金额不多，因为多年对董大姐的信任，连自己实地考察都免了，更别说搞什么招标，多年的信任得有多年的时间基础不是吗？如果王首富每年叫董大姐过来针对万达的房子、空调品牌采购招一次标，你觉得还有信任可言吗？信任如果是一年期的，以后还不如叫定期信任算了。

这是何苦，突然换领导而比稿，对企业往往是毒药，更不要说成就伟大的客户。

二、公司有制度规定，不比不行的。

如果一项企业内部的采购制度，让一个企业每发展一年就要重新洗牌选择合作伙伴，或者说每一年都要对之前合作伙伴的合作能力表示怀疑，说明这家企业当时的选择就是非理性的。最好的广告代理公司的采购流程应该是对负责项目的团队成员进行全面的交流考察，做出合理的较长期的合作动态跟踪，而非一年之后又想另辟蹊径或者另辟捷径，企业经营都没有捷径可走，更何况与企业战略相关的广告合作商。

很多国际品牌的广告代理商一合作就是5~10年，像IBM、美国运通与奥美全球都合作近40年的时间，W+K与耐克从1988年就开始合作设计了，"Just Do It"就是由W+K联合创始人丹·威登（Dan Wieden）写下，上海达彼思与别克也是至少长达16年的合作，北京达彼思与诺基亚也是长达14年的合作，当时如果每年一比，团队好好地在做年度策略时，年底一枪，防不胜防，你觉得还会出现"Just Do It""当代精神当代车""心静思远，志在千里"这些经典广告吗？

中国有很多企业在产品力的吸收和再创新方面让外资品牌气得跳脚，但是在与广告代理商的长远合作角度的胸怀和眼界与国际品牌相比，似乎还在初级阶段。所以在市场上你经常看到有的中国品牌几年换几个品牌口号，换几个年度广告代理商，全国的大型广告公司，它基本都合作过。如果搞个企业生日聚会请广告公司，估计广告界的半壁江山都齐了，如果有的广告人跳槽频繁，那请他一个人也可以代表各家。

三、给之前的代理广告公司压力，希望做得更好。

每个这样说的客户，在家都要演习表情，说完自己都心虚，要开瓶82年的雪碧压压惊。很多企业在招标时自己都经常比喻："我们与广告公司合作就像找婚姻对象，所以要正式地命题比稿，才是一种负责任。"结果每年离一次婚，或者说每年集体见一次新欢，或者说每年要告诉婚姻对象，咱们先离，我先试着与其他对象处处看，如果不爽，我就回来找你，你记住房门上要点灯哟。咱们海枯石烂，先发一年的山盟海誓好不好？这不会活出伟大的客户，会活见鬼。

四、压广告公司价，因为销售不理想。

那就直接谈价格好了，比什么稿呢？大家不要被一半的广告费不知道花在哪里了所误导，其实主要说的是媒介投放的效果很难衡量，而不是说年度的品牌广告代理。但销售不理想时，肯定第一时间想到的就是砍广告预算，因为那里不直接产生销售，这是颠扑不破的真理。但很少人考虑，对于一个好的品牌，好的广告策略会锦上添花，会事半功倍。而持续的压价（有的企业只给有的小广告公司几万块服务费还要每年比稿），只会让成本不断缩减。广告公司生活拮据，有些很执着地想出好作品的广告人，说严重些生活都难以维持，还怎么出伟大的作品，成就伟大的客户？

负责任的比稿应该是在事前对团队、对负责人、对公司的长期考察与有序的项目合作磨合，在给了各应标公司长时间的准备后，如果选中了出色的广告公司，应该至少给它 3~5 年的合作时间来与企业共同面对战斗，而非每年进行全新的比稿。

全国每个大型广告公司走一遍，看看是不是地处 CBD 或黄金江景，发完标书，提案半小时，"共枕"仅一年。有人肯定会问，我比稿时选定的是这个项目负责人，结果半年后他走了，我当然要换广告公司了。在广告公司，人是最重要的资产，人的思想、才智、规范形成的广告公司文化，应该激发起员工与客户强烈的忠诚感与归属感，激发他的创造力。如果一个广告公司，比稿中标后，项目负责人半年就离开，那他对于这家广告公司也不算真正的核心人物，对客户也不算真正的有为之服务到底、誓要做番事业出来的决心与意志。换言之，企业在比稿时对这个公司的文化、核心团队、项目负责人根本就没有深入走访与洞察，没有信任，没有站在对企业长远负责任的角度，如何能通过频繁的每年的比稿找到真正适合自己的广告公司，并成就自己的伟大品牌呢？

我们现在服务的客户，很多都是一签 3 年以上的合作，有的长达 10~13 年，相信这些都是即将迈向伟大的品牌。

所以，年年都比稿的甲方没有一个是好客户。你可以拿这个定律去检验正在每年邀约你比稿的甲方，百发百中。你可以拿这个客户去问询参与比稿的乙方，表情一定是深受其害。

真正的比稿是为了不比稿。这样你在比稿开始前，才会彻底想清楚你到底要找怎样的公司，怎样的团队，怎样的项目领导人，怎样的合作，怎样的相处，怎样的相互理解，怎样给广告人在服务客户时最渴望和最在乎的——信任。

没有信任，就没有伟大。

刘颖昭

因赛集团董事、副总裁，客服策略入行，从业 20 年。历任电通、奥美客户总监，达彼思客户群总监、战略整合总监。曾获伦敦国际广告奖、亚洲顶尖创意奖（Spikes Asia）、金铅笔奖等众多国内外大奖。代表作：匡威 100 周年《心走出去，才有新发现》品牌广告战役；别克《心静思远，志行千里》品牌广告战役；华帝《智慧大脑》广告战役。

客户为什么"不专业"？

其实这是个傻 × 问题，好在我已经不是广告人了，可以放胆说。

早些年在广告圈的时候，常常听到这样的抱怨：客户不专业。因为客户"不专业"，所以导致毙稿、返稿、加班；自己伟大的创意没有得到实施；最后出街的作品都是被强奸的畸形儿，等等。

抱怨客户"不专业"这件事本身就很奇怪，因为理论上来说寻求我们服务的，本来就应该是外行人，否则大家都是专业人士，我们就连生计都没有了。你是打算开家广告公司专接同行生意吗？

"专业"的诞生，就是为了满足外行人。从生意的角度，外行人越多客户越多，而客户越外行则越容易赚钱。多简单的一个道理，竟然有这么多人不懂。

所以抱怨客户不专业，实在是不合商业逻辑。但因为这种抱怨实在太多，我试图去理解了一下这里面的原因，这种抱怨大概集中在两大类场景里。

第一类是客户"诉求不清"。

他自己都不知道自己要什么，所以反复折腾。客户是外行人，不知道怎么清晰地表达自己的诉求，这不是很正常吗？毕竟我们去看病也不会说出"这两天胸背中下部听到干粗湿啰音，肺纹理增粗"这样的话。

问题出在有些广告人不知道怎么去引导和挖掘外行人的真实需求，也就不能提供正确的解决方案，互相形成了认知差。

对于某些行业，比如医院可以通过标准化流程来确定客户的问题，哪怕患者说的只是"哪里不舒服"这样抽象的描述，通过各种检验流程后，依然能大概率确认问题。

而广告业通常没有这样的流程，基本靠个人修养。客户如果进行了诸如"五彩斑斓的黑"这样的抽象描述，有些广告人只能靠试错去应对。试错多了，便认为是客户"不专业"。但如何能从"五彩斑斓的黑"里挖掘客户真正想要的呢？因为广告公司没有具体的对应流程，那就靠请客户总监去喝酒吧。大部分广告公司客户总监的酒量还是可观的。

第二类是客户诉求很明确，但和广告人理解的不同，认为客户"瞎指挥"。

因为甲乙方商业立场差异，这种矛盾点也很多。最典型的应该是"LOGO要大"。我至今都还记得"加粗加大加爆炸"的顺口溜，以此嘲讽客户们品位低下。这就是商业立场差异，广告人想要的是"作品设计感"，而客户想要的是"信息被看见"。

实话说，在这类场景里，绝大多数时候是广告人不太懂商业导致的，毕竟很多广告公司的结构都是几个总监带着一堆应届小朋友干活儿，要指望毕业不久的年轻人对商业理解透彻也太难为人了。

所以"客户为什么总是不专业"，本质上是广告公司自己缺乏需求引导流程，以及人员结构太年轻导致的，而且这个问题几乎无解。

真正资深专业的老帮菜们，不会产生这个问题。产生这个问题的年轻人，本身就不太懂商业，而传统的广告公司从体系上也无法帮助他们懂。

只有等着一边抱怨客户不专业，一边慢慢磨了。等磨到不再说出"客户不专业"这句话的时候，大概自己也就专业了。

或者进入了甲方。

或者创业了。

田桥

创造域创始人，设计入行，从业 17 年。历任北京电通小设计、上海和声
机构小助理、情趣品牌甜爱路破产老板。代表作：LG 巧克力手机；外滩
九里；甜爱路；NBA 品牌展。

一个营销人，三个 PM？

　　十余年移动互联网营销实践，我总结营销者的综合体为 PM 的三次方。从传统 PC 到移动 App 时代，很多行业及产业都在说移动互联网转型，而"PM"成了一个非常重要的标签。现今的移动互联网时代营销，PM 不再单纯地是传统意义上的项目经理，一个合格且优秀的营销人，需具备三种身份的综合体：产品管理者（Product Manager）、产品营销者（Product Marketer）、产品驱动者（Product Mover），即 PM 的三次方。

　　众所周知，互联网时代产品为王，营销与产品密不可分，PM 的三次方正是以产品为核心，从产品的管理、产品的营销，到产品的驱动的综合体，是针对营销或广告人能力更为综合的高要求。

产品管理者

　　一个好的互联网营销人，必须是一个好的产品管理者，"不懂产品，莫谈营销"。

　　第一步，从产品看产品，了解产品的基本功能、应用场景、用户卖点，对产品有基础的认知。

　　第二步，从行业看产品，做到"深度的精通"。这个时候，你就需要深入到行业中去，从上下游产业看产品的供需关系，了解产品的利润率，了解产业链的价值点，了解行业的生态链；自身产品与竞争对手相比，从产品功能本身、技术体验、价格优势、优质服务等来了解产品的核心竞争力，这些因素都是你做市场差异化的基础，互联网时代的竞争依然是产品力的竞争，唯有对你的产品熟稔于心，你才能明白，用什么与竞争对手去抢夺市场机会。

最关键的一步，从用户看产品，明晰自身产品的用户群特征，关注互联网时代年轻人的行为趋势与消费习惯，这将影响到营销中的存量用户管理与增量用户拓展。完全根植于移动互联网成长起来的 Z 世代，喜欢用新、奇、怪去标榜自己，你要充分了解用户的喜好，在满足产品好用的情况下，尝试加入"好玩""好酷""好奇"的感官体验，让年轻人用得爽，产生"哇哦"的感觉，进而把你的产品当作社交货币去分享讨论，打通多维圈层。

产品营销者

互联网时代的产品营销者，需要具备的是"结果为王，敢出奇招"。

首先，结果为王，你要非常清楚想达到什么样的结果，就像现在大多公司普遍推行的 OKR（目标与关键成果法）。营销人也同样，要明确自己的市场投入和回报，着眼于长线。不同的结果要求下，明确配备什么样的手段去达成目标，敢出奇招，能出快招。

当下，互联网新增用户红利逐渐消失，全面进入存量市场，营销人要做的，一是在激烈的市场竞争中善出奇招，与竞争对手去抢用户；二是做好用户存量管理，不断提升活跃度和留存率。

出奇招，你要保持对网络的敏感度，快速拥抱趋势。比如疫情期间，率先做直播营销和云营销的必然能分到最大的那一杯羹；再比如用 200 元换回 200 万元的乡村发布会，创始人跨行转型进入直播行业卖货挑战李佳琦均被刷屏。这个时代不缺热点，关键是你以什么样的姿态去拥抱热点，甚至成为热点。

敢出奇招，考验的是想象力；而能出奇招，考验的是执行力。市场如棋局，尽早布局，永远是最好的选择，嫁接资源、拥抱趋势、短平快、由点及面，依靠迅速的判断和执行力尽快把项目落地，通过持续化的运营将用户盘活，在无形中推动产品升级。

简言之，出奇招，更要出快招，天下武功唯快不破同样适用于营销场景，尤其是互联网时代，唯有如此，方能保持产品和内容的"可传播性"。

产品驱动者

营销者需要成为一个产品驱动者，"躬身入局，推动产品创新"。

不断从市场营销的角度，去看本行业和跨行业的最新玩法。营销人不应该满足于仅从固定的产品去思考包装营销，要向前一步，做产品的驱动者，去推动产品创新。这中间，有着本质的思维差别。好的营销，不要轻易满足于去做一个命题作文。当然，创新并非要你大刀阔斧，去改革产品，而是从市场的角度，从用户洞察的角度，去做那一点点的小创新。也许，这一点点小创新，就可能成为新的市场机会点。

这个小创新，源自你捕捉最新的用户喜好趋势：比如一成不变的站内搜索功能，是否可以嫁接更多彩蛋制造惊喜；二次元熟悉的弹幕与鬼畜，能否成为产品与"00后"沟通的桥梁；盲盒成为年轻人的新宠，你的产品如何实现"万物皆可盲盒"的全新演绎……

这个小创新，也可能源自技术的革新，疫情之下直播、短视频、VR是不是你可布局的创新体验工具，从市场反推产品，那么市场营销就是你快速尝试的试金石。

营销不只要深度，更要广度，从跨行业的营销，推动产品创新，不断练就自己的市场洞察力和商业敏感度。从市场的角度驱动产品的创新，来判断产品是否自带话题和流量，发现更多营销可能。

PM的三次方，本质上是从市场行业到营销再到驱动产品创新的有机循环，不仅要知其然更要知其所以然，让营销不再仅仅是锦上添花，更成为促进产品创新、品牌升级、行业变革的驱动力之一。互联网时代的营销人，能把这三个身份兼顾好，那么营销达到一个理想的结果，我想会更近一步。

Ryan

田耀

去哪儿旅行品牌市场总经理，从事互联网市场营销 10 余年，历任信诺传播市场副总监，百度手机助手、百度网盘产品市场负责人，优信二手车市场总监。代表作：百度手机助手（91 助手）品牌整合营销浙江卫视跨年演唱会；优信二手车 CCTV 世界杯顶级合作伙伴营销；优信二手车美国纳斯达克上市品牌营销；去哪儿旅行大玩卡 x 湖南卫视《声入人心》品牌年轻化。

哪些做事的方法能用一生？

广告行业有太多的观点，有鸡汤、有催人奋进、有商业判断、有人生感悟。但广告行业很少聊方法，广告人不擅长讲方法，或者说广告人太会讲观点。所有你能想到的人文主义价值观，在广告中你都应该见过，如自由、独特、自立、善良，等等。一则广告在和你沟通"善良是多么美好"的时候，并不会教你怎么成为一个善良的人。它只是想让你行动起来，去找变善良的方法，或干脆就只是单纯地想让你购买"善良牌小饼干"。作为一个做了十七年广告的老创意，我这次想豁出去和大家聊聊广告人不擅长聊的东西——方法。

我想聊的是做事的方法。在这个世界上没有一种方法，能让你靠着它干一辈子创意。我猜也没有人愿意干一辈子创意。所以做事的方法到哪都适用，一辈子都适用，不只限于广告。下面我想分享两则故事，讲述两个方法。简单好用，易上手。

一、别问扫地阿姨的意见。

如果你没有解决方法就别提意见。曾经我还是副创意总监的时候，我当时的老板教会了我这个道理。那时的我和现在大部分年轻广告创意一样，自命不凡，觉得老子的创意天下第一，别人的创意就是不行，还总喜欢挑战别人的创意。

有一天在过创意想法（Review Idea）时，老板叫来了保洁阿姨，要她来评价我的创意。阿姨当然是有的没的乱说一气。当时我觉得挺莫名的。事后，老板找我单独聊天时问我："保洁阿姨的意见有意义吗？""没啥帮助。"我回道。

"确实没啥帮助，但你有没有意识到给意见是件超级简单的事！零成本无负担，谁都能有的没的说上两个意见。你能给建议，扫地阿姨也能给。你们有差别吗？从现在开始我要求你在每个意见之后都加上解决方案。如果你想不到解决方案就不要提任何意见。"

简单来说就是：没有解决方案，就别提意见（No Solution，No Comment）。说起来简单做起来却非常困难，原因有二。其一，人类喜欢用贬低他人来抬高自己，用挑战别人的想法来烘托自己的智慧。自古以来就是这样。这是人类的劣根性，我们克制不住。随着知识的积累，我们可以挑战的越来越多，我们也会越来越欲罢不能。从一开始的"不高级，不年轻，不有趣"到后来的"媒体平台没法落，不够有延展性（Campaignable），数据颗粒不够细"，我们在一次次的挑战中确立自己的权威，也一次次杀死好创意的可能性。

其二，一方面我们需要克服人类的劣根性，保持克制；另一方面我们需要快速思考，快速找到解决问题的办法。这个更难，需要时间去适应。这个过程很漫长，但如果养成习惯，受益终身。

"没有解决方案，就别提意见"，先克制，后思考。克制是留条路，思考是找扇门。别让一件事变得无路可走。这是做事的方法。

二、不穿黑衣的黑衣人。

要解决问题，先找动机。这是一个关于我大儿子的故事，他今年8岁。疫情的关系，原本的足球兴趣课只能改在楼下小区内，用打卡的形式完成。他一直喜欢穿一身黑衣下去踢球，因为这样显得比较酷。但突然有一天他和我说再也不穿黑衣下去踢球了，因为楼下的小朋友都称呼他"黑衣人"，他不喜欢这个称呼。过了几天他穿着花花绿绿的衣服上来和我说，不管他穿什么颜色的衣服，楼下的小朋友还是称呼他"黑衣人"。我说，你试着穿一件印着你名字的球衣下去踢球，并指着衣服上的名字告诉他们你叫什么。这个方法果然奏效。小朋友们都直呼其名，不再叫他"黑衣人"了。

世界上所有的事都是与人有关的，只要有人就有动机。切中动机就能解决问题。拿上面那件事为例，楼下的小伙伴们的动机只是需要一个简单又好记的名字，至于穿什么颜色的衣服并不重要。我们习惯去改变客观世界来影响受众，比如换件红色的衣服，或是放大一下购买按钮，或是把 LOGO 从左边移到右边，但有时并不十分管用。这时我们得仔细思考人们不这么干的动机是什么。在营销术语里我们称之为消费者洞察。洞察人心，事半功倍。这个方法广告适用，做人做事同样适用。

　　以上只是分享，希望有所帮助。

蒋润华
VMLY&R 资深执行创意总监，美术入行，从业 17 年。代表作：淘宝造物节 Launch 广告战役；天猫双十一一镜到底邀请函；奥利奥音乐盒。

好文案是怎么炼成的?

当代生活信息过剩，好文案也从来不缺。大家会为了一句"串门就是相互残杀，聚会就是自寻短见"（乡村抗疫野生文案）感叹高手在民间，也会为了一句"钱就是熨斗，把一切都烫平了"（电影《寄生虫》台词）而竖起大拇指。各种风格、态度、渠道的好文案层出不穷，但怎样炼成一个好文案，是个老生常谈却没有标准答案的话题。

为什么总有人能写出绝妙精彩的文案，而有些人却不能？难道是因为每个人的"出厂设置"不同？别急着灰心，这里可以分享给大家一些经验和方法，也算是一些文案修炼升级的基本功。

一、写文案前要知晓：好文案是好生意。

安迪·沃霍尔有句名言："赚钱是艺术，工作是艺术，好的生意就是最好的艺术。"我想，这句话对于广告人、文案人来说也完全适用。

广告文案自一出生，就带着商业目的，背负着解决客户商业诉求的重任。这就要求文案人千万不能陷入"自嗨"的怪圈，陶醉在创作华丽辞藻、妙语趣话、段子金句中，而忘记了文案自身的使命。

好文案的第一要义，永远是准确传达品牌和产品的价值，为客户服务。长城葡萄酒的《三毫米的旅程，一颗好葡萄要走十年》，就通过讲述产品背后的故事，传递了沉甸甸的力量和价值。只有从激发欲望，到建立信任，再引导下单，这样一套流程下来，才能创造出戳中人心又创造生意的好文案。

二、文案人必备：两个数据分析库。

开始做文案之后，所有人都会意识到学习的重要性。从事一个要快速输出脑力的工作，如果不找到活水源头及时充电，那么你的文案必然会失去鲜活感，走向固板僵化，因此每个文案，都应该建立两个自己的数据分析库。

一个是生活数据分析库：生活的时光流转，是文案人最大的灵感池，公交站牌广告、大屏宣传片、店铺招牌、外卖传单……有一段时间，美团外卖的"春天可能会迟到，但奶茶永远不会"就很妙。观察和收集是第一步；第二步就是通过形似、音同、对比等分析，发掘文字之间的关联秘密；第三步就是自己尝试去改写，哪怕只是喃喃自语，也已经完成了脑力进阶。

另一个是线上脑力数据库：关注行业网站，广告人需要的所有信息几乎都有，创意文案、业内资讯、广告案例、创意短片、广告书籍等分类明确，直接索引。文案人除了要关注这些网站外，还要多关注"双微一抖"，随时从别人的文章、段子、视频中汲取灵感，并及时更新印象笔记，接着可以选择每周进行复盘分析，每周要求自己学习一篇商业文案，让自己实际练手。还是那句话，多写多看，是颠扑不灭的文案人四字箴言。

小总结：多个维度收集资料，品牌的官方微博、微信公众号、B 站、知乎；行业内的资讯网站（业内资讯类、媒体平台类、广告案例类、数据洞察类、效率工具类、方案模板类）；行业及广告类个人自媒体平台；最核心的一点，还是在于自己去找、去搜寻这些资料素材，你自己不行动，别人整理得再全面都没有用。

三、写文案时的路径：关于抄袭、模仿与"偷窃"。

写文案的具体方法当然很多，这里想说说大家都难以避免的词：抄袭、模仿与"偷窃"。

这三个词可以说没有特别明晰的分界线，但文案应该对它们有不同的态度，即：反对抄袭，适当模仿，学会"偷窃"。

反对抄袭不多说，直接搬用他人的创意成果，会被整个行业唾弃。每个好文案的进阶，都是从模仿开始的，对刚入行的文案人来说，还是建议大家从模仿开始，学写文案。"优秀的艺术家模仿，伟大的艺术家偷窃。"这是毕加索的名言，但其实深究起来，这话也是他"偷窃"伏尔泰的，后者早在先于他两个世纪前就提出"创意不过是高明的模仿"。

在文案创作中，我们难免会用到前辈已经用过或者论证过的创意经验，无可厚非，几乎所有的创新，都得益于"站在前人的肩膀上"。在我看来，"偷窃"其实就是把作品经过"庖丁解牛"式的剖解分析，然后激发自己的想象力，融合历史已有的想法，再用自己的方式风格，得出新旧杂糅的独特表达，让大家看不到你的创意来源，这就是高明的"偷窃"。

四、写出好文案，需要致广大而尽精微。

致广大而尽精微——达到宽广博大的境界，同时又深入到细微之处。这应该成为好文案的评判准则。

"山川异域，风月同天"，大家品品这句被刷爆的日本援助抗疫文案，任何字使用不当，都可能会影响整句话给人的感觉，所以细节处的遣词造句、起承转合非常重要；细节之外，这句话还有更深远的意境，所以文案人要将对背景、关系、情感等的思考融入整体语境中，输出更有价值的观点，勾起读者更深层次的共鸣与联想。

要做到这一点，就要求大家写文案的时候，既要专注于细枝末节，又要擅长把眼光放长远，看到更广阔的情境，通过文案传递更深远的力量、更普适的价值（当然这是比较难的）。

五、文案的进阶路：脑力体力齐上＋老驴推磨。

这辈子，你有没有为一句话、一个词、一个字拼过命？文案人有。做文案从来不是一个轻松的活儿，把脑海中看不见摸不着的想法具象化，变成一个个汉字、一个个故事，必然会消耗大量脑力和体力。

策略、洞察、逻辑、知识储备、讲故事的能力、写作练习等持续地付出后，还是会遇到对自我能力的怀疑、领导和客户的否定、屡试不成功的厌倦……这些对文案人来说，其实都是家常便饭。

要升级打怪，就得必经"炼狱"，按《霸王别姬》的台词来说："要想人前显贵，必得人后受罪。"

李奥·贝纳也说过："我从未见过，在任何真正伟大广告诞生的过程中，没有一点疑惑，没有堆满的字纸篓，没有殚精竭虑，没有对自我的恼怒和诅咒。"

当磨文案磨到怀疑人生，那就离一个好文案的出炉不远了。

总而言之，你要记得，跳下悬崖，会让翅膀变得更坚强。

叶少青

自媒体"文案君"创始人，文案从业 10 年，历任广告情报局内容总监、美和美物文化传播创意总监。

非明星团队怎么走得更远？

之所以尝试回答这个问题，是因为自己 5 年前创立了一家一直很普通的小广告公司。如果对这个"普通"加一个定义，那应该就是没有明星团队，也没有刷屏案例，业务有起有伏，团队稳定性一直相对行业还不错。

为了让回答尽量更有针对性一些，这里再增加一个预设前提：更多针对希望长久经营的团队。

在大公司时很多时候真的很方便，来了陌生行业的比稿机会，电话约了顾问大拿，微信找老板借了创意团队，然后翻翻案例库半小时攒出一份光彩夺目的公司简介，一份竞标案就算完成了一半。但到了"普通"的小公司，不仅没有了这些手到擒来的资源，还难免会遇到很多现实的苦恼，经常要面对年轻员工觉得公司服务的客户没什么名气、做的事情"不够好玩"，也碰到过某月里团队走了两个人，对应就是超过 10% 的月人员流动率……

总结这几年的经验，除了专业能力之外，也许团队成员能有下面的一些共识，会让团队走得更远一点。

更追求服务客户的商业价值。

对小公司而言，在出现一些状况的情况下也能活下去才是最重要的。小公司的获客成本很高，服务项目往往没有大预算给品质和效果托底，如果不能将服务和客户的商业价值绑定，必然难以维持长久的合作关系。

对品质有追求但能接受不完美。

不管是创意还是沟通，对品质的追求是广告人的重要的基础素质；但忽视客观条件的限制，对某些点过于追求完美，往往容易造成商业价值维度上的目标失焦。

能在"无聊"的工作中也保持好奇心。

一方面，其实大多数有预算支付广告公司月费的甲方都有着其独特的生存之道；另一方面，好奇心是好创意的基础支撑点之一，能对"无聊"保持好奇心，也必然能获得更全面的积累和成长，当然也更有机会把无聊变得有趣，而这种成就感会比在大的广告战役中做一颗螺丝钉来得更加长久稳定。

前后台能够相互认可。

不论规模大小，大多数广告公司的业务团队成员会很自然地更关注与自己直接相关的业务层面的问题，人事、行政、财务等后台部门的作用习惯性被忽视。而对小公司而言，没有了制度上各种条条框框的束缚，在带来灵活性的同时也带来了大量问题和风险（业务开展很好的小广告公司在财务问题上吃大亏的不在少数）。如果团队能对公司所面临的非业务层面的客观情况或问题有更充分的认知，公司的很多管理性压力将大幅降低。反之，足够的相互了解后，后台团队有时候在创意遇到瓶颈时也是很不错的外脑。

团队不仅限于公司内部。

小广告公司没有巨头们那样华丽的顾问团队或是随叫随到的优质供应商资源，而能够把合作过的各种外脑、供应商协调一致，也是公司生产力的重要组成部分。其中，离职的前员工是非常独特的资源，能在员工离职后继续保持一些共识，进而延续更灵活的合作关系，对公司发展将是非常有裨益的。

普通的小型广告公司相对巨头们而言的最大优势就是灵活，无论是在岗位结构、业务形态、考勤制度还是财务流程上。同时，这些没有明星团队光环的小公司在业务和薪酬上的诱惑力都不突出时，相似的一个岗位拿到的勉强还算靠谱的简历数比巨头们至少要少一个量级，招到一个各方面都达到预期可能性的人，微乎其微。与其寄希望于在海量面试中捡到宝，不如宽进严留，看看能不能在半个试用期的时间内达成这些共识，这可能比专业能力的匹配度更重要一些。

沈寅曦

Poweridea 创始人，蓝标 7 年创业 5 年，一直做客户端。案例：做了一家生存期刚超 5 年的有技术理想的公关型会卖货的广告公司。

我要从广告行业带走什么？

这个问题值得推敲。有一种说法叫：问题就是答案。可这一次能不能简单点，让答案就是答案？

谦虚点的会问："这个行业教会了我什么？"更尴尬的是，如果换成"我对这个行业做了什么？"，是不是有点脸红心跳加速？

一个题后面藏着一串问，所有问题都比想象的要复杂一点，所以得简单处理。

回答1

如果只能选一样的话，我愿意是——朋友。就算很久没联系但一声招呼就能赶过来帮你不是因为知道你也会如此对他而是觉得这简直再普通不过的事没什么好说的更不值得拿出来反复念叨甚至从不口头承认彼此是朋友倒是宁可以挖苦代替称赞来提醒你做的这点东西有点变味但还没到臭不可闻有点技术含量但还是一眼假所以下次可要小心了别再让我嘲笑你。

回答2

不在乎任何人的嘲笑。就像我相信一定有强迫症试着一口气读完上面那段。不知道为什么，在这行里人人都熟练掌握嘲笑这个技能，通常还附赠刻薄。嘲笑不是意见或建议，只是一种发泄方式。不嘲笑别人比较难，不在乎就简单多了。

回答3

不在乎可不是拒绝。拒绝是最简单的事，你可以拒绝世界上任何一样东西，然后对自己说：看，我不会被这个世界打倒。遇到了可做可不做的事，我一般都会去做。万事皆苦，尝一下又不会死。

回答 4

既然说到了死，那一切都可以推翻重来，在死之前。比如原本开篇的问题是"我不想从广告这一行学到什么？"，截稿之前我换了问题，也就重写了答案。可能在不远的地方，连死亡这件事都可以重来。

回答 5

对重来保持耐心。这是不断检验、不断更新、不断逼近目标的过程。除了这种略显枯燥的说法，我还没找到更好的叙述。再说了，就算不耐烦，也早晚有人逼着你学会。如果实在不耐烦，就在过程里想点法子找点乐子。这个时候音乐就很重要了。

回答 6

音乐使我快乐。性和美食也可以，负担重一点而已。不想讨论内分泌问题，说回音乐：在《烤面筋之歌》和 *We Are Rock Stars* 中听到相似之处这种恶趣味，我一定不会告诉别人！当然，这不是主要原因。如果没有干广告，我不确定会不会去找那么多、那么杂的音乐来听。这是我能随意更改的旅程，也是我能承受的冒险。举个例子，当我又累又想写点什么时，比如此刻，耳机里常循环 Moby 的 *Play* 这张专辑。说到这儿，想起来这张 1999 年发行的专辑，我是 2002 年从天津八里台的打口贩子手里买的，完全是冲着封面瞎买。因为我想拿来做简历封面，应该挺酷的。顺手查了下豆瓣音乐、虾米音乐、网易云音乐上最早的评论，分别是 2006 年、2009 年、2014 年。我想多半与网站诞生早晚、用户年龄代际有关，可能没什么意义。

回答 7

没什么意义——这从什么时候成了我的口头禅？朋友提醒之后我才意识到。是不是代表我否定了太多？可垃圾就是比好货多啊！

回答 8

什么是垃圾什么是爱，不懂分辨就成不了这条街上最靓的仔。标准问题时常困扰着我，还有身边的人。我的解决办法，就是找那个标准最高的人一起干活儿。干砸了也值。一定能从这个人身上挖到东西。

回答 9

相信个人。你很可能听说过团队协作（Teamwork）很重要，他说得对。但团队（Team）是要由你信得过能协作（Work）的一个一个人组成的。在任何时候，我仰仗的是每个个体，而不是庞大的军队。别扯上个人主义，对群体保持天然的警惕性没什么坏处。大家都说"好"的时候，可能是对的。都说"对"的时候，可未必。

回答 10

放在最后的，也是显得最重要的，让我犹豫了一根烟左右的时间才说出来的是：坦然面对失去。但对"失去"这件事，我还不够了解。不了解的事，就表达不好。这应了我姐跟我说过的话：上帝将会看清，而你永不能完成。

赵斐

北京阳狮、盛世长城创意合伙人，大广告公司创始人。文案入行，曾任职于奥美互动、腾迈广告（TBWA）、琥珀传播，服务客户包括思科、联想、链家网、大众、联想、WWF、绿色和平、唱吧、美年达等。

品牌应该如何避免"自嗨"?

环境在变,但很多品牌的思维没变。当传统的品牌传播思维,遇到全新的互联网传播环境,就难免会"水土不服"。

我们要意识到互联网时代,信息传播环境已经有了很多颠覆式的改变:

去中心化。过去电视的中心是央视,纸媒的中心是《人民日报》。但在互联网,没有谁敢说自己是绝对的信息中心。

碎片化。随着手机和移动互联网的普及,不再存在所谓固定的"黄金档"时间,品牌必须从"碎片"中抢夺消费者的时间和注意力。

互动口碑。社交媒体的兴起,让消费者可以和品牌进行在线即时互动。品牌在互联网上如何获得消费者的好感就变得尤为重要。

快速精准。互联网像一个"江湖",人们在网络上因为相同的兴趣聚合,形成了一个个的"帮派"。找到合适的渠道或内容,就可以迅速精准地触达目标人群。

长尾效应。"互联网是有记忆的",互联网上内容的生命周期大大延长,可以具有很长的传播长尾。

在全新的传播环境下,消费者的信息接收习惯和方式已经全然改变,大众的消费决策也从理性变得感性。当大众开始发出自己的声音,当广告可以听到真实的反馈,品牌怎么做到让观众喜欢?当互联网渠道层出不穷,品牌又该如何面对这巨大的挑战和机会?

如果品牌依旧按照传统的思维方式做广告,消费者是不会跟你一起玩的,最后就是品牌自己在嗨，消费者无动于衷。要避免自嗨，首先得把过去的"品牌思维"转变成"用户思维"。品牌要把身段放低，站在和消费者平等交流的角度"说人话"，要塑造独特的"人格"魅力，并形成一个拥有相同兴趣或价值观的品牌"粉丝"社群。这些"粉丝"对品牌的认同是文化和价值层面的，他们会主动为品牌叫好，成为品牌一个个最真实的传播"渠道"，不停地给身边的人"种草"。

让消费者成为品牌"粉丝"最好的办法，就是建立情感链接。在品牌和消费者之间担当"情感翻译官"，为二者的情感交流搭建桥梁。至于怎么引起消费者的情感共鸣和认同，我总结了5个关键词：

网络语境。互联网是有"情绪"的，所谓网络语境，就是整个互联网的情绪走向，它是在两极之间不断来回的"震荡波"。只要能洞察社会的情感趋势，然后顺势而为，做出来的内容就自带传播势能。

话题选择。话题的选择，是与消费者产生共鸣的基础。只有当话题与目标人群息息相关的时候，他们才会愿意听、愿意参与互动。在话题的选择依据上，我进行了几个具体的分类：社会热点型、季节型、成长型、两性话题、地域文化型、情绪传播型。

内容形式。我们常说传播的本质和核心是不变的。但是在这个时代，外在形式的"新奇趣"同样重要。我们应该根据当下的大环境，选择合适的内容形式，比如短视频、新媒体剧、电台、快闪店、互动电影、漫画等。

转发逻辑。我们发现，当内容在价值观层面对消费者产生影响时，往往就很容易引起自发传播。尤其是三种价值观表达：冲突型价值观表达容易引起争议，形成话题；颠覆型价值观产生剧烈情感冲击，引起转发冲动；超越型价值观则是通过带来内心成长让将消费者"圈粉"。

金句表达。消费者产生转发冲动之后，还有最后一个顾虑——朋友圈文案怎么写？我们就用朗朗上口又不失格调的共鸣式文案，将传达的内容总结成一句可以转发的金句提供给消费者。

归根到底，互联网时代，我们要做的只有一件事：让消费者觉得品牌是真心"懂"他们的。

吴瑾旻

舞刀弄影创始人兼首席执行官、总制片人，10 年资深品牌营销专家。999 感冒灵、屈臣氏等十余个品牌的刷屏级广告操盘手，广告案例总播放量 30 多亿。代表作：999 感冒灵《总有人偷偷爱着你》《谢谢你陌生人》；百雀羚《你应该骄傲》；腾讯《盼归》等。

你，会迷失在那些满网纷飞的营销新名词里吗？

"有些笑话你是否听过太多次，而忘了它为何好笑了！后来你又听到它，它就像新的笑话，你想起为何一开始会喜欢它了。" ——《大鱼》

是否我们还能想起，为何一开始会喜欢做创意，为何一开始会选择这个行业？或许我们已经走得太远，早忘了为什么出发。当我们说，我们什么都可以做，并不是我们真的变得更强大了，而是我们忽略了这个行业的本质。我们做的是一门贩卖创意的生意，却出卖我们的体力，这看起来更像一个笑话。从一开始我们就该明白，离开创意，我们什么都不是。

"就算我睁大眼睛……我也什么都看不到。" ——《座头市》

有个印度导演说，你花钱买的不只是我的导演能力和工作时间，而是我过去所有生活精华的结晶，我喝过的每一口酒，品过的每一杯咖啡，吃过的每一餐美食，看过的每一本书。

是的，发想创意绝不是在接了创意简报的那一刻才开始。创意来自哪里？答案是生活。可生活就在我们眼前，我们却只低头看着手机。碎片化的信息里并没有多少养分，有的也只是别人消化过一遍两遍的东西。如果心是麻木的，就算我们睁大眼睛，生活也不会反馈给我们灵感。

"在三种情况下你们分数全失：一、哭；二、要找妈妈；三、肚子饿要吃点心……" ——《美丽人生》

在三种情况下，我们的创意注定黯然失色。

一是偷懒。假使好创意是一百米深处的水，我们很多时候只挖到几十米就放弃了。全世界人民的脑子都差不多，你不花力气想到的，不是你特别聪明，而是因为大多数人都能想到。**二是随便。**创意需要打磨，不管是概念还是执行。是的，营销节奏变快了，创造内容的门槛变低了，但这些都不应该是让讲究变成将就的借口。其实，我们和手艺匠人没什么两样。**三是固化。**当我们想了一个视频的创意，为什么不能多写个帖子，多做个 H5，多找找平台，为什么就不能多想想怎么去引导人们看我们的视频？当人们看了视频，为什么不想想怎么和他们来点互动？

"反正人只要二选一，忙着活，或忙着死。" ——《肖申克的救赎》

既然忙是无法避免的事，不如想明白了忙的意义再忙。就算结果一样，都是产出一个行货，"忙着把活儿干了"和"忙着把活儿干好"还是有很大的不一样的。

忙着活，或忙着死，是两种截然不同的人生态度。看我们身边的人在忙些什么，就能看到他对创意的态度。重点是，态度决定一切。

"每天待在这里，你会把这里当成世界的中心，你会相信什么都不会改变。" ——《天堂电影院》

创意无法被流水线生产，所以在我们这一行真的没有舒适区可以待。变，才是永恒不变的东西。没有什么是不会改变的。不断学习，是用改变我们自己跟上世界的改变。了解世界在发生什么和为什么会这么发生，了解别人在做什么和为什么会这么做，通过学习能做到这些就已经足够，学习不是要我们成为程序员、科学达人和艺术家。

"希望是好事，也许是人间至善，而美好的事永不消逝。"——《肖申克的救赎》

下一次会想到更绝的想法，下一次会遇见识货的客户，下一次能刷屏……做创意的我们，都应该有两颗心：不甘心和不死心。

好了伤疤忘了疼，野火烧不尽，春风吹又生，有人说我们是命贱，我们说这就是热情。是的，人如果没有希望，那和咸鱼有什么区别？

"抱我。""我不能。"——《剪刀手爱德华》

当你相信一个人，他说什么都比别人更能让你相信。同理，赢得客户的信任，我们的创意就能赢得更多的认同。

如果我们只是为了自嗨，却还希望别人为我们喝彩，这样的要求会不会太高？要知道，能赢得信任的创意，一定是洞察客户真正的需求，然后用聪明的办法去解决客户商业的问题。

"要包起来送人吗？""不用了，这是给我的。"——《窃听风暴》

我们为谁做创意？当然是为了客户。但说到底，谁说不是为我们自己！

想知道你的创意够不够好，其实很简单，就看你想不想把它分享给你亲近的人们，会不会把它放进自己的作品集，还有敢不敢告诉别人这是你做的。我们可以承认，乐在其中和被认同，是创意给我们最好的礼物。

"我们将跑得再快一些，手臂再伸长一些，然后是一个美好的黎明。"——《了不起的盖茨比》

如果我们不跑在客户前头，我们终将一无是处。如果我们不跑在同行前头，我们也将沦为泛泛之辈。

当别人的手已经伸到我们的地盘，我们的手该伸去哪里？科技？数据？平台？还是我们伸长手臂，牢牢揢住我们的核心价值：用创意为品牌创造美好的意义？

　　最后要说明的是，其实我想说的只有一点，那就是在这日新月异、眼花缭乱的传播环境中，创意人若要不迷失，就要回归到创意本质上来。别被那些新名词带乱节奏，其实真没那么复杂和高深。不过是：以前想创意，是公式 $x+a=b$，比较单纯，创意的未知数 x 是在已知数 a 的条件中去求最创新的想法。而现在想创意，公式变成了 $x+y=b$，创意 x 和条件 y 都是未知数，所以创意人除了想创意，要多想想创意怎么落实下去，所以要多想想平台、形式、技术、互动、传播环境……如此而已。只是个人拙见，希望能回应到开始提出的那个问题。

朱海良

奥美上海集团执行创意总监。文案入行，从业 26 年。历任智威汤逊、睿狮广告创意总监、创意群总监以及斐乐市场总监。曾为时尚杂志 *TimeOut* 撰写专栏一年。代表作：耐克 *Anytime* 广告战役；方正《正在你身边》广告战役；一号店《不二之选》广告战役。

我们不断激励大创意，但究竟什么是大创意？

　　当今传播确实难，谁都渴望能透过一个大创意来一拳定江山，但什么是大创意？有人说广告奖就是为激励这些出彩的作品而存在的，好吧，站在能给予广告人奖项鼓励的角度，当然是好事，但……问题是到底激励了什么？或想要激励什么？

　　若只是激励一套平面稿的布局审美、激励一条视频的走心洞察、激励一句文案的深入人心，那就和20年前的评奖没差别。但20年前的视听环境能让广告无所不在地出现在大众眼前，时刻刺激消费欲望，只要广告创意出色就是销售的最有效武器。当然，媒体投入量大的洗脑广告对销售一样有效。

　　当时激励创意或所谓的大创意，也等于在为广告效益喝彩，为成功销售庆祝！

　　如今呢？成功销售如何发生？何止于刻画出一个主视觉或一个情深意重的故事体视频，或一句令人拍案叫绝的文案，还要精巧设定让精彩演出能抵达受众眼前的路径，还要埋伏让人愿意破圈层散布的手段。这还仅仅是传播上的努力，跟销售成功与否仍不存在必然关系。为让销售可推测而不全赌运气，还需要创造微妙不扰人的导流，提供有效的销售支持，包括与客户探讨最终定价与提供终端销售道具与话术，甚至还要举办一场生动的线下活动来完美收官，这样才勉强算是一次不差劲的营销。（若还不清楚营销、传播与广告三者的关系，我再简单说一嘴，广告是传播的内容，内容＋媒体路径才算完整传播，而营销是要让市场生意动起来，要靠传播＋销售支持，就是让人心里有你的同时也甘愿把钱包掏出来。）

今天，的确比以往更需要创意、创造力，才能打透一层一层又一层的难关，比过去认定的创意需求更多元且复杂，过去只要将创意表现投放上媒体，再在终端货架上提供相对应的信息即代表有效销售，差异之所以如此大，想达到相同效果之所以如此难，我以为关键有三：

一、信息透明且对称，直接导致权威不再。品牌方的一面之词已不能代表大众的消费价值，只要上网一搜就全清楚了，品牌公开的信息要接受无情挑战，品牌不想公开的也全被摊在阳光下。始终只顾着自说自话，又不求走在市场前方的品牌，必然要被消费者主动淘汰。

二、生产销售的门槛降低，直接导致竞品大量出现，特别是新兴的互联网品牌，加上海外品牌直接线上销售，造成多数品类呈现超饱和状态。而过去的老品牌在受到新兴品牌阻击时，那老一套的打法——压倒式预算投入，也将失灵，因为全民适用的产品进入不了细分人群的眼界，是的，新兴品牌还把市场切得更细致了。

三、人群消失了，从传统媒体面前消失了，又在自己心爱的角落和相同兴致的少数人们欢聚在一块儿，于是形成了数不尽的大小圈层，每个人都安适地待在里头，对圈层外的事也没多大兴趣，所以当代已不存在全人群传播，只能择优而攻之。还有时间也消失了，也可以说是时间感消失且错乱了，我们不愿多花一秒钟等待或观看与自己无关的东西，却又不自觉地一下浪费三小时在小圈圈里瞎转。

所以这场广告到营销的战役该怎么打？我们以为现在正是品牌最好的时机，必须提出更清晰的消费价值，能具体丰富消费者对生活的美好追求，而非只是功能表述，就能重新塑造消费者渴望的感知，然后以此价值为核心再通过产品矩阵进入细分市场，才能从过于饱和的市场中跃出，之后再进入主力消费人群的圈中，让他们看见并且在意，最好再有与他们息息相关的命题来创造交互，或能换来破圈层的机会。这还只是传播的做法，距离成功销售还有好几步不简单的路要走，若前半段路程正确了，后半段也千万不可放松，否则最终仍可能颗粒无收。

那么后半段怎么做有效？前半段的努力我们让品牌/产品使他动心了，后半段就是要让他动钱包了。首先，动心的关键在于情感上想要拥有，而动他钱包的关键在理智上，俗套地说就是在比拼"性价比"，但不一定跟市场比，是跟他心中那个到底值不值得的度比。举个例子，苹果手机每年都来动我们的钱包，它可不便宜，但我们下手也没太犹豫，因为这手机跨过了我们心中的度，再说透一点，这个值不值的度说白了就是"贪"字，"贪"被满足了就觉得值了。一般品牌只能贪价格，好品牌还贪的是功能是舒心是外人眼光……所以要成功销售，必须在动心的传播之后立即跟他理智对话，绝对绝对绝对不是发一条购买链接，而是要让他立即深陷在"贪"境里，贪功能、贪价格、贪优越感……从终端渠道的话术与陈设、引流的手段、电商销售页，甚至地推活动都要让人感觉能"贪"到想要的价格或价值，那么成功销售就在眼前了。

最后回到开始的主题，什么是大创意？当然是能创造大销售的才是！但若广告奖依然秉持要鼓励每一代年轻广告人的创造力，很好，请别只顾着平面的美和视频的情怀给予的奖励，它们的传统作用在当代越显得薄弱，倒不是说现在不再需要这两种传播材料，而是传播该更讲效益。平面视觉不该只负载产品功能或态度的表达，而是该奖励能在大营销环境中不断锁住消费者的那些，视频也不该只为强说愁，而是该鼓舞能从品牌价值直到销售变现的系列演出，这才是我以为当代该奖励的大创意，不知诸位大评审们又觉得如何呢？

陈建豪

柏立品牌营销战略顾问，文案入行，从业 26 年。曾任职北京电通广告创意群总监。最好的代表作会是明天的那个，以及过去赢得的大众反应；曾找张震代言麒麟啤酒，拍摄了一个系列，得到当时不少网友回应："看完好想喝啤酒！"

品牌该怎么把浪费的那一半广告费花明白？

在营销界很早就流传一句名言：我知道广告费有一半是浪费的，但我不知道是哪一半。但这个障碍，早就已经慢慢被突破了。所以行业里也火了一个词：品效合一。

一、为什么追求品效合一？

"品效合一"从来都不是一个新词，为什么这几年大家的感受这么强烈？因为自从互联网和移动互联网崛起，营销环境发生了几个变化。

1.营销效果不可跟踪→可跟踪。

过去做好营销就是三件套：买高渗透渠道（例如 CCTV）、打广告洗脑让你在记忆里锁定这个品牌（例如"送礼就送脑白金！"）、渠道铺货（超市第一眼就看到脑白金）。

说白了，过去的营销打的都是"记忆"：让用户记住你，到店想到买你。这背后的原理其实就是巴甫洛夫的条件反射原理。记忆这个东西（有时候也被叫作心智），是很难衡量的，它记住你了或者没记住你，这都是一个黑盒。

你无法证明效果，最多做一个广告后的用户调研问卷，但这往往都是非常滞后的。自从广告渠道数字化以后，一大半的效果是可以被跟踪到的，看完广告有没有做点击等动作，都看得到数据。"被浪费的营销费用"突然一大半变得可跟踪了。

2. 消费者购物链路变化：延迟满足→冲动消费。

就算是能够跟踪到点击，广告人还是可以说，并不是每个广告看完都会产生点击，有时候看到了记住了，却没有点击。

而且你有没有发现，现在消费者购物的心理已经因为互联网"种草"文化，很大程度上改变了。冲动消费、囤货心理和"拔草"文化，代替了原来的规律消费——换言之，延迟满足感被即刻满足感取代了。

在电商还没有盛行的时候，就算我看完广告非常喜欢一个产品，但还是无法当场下单。传统营销时代，消费决策很长：从看到广告到下单，要隔几天甚至几个月。但是自从电商出现了以后，尤其是中国，从淘宝看直播到下单或从小红书被种草到下单剁手，中间甚至只隔几秒钟……并且到了双十一还会疯狂地囤货。

在这种消费购物路径的变化下，消费者购物的"效果"即时性更强了，营销只是产生记忆而没有产生当下的冲动消费就会被认为是无效的。

3. 早期流量红利，让"新玩家"入场机会出现了。

因为互联网、再到移动互联网，出现了新的流量渠道：从看电视、看纸媒，变成了看公众号、微博、B站、小红书、抖音这些"新媒体"。

新媒体的早期都会有巨大的红利——别人还没反应过来的间隙期，在这些平台的流量成本都是洼地。你不需要投放电视、杂志广告才能买到消费者的注意力了，你可以买这些新媒体流量。广告门槛降低了，不只是原来的大公司才玩得起，小公司也能入场了。

在这些红利期懂得用新媒体流量抢占先机的玩家，就能顺利增长。"错过红利"可能比"没钱"更让企业焦虑——为什么别人都在增长，而我却还在花傻钱？

4. 流量造假、流量泡沫。

数字化渠道的崛起，也降低了流量造假的成本。原来的户外媒体、电视媒体，再怎么样都是实打实看得到的广告，但是线上媒体到底多少人看过、看得到，只是一个数字，流量造假变得非常简单。这再一次加大了企业的不安全感：

我买的流量是假的，那不就是被坑了吗？

综上所述，为什么品效合一现在变得如此棘手？因为效果可以跟踪了，消费者买单更快了，但更着急竞争流量的人越来越多，大多数流量还都是假的……谁敢只关注品牌记忆，不关注效果？说白了，大家都穷。

二、怎么才能品效合一？

营销从第一天开始，从来都是追求销量和品效合一的，做品牌从来都是为了效果，只是有太多人因为做创意而做创意，忘记了品牌的初衷。

说一个我想到的形象比喻，做营销其实就像是在鱼池钓鱼，钓鱼的前提是你鱼池得有鱼。品牌就是在你的鱼池里养鱼，效果就是把鱼钓上来。如果没有品牌，你可能就钓不上鱼。但如果有品牌，你随手一钓就能轻松钓到很多鱼。

而在互联网环境下，这两者的时间差需要缩短，要知道你的确养出了鱼，而且鱼是真的。怎么知道你养出了鱼？你至少得感觉到你的钓鱼线在抖动吧（有点击等数据）。

那什么样的饲料才可以养出鱼呢？换言之，怎么低成本普及大量认知？我认为对于品牌触及，就是品牌广告需要让用户明白"这产品／品牌能帮我干吗"——我称之为：明确消费者任务。

什么是消费者任务？其实产品在消费者的生活里，是他们用来完成一个个任务的道具，他们需要知道的，就是这个产品可以完成我哪个任务？能帮我解渴？还是能帮我睡好吃好？还是能帮我变美？

同时我们得了解，消费者今天在这个任务下用的道具是什么？他有没有仍然痛苦的地方（痛点），他达到的理想状态（爽点）是什么样的？为什么你的产品能帮他更好地完成这个任务？

说白了，一个品牌广告需要形成的是消费者任务的闭环，我总结为三个圈：用户画像、场景需求痛爽点、产品特点。

一个能普及高效认知的广告，必须能让人感知到：这产品是完成哪个消费者任务，在帮谁，解决他哪个场景的需求，他现在有什么痛点，他想要达到什么爽点，为什么你的产品可以帮他解决，和明确的行动点。当能把这些传递清楚，就能达到品牌的效应。

而对于成熟品牌，消费者任务可能会晋升到更高的层次，不仅仅是功能场景上，更是个人情感上的消费者任务。

效——高效在认知基础上收割——就是要更精准地钓鱼。你的鱼可能游在多个鱼池里：小红书、B站、微信、抖音……高效钓鱼就是要在各个鱼池里用最合适的鱼饵、鱼线在正确的时间垂钓。换专业的话说：找到受众所在的渠道，用最能激发他们需求的触点、埋下测试后最高效的转化链路和诱饵，将用户转化。

品效合一——其实就是高效养鱼和钓鱼。举个例子，完美日记，品牌层面接连签下当红艺人朱正廷、罗云熙，产品层面合作 Discovery 探索频道，用户需求层面打造小白、学生党就可以负担得起的平价美妆单品。最后通过小红书广撒网的投放＋小完子＆小美子等私域账号转化，成功做好了自己的鱼塘管理。品效合一，比你想象的要简单。

三、只做效果、不做品牌的误区。

在上面的环境下，出现了一群"流量操盘手"和"增长黑客"：他们主张的是，不做广告，用数据和实验说话。他们喜欢搞流量、搞裂变、算数据。

我曾经有一段时间也很迷恋"流量"和"增长"这两个概念，那段时间我走了极端，我甚至觉得并不需要去做广告，只需要找到低成本的流量，做效果投放、AB测试和裂变就能达到原来做广告、做事件才能达到的效果。

于是，在我加入衣二三的时候，便抱着尽可能不要花品牌的钱的信念，认为找到有效的流量入口，不停测试多种素材，引发用户分享和裂变，一定就能做到低成本、高增长的效果。

但事实上，经过几个月的测试，我才明白品牌的重要性。我的亲身体会告诉我，只做效果投放和流量采买，也许在短期内可以碰到几个优质渠道且达到高 ROI，但是并非长久之计，数量有限。

长期来看，只是做效果投放，获客成本会遇到很大的瓶颈，没有办法大幅度降低，只会往上走。我思考了很久，根本原因是：本质上，如果一个产品、品牌或品类，无法形成大规模认知，消费者的认知成本始终会很高。

拿衣二三共享衣橱这种"三新"（新品类、新产品、新品牌）模式来说，很多消费者不理解为什么要用这个品类，这个产品是什么，不明白怎么玩，也不知道这个品牌是不是可信任。

每次效果投放只有 1~2 秒的时间，却要灌输消费者新品类、新产品、新品牌这么多理念，效果是很差的，而如果投放 KOL，则流量有限，风险较高。

当时在这样的困境下，我终于明白了品牌的意义——大多数人认为品牌就是做"精神""情感"的广告，但其实品牌的最初期就是打认知——让消费者在短时间内明白"这个品牌可以帮我干吗"。

只有用户在底层对一个产品、品牌有了基础认知，才能通过效果投放，再在认知基础上进行低成本的转化。

所谓品效合一，其实就是——品：低成本买大量认知；效：高效在认知基础上收割。

刀姐（doris）

女子刀法创始人兼首席执行官。衣二三前首席营销官、北美支付宝市场运营负责人、迈克高仕（Michael Kors）亚太传播经理、北美联合利华 ABM。

甲方和乙方为何会互相不满？

这么多年来，甲方和乙方的话题从来没有断过。其实我不太喜欢"甲方乙方"这样的说法，因为开发商和广告公司本身就是雇佣和合作关系，一个给钱，一个干活儿，最终达成的目标也是一致的。

但是，在中国的传统中，付钱的永远是大爷，所以这也是为什么在合同中，付钱的永远放在前面，收钱的放在后面，而正因为合同中的这种固定格式，也就形成了这种认知定式，乙方永远服从于甲方。

有几次，我在公众号的文章中提到过甲乙方的矛盾，最终阅读量都不错，后台留言大多也是彼此间的吐槽。

为什么甲乙方有这么多的矛盾？在我看来有以下三个方面的原因。

其一，甲方优越感。

这个其实不需要多说了，因为我在开头就已经说过，这是很多年甚至千百年所积累下的"规则"，而且这种优越感会一直存在，除非甲方主动放弃这种优越感，否则不会以乙方的意志而转移，反而可能会愈演愈烈。

其二，所谓的专业度。

大多数乙方都会认为甲方不专业，当然，甲方也会认为乙方不专业。我不知道其他行业，但就地产广告行业来说，专业度其实更多时候是个伪命题，因为这个行业的门槛本身就不高，门槛就是天花板也说不定。

在地产广告行业，拥有两到三年经验基本就认为是熟手，可以独当一面，从年龄来说，让一个二十四五岁的年轻人去做一个销售额几亿或者几十亿的项目，你真的会放心？

反过来，开发商和广告公司对接的人，基本上从业经验也差不多，而且很多都是从销售转岗过去的，可能连基础的广告知识都不懂，两个不专业的人做对接，不互喷才怪。这种无效沟通，本身就说明了行业的不规范和不专业。

其三，营销压力和传播变化。

这个其实就要说到广告在营销中的作用。我经常听地产广告公司的老板吐槽，说十年月费没涨，有些开发商反而还降了。

在很多年之前，大家就知道，广告就是广而告之。但是在地产行业，房子是局限、低频、高总价的产品，而且营销周期也很长，大多数人背负着带客户的指标，广告解决的只是传播问题，到底能带来多少有效客户，很难去评判，在当下高周转的情况下，更是逼着营销团队快速达到销售指标，这是广告短期无法解决的问题。

随着互联网的兴起，自媒体、直播、小程序等将客户变成了私域流量，效果和客户数据实打实的看得见，传播方式和媒介的改变，需要广告公司更专业地去配合，但前端作用反而进一步降低。

我本身也是乙方出身，后来也做过甲方，现在作为行业的观察者，我对甲方、乙方之间的互相不满一直看在眼里，在我看来，甲乙双方其实并没有深仇大恨，所以吐槽的点都是一些鸡毛蒜皮的小事，互相不服气基本也都是在专业层面，这种情况哪个行业其实都存在，说小了叫"争吵"，说大了就是"博弈"。

这就和能量守恒定律差不多，"能量既不会凭空产生，也不会凭空消失，它只会从一种形式转化为另一种形式，或者从一个物体转移到其他物体，而能量的总量保持不变"。

在我看来，消弭彼此矛盾的方法有下面三种，仅供大家参考。

其一，换位思考。

所谓的互相吐槽，其实就是互相看不起，总觉得自己所做的都是正确的，因此最好的方法，其实就是互相体谅，换位思考。

乙方要理解甲方对于楼盘营销的压力，要多一步思考，从营销的角度去思考和解决问题；甲方也要理解乙方的工作量，创意不是一个简单的体力劳动，按时保质保量，需要给予乙方一定的时间去思考和创作，只有这样，才能出来优质的作品，为营销助力。

其二，同频共振。

都说"房子卖不好，杀个策划祭天；房子卖好了，杀个策划还愿"。策划对于项目的重要性不言而喻，一般广告公司对接的开发商都是策划线，说难听点"都是一根绳子上的蚂蚱"，能一起共事就是缘分，何必动刀动枪。

开发商找广告公司合作，本身就是因为看中广告公司的专业度。所以双方在定好大方向的情况下，把控好大方向即可，给予广告公司在细节上的发挥空间，乙方也需要根据甲方的大方向进行创作，而不是肆意发挥。只有形成同频，才能达到更好的效果。

其三，分手快乐。

如果以上两种做不到，我觉得，最好的方法就是分手。用比较佛系的话说，合作看的是"缘分"，如果"缘分"没了，剩下的都是互相诋毁和谩骂，那还不如都饶过对方，另寻新欢。

就如上面所说，甲方乙方的能量其实是守恒的，只是这种能量，大多数人都用在互相吐槽上。如果都能提升专业度，多做有效沟通，这种互相不满，自然会少很多。毕竟，互相理解，互相包容，才是优质的合作之道。

希望不久的将来，天下没有甲乙方，我们都是合作方。

陆旭晖

自媒体"苏绪柒"、一起互动创始人，地产自媒联盟创始成员，苏州一起互动首席知识官。做过乙方，干过甲方，现为地产广告行业观察者。代表作：自媒体"苏绪柒""文案段子手"。

品牌人如何突破组织的"智商天花板"?

有一段时间,我对脑神经科学很有兴趣,于是大量阅读甚至进入心流的状态。此后,神奇的事情发生了,我打开微信,一刷公众号就可以刷到最近正在思考的相关问题,一打开书就能看到我感兴趣的内容。这种神奇的力量就好像《秘密》这本书里说的"吸引力法则"一样。

其实,这也属于脑神经科学里重要的一课:我们总看到自己想看到的东西。延伸到企业和组织里,就是组织心智。

在我看来中国的品牌人正面临着巨大的压力和焦虑,尤其是在成熟企业工作的品牌人。这种压力我认为主要是固化的组织心智与日新月异的外部环境之间的不协调所带来的。试问几个问题:

1. 如何实现品销协同?

2. 如何迅速布局O2O?

3. 如何在视频领域拔得头筹?

4. 如何占领下沉市场?

5. 如何加速社交电商?

我想,每一个问题对品牌人而言都不陌生,那么,我们在公司面临这些课题时有没有遇到障碍、有没有固执己见、有没有在争论得面红耳赤时感觉自己的认知体系被践踏……惭愧地说,这些我都经历过。所以我时常会停下来思考,我们到底在经历什么?

我们正在经历前所未有的变化。克里斯坦森说，创新者的窘境，对外来自价值网络，对内来自组织心智。价值网络指的是外部的局势和经济体的变迁，而组织心智指的是我们主导我们当下做出决定和选择的关键。

组织心智，决策的捷径。

组织心智是指组织的心智模式。所谓心智模式是指深植我们心中，关于我们自己、别人、组织及周围世界每个层面的假设、形象和故事，并深受习惯思维、定式思维、已有知识的局限。

心智模式的主要作用是预测。我们的决策方式很大程度来自我们的历史经验，基于连续性假设，去做出判断。不可否认，它让我们组织的行为显得科学而高效。

组织心智，组织智力的天花板？

所有硬币都有两面。一旦面临不连续时刻，原本帮助我们进行决策的基于连续性假设的心智模式，往往会阻碍我们更好地适应变化。我们所看到的、我们想看到的，都是和现行心智模式相符合的资料。《哈佛商业评论》中的《熟知非真知》一文里曾经写道：我们总在寻找和提取符合自己看法和假设的回忆，隐瞒或者忽视相悖的信息。这种有选择的虚构和解析经验的做法被称为"证实性偏差"。所以，一旦环境和外部信息跳脱出我们的心智模式，我们就会因为平衡被打破而感到压力、焦虑和不安。

那么这种隐形的天花板体现在哪些方面呢？

克里斯坦森将组织心智分为 RPV 模型：Resource（资源、管理人才）、Process（流程）、Value（价值体系）。从这三块来深入分析，我们可以窥见一二。

首先是人才。作为品牌管理者，我们脑海里有根深蒂固的品牌管理思路，它像魔咒一样影响着我们的品牌行为。在和其他部门同事讨论问题的时候，我不难看到品牌人的"一致性"和一拍即合的"共识性"，那种"我们是一个国度"的感受，就是组织心智。但是，在面对所有问题时，我们真的一直是对的吗？

其次是流程。流程代表着效率，但是同时也意味着"排斥变化"。我们不止一次看到从一个流程完备严谨的企业里出来的优秀人才，是完全不能适应创业公司或者流程灵活的公司的管理体制的。这种所谓的"灵活性"让他们无所适从。但是，你所习惯的流程真的还适应现在的发展速度吗？

价值体系就更有意思了。2015 年和 2016 年是小米的负向周期，这两年，vivo 和 OPPO 快速做到渠道下沉，下沉到六七级市场——县镇级别在全国超过了 60 万家专卖店。然而以互联网手机起家的小米还身负"互联网的包袱"，仅靠线上平台来运营。显然，小米在当时遭遇了自身价值网的限制。但是，小米也是一个非常成功的案例，他们迅速转变策略，开始布局小米之家，并迅速扩张线下零售，实现了不可思议的逆转。不得不说，这体现了"雷布斯"超强的反脆弱能力！而我们如果身在其中，会不会是拒绝战略变化的那个人？

所以，我们仔细回想一下这二十年来中国经济不可思议的高速发展：PC 时代的到来、互联网时代的迸发、移动互联网的冲击，接下来 5G、AI……我们的认知模式是否每次都跟上了进度？我们是否每次都提早布局踩到了流量红利？我们是否每次都如鱼得水迭代了品牌策略？还是，我们一直都在悲催地被动变化？

我相信上面所述的问题和困扰，时常会从我们每一个品牌人心底冒出。更要命的是，改变如此之难。因为改变即面临选择，选择即面临失去，人的本性就是害怕失去。

作为一个不愿意被动挨打的品牌人，我们必须做出改变，来突破组织的智力天花板。

可改变怎么总是那么难呢？陈海贤老师说，我们每个人内心都有一头大象和一个骑象人，大象代表着感性和潜意识，骑象人代表着理性。我们唯有懂得和看清我们内心的大象，知道它的焦虑和不安，才有可能迈开改变的一小步，从而慢慢去实现改变的一大步。

那我们如何迈开改变的一小步呢？

最近流行一个新词：VUCA 时代。这个时代的特征就是，易变性、不确定性、复杂性、模糊性。既然要行动，除了直面这个时代，我们还需要给自己一点小压力。

1. 学习。

我一直认为学习能力是一切能力的基础。无论我们年纪多大，社会地位如何，学习都是必不可少的技能。一个组织的高度不可能高于他的最高管理者，所以作为品牌人、作为管理者，我想最起码的就是不要给团队拖后腿；其次就是培养学习型团队，让大家处于一个共同迭代的进程中。

2. 推翻自己，怀疑一切。

"不知道自己不知道"比"知道自己不知道"要可怕太多。我们要学会容纳不同的观点，并以好奇的心态审视它们、拆解它们，批判性思维不是批判他人与自己不符的观点，而是找到新鲜观点的支撑点，从而更好地帮助彼此达成共识，也帮助自己达到认知提升。

3. 拓展能力圈。

走出舒适圈是老生常谈了，这里说的其实是拓展视野。近几年因为工作的关系，我也接触了不少其他圈层，比如街舞圈、涂鸦圈、饭圈……不仅可以了解到各个不同圈层的优秀人才，开拓自己的眼界，更有意思的是，还能切身体会到他们的组织心智，此刻再来反思自己也就更为通透了。

老子在《道德经》里说："道可道，非常道；名可名，非常名。"天地间唯一不变的就是变化，让我们一起努力，看到变化，体会变化，并找到适应变化的乐趣；让我们拨开迷雾，探究本质，为我们的消费者创造出更多有价值有意义的品牌和产品！

覃洁（Jessie Qin）

Lifestyles 集团杰士邦中国市场总监。传媒人出身，在医疗健康行业从事数十年品牌市场营销工作，中国国际广告节广告主奖 2019 年度成就人物，曾任艾菲奖初审、终审评委。近两年代表项目：杰士邦 × 冯唐《春风十里》青春系列短片；杰士邦《聚薄为乐》天猫欢聚日整合营销；杰士邦 2018 年世界杯《拼薄下半场》主题传播；杰士邦街舞整合营销；杰士邦 × 腾讯 NBA 直播整合营销。

哪些方法，广告人会用一生？

　　许多解决难题的方法，往往不是来自业内人士。所以，虽然我十三年广告生涯对广告的热爱不减，却常常提醒自己克制这热爱，多尝试站在行业之外的角度审时度势，以保持客观冷静。犹记得十几年前从有机化学专业转行广告时，父亲并不很认同。可每每回顾，在公司遇到两难境地时何以做出不违心的选择，往往都与父亲在我成长道路上讲过的故事有关。这些只言片语当时听多了只觉得耳朵生茧，可当回头望去，它们却变为照亮来路的点点灯火。这些方法于我，不只用于广告，更会受益一生，在此分享二三。

一、广告业的黄金时代已经过去了吗？

　　在辣椒摊上，买辣椒的问卖辣椒的辣椒辣不辣，卖者无论说辣或不辣，都会有买者想吃辣和不想吃辣两种结果。所以这是一个教授叫卖艺术和参透买者心思的典故，用这一典故来说今天的广告时代再合适不过，今天卖辣椒的做法变成从最辣到最不辣一字排开任君挑选。"广告的黄金时代是不是过去了？"这个问题并不重要，重要的是消费者的行为习惯已经从沉迷于天花乱坠的叫卖艺术，转变为主动理性购买，各取所需。

　　这个关于卖辣椒的典故，做营销的人基本都听过，但另外一个，你未必听过。

典故一：饿死卖辣椒的，饿不死卖蒜的。

作为山东人，每次餐桌上有蒜的时候，父亲就会讲起这个故事。大意是说有一个卖蒜的和一个卖辣椒的争论谁的生意会更有前景而相持不下，结果后来两人都遇到没饭吃的境况，前者发现可以把大蒜煮来充饥，而后者则只能饿肚子，因为熟蒜不辣而辣椒煮熟却变得更辣。这个典故在疫情影响广告业期间讲更应景：我们只有对自己的行业有充分理性的认知，才不会陷入盲目的焦虑和幻想。"广告创造幸福生活情境"的时代已经过去，我们需要认清广告无法改变世界这一事实。如今在切实改变世界的，是互联网行业。而我们所坚持的，唯有"创意可以改造世界"。无论环境怎么变，"创意的力量把生活变美好"这一点都是有价值的。

二、做好一家广告公司最难的是什么？

作为绝对唯物主义者的父亲常跟我讲算命先生的笑话，而算命先生被他吐槽最多的点自然就是：算命的算不出自己的命。

典故二：陶尽门前土，屋上无片瓦；遍身罗绮者，不是养蚕人。

当然，这就和医者不自医、瓦匠住不起瓦房、身穿丝绸者绝不是养蚕人是一个道理。算命者深谙自己的生存能力范围，自然不求逆天改命。广告公司的职责是帮助企业解决市场难题，可讽刺的是，反观自身公司却问题重重。虽然我们标榜擅长做品牌形象、产品营销，却难以找出并解决自己经营的广告公司出现的内部管理、品牌影响力及创意服务中的各种难题。

广告人最大的优点和缺点都是同一个词——"抖机灵"。点子来得快，自然可以帮助客户解决一个一个散点的问题，可在每一颗被我们精心雕琢的珠子背后，负责串珠的人是客户，从来不是我们。企业运营是"线"甚至"面"的问题，在这个维度上，广告人的"点能力"便显得捉襟见肘。我们常常被自己灵光一现的机灵带来的影响力的假象诱惑，认为小聪明可以解决所有大问题，于是盲目投身各种行业的创业而最终遍体鳞伤，殊不知这是各方资源整合的结果，殊不知广告也需深耕，也需付出大把"傻力气"。创业容易守业难，做好一家广告公司最难的地方就在于：充分自识、守住寂寞、抵御诱惑。

三、要做好广告，天赋和努力哪个重要？

典故三：吾儿写完三缸水，只有一点像羲之。

幼时练字，父亲常讲书法家王羲之王献之父子的故事：王献之随父王羲之练字，足足用完三大缸墨水，却只有一个"大"字被父认可，并加一点为"太"。献之不服，拿给母亲看，母亲一眼便看出一点之差距。后献之更加苦练书法，终与父齐名而称"二王"。

入行时，广告业多"外行"，做乐队的、编剧、电影人、曲艺人齐聚广告公司各显其能。一是因为彼时行业尚未有正式教育体系，二是因为广告本身就是研究消费者的行业，不论什么背景，公司看重的是从业者沟通、共情、表达和演绎的能力。从这点来说，做好广告，需要有足够广泛的涉猎，即与任何品类消费者沟通的知识基础。而广告创意的另一面，是专业技能的不断提升。尤其在社会化营销时代，当消费者对创意内容有了自由选择订阅的可能后，创意执行的重要性就前所未有地凸显出来了。

于是，兼具外行的策略视角和内行的创意修为，就成了新时代优秀广告创意人的能力标准。

四、广告人是怎么培养自己的小孩的？

目前还没有孩子。未来有了小孩，倒不必领他进入任何一个"内行的门道"，只需讲给他这些"外行的热闹"。

孙明明（Sanji）

TIMA 创始人及首席创意官，入行 13 年，先后经历奥美、阳狮等国际 4A 公司、华扬联众本土公司、杰尔鹏泰合资公司，后创建 TIMA，现有京沪湘三社。

一个广告新人应该如何提升自己？

这个问题，分两个层面回答。

一、在工作中。

作为新人，无论各行各业，在入行阶段都必备两项素质——机灵和不惜力。

机灵不多说了，这个行业还是比较讲天赋的，所以最好能在入行前好好想想"创意 / 广告是自己最喜欢的事情吗？"，只有你喜欢，才能不断钻研，在离开办公桌后也在研究，吃饭、洗澡的时候也琢磨（通常而言，洗澡是一个特别容易产生创意的时候）。无论你学习的是什么专业，只要你适合这件事情并愿意付出，就都能比较迅速地得到提升，因为这行也不需要什么学术门槛。

关于不惜力，简单来说就是公司里的事情，什么都接触，在前两三年，别挑任务，别想自己应该不应该做这件事情，领导分配的任务做，领导不分配的任务也做。所有这些"做"都不是单纯体力层面的付出，而是刻意练习，学会升维思考，即使是普通创意也试着站在创意总监的角度去思考问题。我个人倡导的精神就是"越位思考"和"升维思考"，客户部也要把自己当作创意人甚至当作创意总监想创意，美术也需要多想想策略，这样每个人才会都为"好创意"这件事情一起努力。阿康不妨站在客户角度思考他们做这个简报的真正目的，站在文案和策略角度思考什么样的概念适合品牌这个阶段；美术也应该为了策略多考虑考虑，站在导演的角度思考一个镜头的具体运动。多想多做，也许入行时工资很低，感觉又忙又穷，但过不了多久你的收入和能力就会达到指数型的提升。

除此之外，我还希望广告行业新人能有意识地培养自己的团队协作能力。做创意鼓励"天马行空"，反对"独往独来"。大多数好的创意是几个人的不同灵感偶然碰撞出的结果，一个成功的项目离不开所有内部团队协作和客户的紧密配合，我们要求所有人都积极分享观点并坦诚面对他人的建议。在年龄小的时候就多提升下自己的格局，以后就是一片广阔天空。

二、在生活中。

广告行业不需要乖宝宝和好孩子。多经历一些生活，多看点艺术展、多谈些恋爱、多去几个城市、在遵纪守法的范围内做点疯狂的事情……如果不知道从何做起，就把网易新闻刷屏的 100 件事的 H5 清单都做一遍，虽然我还觉得那个清单写得都有点常规了。

多读书，绝大部分能成功的人都承认阅读是他们最大的爱好与习惯，读书到底对广告人有什么好处——我的总结是扩充思维模型（其实这个观点来自查理·芒格）。书读得杂一点绝对没坏处，从数学、金融到历史、政治，从侦探、推理到文化、娱乐，在不同领域里都努力建立起自己的思维体系，有朝一日会对想创意找洞察有极大帮助。有些同学认为现在技术日新月异，"我从刷短视频、看鬼畜、玩游戏中也能学到很多知识，不一定非要读书吧？"——没错，这些都是我们获取信息的方式。在这个年代，刷短视频和读书也不分层次上的高低，但获取信息的密度一定是有高低的，很多媒体形式天然的属性就是让用户享受感官刺激，信息密度是很低的。这时，花费同样的时间，你收获的有效信息也有高低。所以我推荐阅读，这是更好的主动吸收信息、建立思维体系的方式。不过，适度刷刷短视频、看看搞笑综艺也是件很有趣的事儿，达到一个自我满意的内在平衡就好。

可能很多广告人都有看电影和戏剧的爱好，其实任何一种艺术形式都应该能对广告创意有一些启发。我从小喜欢曲艺，郭德纲和一些名家的经典包袱都能背下来，在刚入行做不少社交化事件、H5 创意时有不少桥段都是直接改编自这些小包袱，现在想一些创意的时候还会听听郭老师的段子找找灵感。另外，众所周知，不少知名电影大导演在入行前都拍过广告，可见广告和电影之间的连接性。在故事内核、创作手法、人物关系和视听语言上，广告创意都能从电影中吸取太多太多。我个人很欣赏的导演盖里奇，他曾经用《两杆大烟枪》《偷拐抢骗》里的视听风格及包装手法，为 Beats、宝马、耐克等品牌拍了好几支非常有趣的商业广告。我去年在电影院看了他的新片《阿拉丁》，虽然是一部商业类型片，但里面威尔·史密斯出场的那段 MV 的想象力、节奏掌控及完成度，真的够我们这些做广告创意的人学习很多年了。同样，国内导演宁浩在 2020 年春节为宝马拍的广告长篇，且不论故事，单看视听语言及节奏，就已经甩了中国 99% 的商业广告好几条街。多看看电影，不只关注是哪个明星出演，试着去记住里面编剧技巧上的激励事件、欲望对象，膜拜几个大摄影，看看他们的镜头运动，琢磨琢磨一些特别厉害的美术设定，熏一熏自己的感觉，也许以后就借鉴到了自己的创意里。

　　总体而言，广告创意行业是一个门槛虽然低，但是值得我们好好努力至少二十年的行业。中国经济的迅猛发展、越来越多的中国企业飞速腾飞，也让越来越多的创意公司形态在中国得以立足。以我个人的理解，这种竞争也让中国的广告创意行业大步前进了好几步。虽然行业的整体人才素质确实在凋零，但让更多新人能够在短时间内获得更多机会也不是坏事，我相信现在还是创意人的春天。如果你觉得自己有天赋、热爱创意、愿意为创意付出，那就赶紧努力吧，别犹豫。

徐奔

WMY 北京合伙人、总经理。曾就职于奥美公关及百度市场部。曾获得戛纳广告奖、金铅笔奖、中国 4A 金印奖、龙玺奖、金瞳奖等多个行业奖项。代表作：英国旅游局《英国等你来命名》整合营销；知乎《我们都是有问题的人》品牌传播；天猫双十一《第 11 代许愿望》微电影广告战役等。

策略是什么？

　　我营销行业的第一份工作是社会化营销公司的文案，那个时候我自学了广告公司的历史和基本架构，了解到创意是广告公司的核心职能。但我却更好奇隔壁不远的"策略部"，我好奇他们到底在做什么？是专门做 PPT 吗？是负责提案吗？如果他们是大脑，那创意部是什么？为什么老板、客户、创意都在说"我们的策略是……"？对于新人而言，这些最后都凝结成了一个问题 —— 策略到底是什么？

　　"策略就是从 A 点到 B 点，那中间的路径" —— 我的第一个老板告诉我，他是策略部门的负责人。这真是一个巧妙的比喻，而且你很难挑出错误。但它的"完美"也使得它没办法给新人更多启发，一直被奉为神明，也一直被束之高阁。类似的说法还有，"策略就是解决方案"。如果策略就是解决方案，那么干吗还要"策略"这个词？

　　"策略就是说什么（What to Say）" —— 这是入行第一年的我得出的结论，当晚我兴奋得要命，到现在还会偶尔翻看那天的笔记。不断对广告案例进行总结，加之前辈的指点，似乎答案就这么明晰了。类似的说法还有，"策略是去发现洞察"。没错，针对传统广告的创意策略来说，这是一个开始接近真相的答案了。创意人得先知道关键信息（Key Message），才知道怎么说。在产品信息和消费者认知行为之间存在着更巧妙的联系，而这就是策略要去解决的问题。与之一起明晰起来的，是策略和创意若即若离的关系。这是另外一个话题。

　　"策略就是解决客户的问题" —— 时间轴继续推移，伴随着策略工作中的打击，以及对老板立场的同理心，似乎另外一个答案开始浮现了。你服务于谁？你和谁的利益一致？你为谁解决问题？这时，策略的服务属性展露无遗——正确的策略不重要，赢得比稿就是好策略。更何况谁可以保证你是正确的？更不用说，说服客户本身，就是策略方案的一部分。

"广告公司没有策略"—— 于是我的眼界开始打开：原来社交化的创意来自4A的策略，而4A的策略可能是跟随"战略咨询公司"的战略。最后，这种战略当然也可能只来自企业老板的个人意志。广告公司所在生态链的位置，决定了他们口中的策略虽然是存在的，但也只是战略 vs 战术的关系。后来我来到初创消费品公司负责市场，血淋淋的事实让我明白：提供何种价值组合，才是根本性的策略，而传播、品牌、广告……都是外包的非核心业务。

你看，上面的答案很明显没有对错之分，区别只有一个词：视角。我们在什么场景，看什么情况，策略的含义当然在不停地变化。那想破脑袋探究这么一个概念是不是浪费时间？我不这么认为。

探究概念，是清晰思考的最基本方法。更重要的是，探究概念的同时，我们还在积累对商业、营销、语义学、逻辑学等客观本质的理解。这就引出了下面一个新的回答：

"给出策略的清晰定义并不重要，重要的是策略性地思考"——"策略"和"面包""PPT"这些概念不同，它和高度抽象的"爱""自由"类似，它们的内涵很难有统一共识，外延则可以包罗万象。你可以分场景、分情况、分时间、分人、分象限 —— 你可以无限细分。如果你真这么做了，你就进入了一个策略思维的世界，就是理性地用"分"的思想去探索客观规律。

如此，你就可能了解"策略"概念起源于战争，而战争几乎是人类所面临的最大"难题"。从时间去推演，你会发现它伴随着人类发展的"难题"不断变化，从国家到政治再到经济和市场。在营销领域，你就要一步步统筹企业战略、市场战略、品牌策略、传播策略等概念的关联。然后你会发现在不同的口语环境，人们有的时候讨论的策略是指"分析的过程"，有的时候指的又是"一种结论"。然后，你甚至可能去关注人们大脑对这些概念的反馈、消费者大脑对广告策略的反馈等，无限延伸。

"策略"是那个帮我们解决麻烦的抽象统称，它是一系列有目的性的思考、选择、行动。而策略思考，是我们可以留下来从容应对客观世界的底层能力。发现这点，可能是我们探寻"什么是策略"的过程中，所能收获的最差结果。

广告人向来善于体验生活、感受生活，擅长向外获取创意和洞察。而上面的这一系列"自我头脑风暴"，有点类似于邀请读者借助自己的理性系统进行了一次"向内探索"。

从广告人的身份和个人的策略生涯出发，这是我最想给新同学们的一个问答了。

李怡（Will）

系统二营销咨询打杂，负责客户品牌策略与实践。文案入行，至今 7 年。曾任职于 VML、时趣、嘉年华等国内外顶级整合营销公司，也曾作为市场合伙人加入初创消费品公司，运营自媒体"百闻不如怡见"。一些工作（没法称为代表作）：MitoQ 入华品牌策略；屈臣氏×BT21 饭圈广告战役；文章《adidas 花 30 亿买到的教训：做品牌为何如此艰难？》。

已经很少有人关注广告奖了，我为什么还每年"研究"戛纳获奖作品？

现在谈论广告奖，在很多人看来已经落伍了。我面试很多年轻人的时候，绝大部分不关注广告奖，也不看得奖作品，没听说过戛纳的人不在少数。尴尬的时候，只能换个话题。

入行以来，我一直有"研究"戛纳获奖作品的习惯。说"研究"可能有点夸大了，但确实会花一些时间解读获奖作品。最好的时光是在盛世长城广州的时候，我们几个兄弟，每周会约时间去一个地方讨论创意，大家都有一个"狮子"梦。

最近几年，很多人都觉得中国强大了，创意上要有自己的标准，不需要迎合国外的标准。也有国际奖为了迎合中国市场，专门设置了华文单元。我只是好奇，为什么没有日文单元、泰文单元？

有次去当评委，一位评委刚评完一个国际奖项的大中华区奖，问我对这个奖怎么看。我觉得中国需要的不是多一个广告奖，而是多一些国际水准的出街作品。

说回我为什么会每年花时间解读戛纳获奖作品，主要因为以下几点。

一、为信仰充值。

每年看戛纳的作品都会给自己在这个行业坚持下去的信心，真的觉得创意可以改变世界，这种信心慢慢会被工作冲淡，来年再充值一次，继续坚持。

二、了解创意趋势。

戛纳早已不局限在广告奖了，现在是一个跨界的创意奖，很多获奖作品非常具有代表性，有很多新的尝试和探索。有些创意改变了某一族群的命运，比如 2018 年的 *Sindoor Khela-No Conditions Apply*，改变了印度 400 年来，只有已婚女性才能参加，寡妇、单身女性不能参加的杜尔迦节游行的历史传统。2019 年的 *Viva La Vulva*，给予女性个人挣脱传统观念的束缚的勇气，也为相关行业甚至整个社会带来了新的思考和启发。还有宜家的 *ThisAbles* 等等。戛纳越来越关注社会责任，关注对目标族群的命运改变。我们的很多参赛作品都是"创意"很厉害，一眼就看到了"创意"，但没有看到人。实际是缺乏对人的洞察，也不关心对目标族群的实际帮助。中国的公益广告最后都是捐了多少钱，捐钱可能是最容易的公益方式，真正难的是给这个族群带来了什么，不是物质的改善而是精神的改变。2019 年中国的获奖作品《一个人的球队》《别叫我宝贝》都是看得见人的作品。

三、希望新人知道好的创意标准。

个人感觉现在新人的创意标准是某些网站帮忙建立的，当然上面也有少数不错的案例可以学习，但是如果以此为标准，问题就有点大了。

古语有云："取乎其上，得乎其中；取乎其中，得乎其下；取乎其下，则无所得矣。"目标非常重要，我经常和同事说，如果你的目标是白云山，就算登顶又能怎么样？如果你的目标是珠穆朗玛峰，就算不能登顶，爬到海拔五六千米，是不是也很厉害呢？

标准真的很重要。说小一点，会影响一个人一生，说大了，会影响整个行业的发展。大部分新人不关注创意的标准，只关注手上的工作，满足客户的需求，少折腾。少数有一些追求，但缺乏国际视野，标准不够高。我了解到天与空很重视作品的标准，戛纳的结案报告人手一本，标准高的公司，自然会有好的产出。

希望总监们给同事，特别是新人多看一些有国际水准的作品，培养好的创意氛围，建立国际化的创意标准，这个行业或许还有未来。

最后说说我对奖的看法。在我看来：奖是一个游戏，可玩可不玩。如果要参加这个游戏，是不是应该去挑战最有难度的？比如一个运动员，应该全力以赴争取奥运金牌，即使没有得到奥运金牌，可能在锦标赛、全运会也会有不错的成绩。所以，如果想得奖，目标最好是戛纳、金铅笔奖、D&AD 这个级别的奖项。戛纳的得奖率是这几个奖里最高的，约 10% 入围，3% 得狮子，每年 3 万件以上作品参赛，看数据就知道这是非常难的。得奖需要实力加运气，就算是高水准的作品，得不到奖都是很正常的事情，不要把结果看得太重，在追求的过程中，收获通常都比获奖多。事实上，客户不会因为你前一天得了狮子，就轻易让你的提案通过。

得奖是一个好的结果，是对过去的一个总结，是一个新的起点。对我而言，作品才是核心。

刘义平

英本创意总经理，美术入行，从业 21 年。曾任英扬传奇创意合伙人。

代表作：暂停 3 分钟公益小程序；雕牌雕兄广告战役。

品牌想找的用户，到底在哪里？

　　为什么品牌每年在线上营销的投入越来越大，原因在于，与传统的中心化媒体时代不同，用户不再是被动接受信息的一方。哪怕只是在官博简单地道一句晚安，都能得到回应。然而让很多品牌方及从业者头疼的是：这些用户到底在哪里？

　　对于品牌而言，互联网打破了以往与用户沟通的壁垒，为品牌提供了更多与消费者直接对话的机会，就如同现在平台方的抢人大战一样，品牌也费尽心思希望捞到自己的用户。很多时候品牌都是瞄准新兴的热门渠道，想要从中逐个击穿人群。而每次出现平台红利的时候，就有一众品牌入驻试水，发现效果不如预期时，就会对平台开始产生质疑。会出现这个问题，往往是犯了渠道先行的错误。

　　很多时候，品牌在入驻平台时，想的是如何把平台上的用户转化为自己的用户。但忽视了，品牌的目标消费者是否在这个平台上。之前在知乎上看到过一个问题，女生极少发朋友圈，是不是封闭自己？底下有一条高赞回答是，也许她只是不喜欢在朋友圈里表达，在其他地方说不定是个话痨。其实，没有品牌在互联网上捞不到的人，正确捞人的方法应该是用户先行。互联网是个江湖，人们因为兴趣聚合在一起，这就是互联网的社群概念。每个人在互联网上也拥有着专属的社交标签，有着共同社交标签的人们，组成了一个个社群。

　　一般我们会按照三个维度去拆分社交标签。

　　1.兴趣爱好：每个人都有自己的兴趣爱好，追星、二次元、美妆，每个兴趣圈层有自己追随的 KOL，也有自己的信息获取地。找到用户的兴趣爱好聚合地，触达效率会更高。

2. 年龄层：每个年龄层的人都有自己关心的话题，刚毕业的学生发愁工作，30 岁的人纠结要不要离开自己的舒适圈开启新生活。输出与用户年龄层强共鸣的内容，让他们体会到，这是一个很懂我的品牌。

3. 职业：每个人在互联网上，还是会带有自己的社会身份。如果有个品牌下的工作需求单是想要刷爆广告人的朋友圈，那相信你一定能列出很多广告人聚合的渠道。

所以，在启动每一次的传播战役之前，我们应该先去定位品牌想要沟通的用户是哪一群人，再去找到这群人所聚合的平台则更为精准。

找到品牌用户聚合的平台之后，我们就该思考如何与用户进行更有效率的沟通了。相信有不少人的手机里都装了大量的 App，我们每天的时间，也在被这些 App 瓜分。对于品牌来说，想在更短的时间里，抢占用户的心智，需要我们更加了解每个平台的生态及流量规则，了解这个平台满足了用户的什么需求，他们是因为喜欢与志同道合的人一起交流，还是在这里提供了优质的内容？一个内容，如果毫无变换地在各个平台通发，那么效果也一定大打折扣。我们应该结合平台的特性，灵活地对内容进行调整，有时候，只是一个标题的改动，都会让传播效率变得更高。

其实，对于品牌方，处处都可以是用户，在每次开启沟通之前，多问问自己是不是足够了解你想要吸引的人群。毕竟，平台给予的流量红利会有下滑的一天，但你想找的人却永远在互联网上等着你。

池毓晟

舞刀弄影宣发总监，文案入行，从业 5 年。代表作：999 感冒灵《总有人偷偷爱着你》宣发；知乎品牌片《发现更大的世界》宣发；999 感冒灵 x《姜子牙》跨界联动宣发。

创意人如何面对别人的否定?

身为创意人，就意味着每天被各种人变着花式否定。客户的否定、上司的否定、搭档的否定、客户部的否定、策略的否定等，似乎和你工作相关的任何人都可以否定你。尤其是文案，只要识字的都可以否定你。

当你绞尽脑汁想出来的创意，以上的任何一个人似乎都可以来一句：很平、不好、不够炫、没创意、随便想想都比这个好⋯⋯对，这几乎是创意人工作的一部分。听起来，这真是扭曲人性的一份工作，但，这也是乐趣的一部分。

首先我们要明白，创意本身就是一种很主观的产物。

喜欢它或者不喜欢它都很个人，喜欢与否，甚至有时候都说不出理由，除开真心想教你的上司会说出个一二三之外，其他人的意见大多数时候会让你怀疑人生。

面对这种情况，除了我们尽量要问清楚为什么之外，有一个不错的办法是，让自己想出更多更好的创意。给到足够多足够好的选择之后，你会发现一个更有趣的现象，他们每个人的否定，就会变成意见不同的肯定了。

经过一轮又一轮的合作，一次又一次的否定，我们不仅思维更敏捷了，而且对人的观察能力又进步了，我们深谙了每个人的品位水平。有时，不被多否定几次，你都不知道自己多优秀。

其次，当别人否定你的创意时，千万不要认为他们在否定你这个人。

一旦你产生了这种想法，就很容易抑郁。做广告这么多年，身边也常出现一些患上抑郁症的同事。经了解，大多是常年在高压的情况下，总是被否定，然后也没办法做到刚才提到的第一点。长此以往，即使是偶尔得到了肯定，他们内心深处也认为自己很差劲，就渐渐致郁了。

我一直认为，好的创意人要心是软的，脸皮是厚的。这种时候，我们不妨脸皮厚一点，列举自己的优点，对自己加深了解，感受到自己的进步，找身边的朋友给你更客观的评价，必要时要有"就算全世界都否定我，我也要相信自己"的自恋。但实在不能接受别人的打击和否定，就必须远离这个环境，冷静想想自己是否适合这份工作。

批评是人的本性，我们创意只不过刚好是每天都在检阅人性而已。不值得因为别人的质疑，而彻底地否定自己。

最后，在工作中，无论你是多厉害的创意，都不要把自己看得太重要，甚至不要把这份工作看得太神圣。

就像我们常常排解自己开的玩笑，难道你老了之后，会将这个作品放在你家的走廊、客厅吗？会传给你的子孙后代吗？

广告没有那么重要。虽然大多数创意人把它当作一份事业，我们因为热爱而从事，看着作品出街，我们会有成就感，但它真的只是一份工作。而把它当作一份工作，也许做起来会更轻松，给自己解了套。

同时我们也要警惕，不要因为每天受到了很多否定，就变得麻木了。我发现，每个广告新人都是鸡血满满，做了几年之后，好像就变得认清真相，随便应付，无论是谁给的建议，都是一副你说不好就不好、你说改就改、你想怎样就怎样，反正你是老板，反正你是客户，反正我说的不算，反正就这样。最后，也许心里得到了释怀，但好像再也感受不到工作带来的满足和乐趣了。别人说的很平、不好、不够炫、没创意、随便想想都比这个好……就变成事实了。

除了思考我们创意人如何面对各种否定外，我也一直在思考，大家对创意否定之前，是否真的想过，自己给出的评价是否合理。我们没少听过类似这种否定："我也说不出来为什么，总之就是感觉不对！""什么是好广告？我喜欢的广告就是好广告，你们这个我不喜欢。"

如果只是为了否定而否定，为了要创意多提几轮，为了要彰显自己的权力，甚至只是自己当天的心情不佳而乱说一通，那就是这个行业可惜的地方。

在如此主观的一个工种面前，要想行业更健康，真的需要：否定有理，接受否定才有力。减少负面情绪，广告人才会更快乐、更动人，一份工作才不仅仅是一份工作。

马吐兰

天势广告中国首席创意官。文案入行，从业 16 年。曾任职于天联广告（BBDO）、奥美、天时广告、天势广告。代表作：阿里巴巴《相信小的伟大》；网易《有态度》；屈臣氏《做自己，美有道理》；百事《启动渴望》等。

被毙稿了怎么办？

还能怎么办？重做呗！

撂挑子是肯定不能撂挑子的。

但怎么做还是有讲究的，我通常是这么做——

一、稳住!

主要是稳住情绪，被毙稿的时候，创作人员最常见的会有两种心情。

第一种：绝望。

明明自己已经拼尽全力，为什么还是得不到认可，是不是我能力不够，是不是我根本不适合做文案（设计），领导肯定会认为我不行……

第二种：愤怒。

我明明就是按要求来的，不识货！顺带把通知你毙稿的阿康怼一顿：肯定是你传达有误！要么就是你不会卖稿！

以上无论哪一种情绪，都是不利于你改变局面的，前者让你陷入自我怀疑，情绪低落，心烦意乱，很难重新组织创造力打一场漂亮的反击战。

后者更严重，会让阿康站到你的对立面，更不利于接下来工作的进行；再或者触及甲方的情绪，让事情变得更不好收拾。我在刚入行的时候，曾经因为某句文案当众被甲方小领导质疑，带着情绪申辩，从而让原本意见不大的大老板产生抵触情绪，造成了提案失败的惨案。

此时你要做的，是控制负面情绪，因为，反击从现在开始。

二、搞清楚被毙稿的原因。

如果你真的深入创作一线，你会发现广告被毙稿的原因千奇百怪，你不弄清楚原因，那么你就做好被反复毙稿的准备吧。

曾经有一次为国内某 Top 10 开发商写了一篇软文，字斟句酌几小时，洋洋洒洒几千字，结果发过去 5 分钟就被毙稿了。问具体原因，阿康回了 5 个字：没有吸引力。

从业多年的经验告诉我，事情绝对没有这么简单。当时阿康已经下班，如果不搞清原因，可能今晚就交代在公司里了。于是我鼓起勇气，要来了甲方对接人的电话，经过一番沟通，原来甲方所谓的"没有吸引力"，是说开头的几句话不够精彩，因为很忙所以后面的根本没看，后来仔细看了感觉还挺好。最后的结果，就是我花了 5 分钟把开头改成了一组排比句，然后就过稿了。

再说一个更奇葩的例子，曾经给某世界 500 强前 250 的国企提报案名，毫不夸张，提了 200 多个都没入大老板法眼。我们去求助一个服务过该老板的朋友，朋友说，×总喜欢自己想案名，你得不断启发他，让他自己说一个出来。我们如法炮制，在最后一次提报之后，大老板皱皱眉表示都没太有感觉。然后我们适时和大老板讲：×总，这个项目您做了已经 5 年了，看着它一步步成长起来，就像是看着自己的孩子长大成人。我们想跟您探讨一下，抛开项目不谈，假如把它当作您的孩子，您会给它取个什么名字呢？大老板顿了顿，然后开始娓娓道来，他说了什么不重要，重要的是他说了一个案名，案名是什么也不重要，重要的是案名定了，虽然这个名字满满都是那 200 多个案名的影子，但这些都不重要了。

但更搞笑的还是下面这个，一设计师同事做了一张主画面，大家看了都说好，却被甲方领导直接毙稿。甲方新来的对接人也不说明原因，只说领导不满意。最后阿康联系到了之前的对接人，才搞明白原来是领导忌讳绿色，新来的对接人表示咱也不知道也不敢问，后来改了个颜色也过稿了。

被毙稿的原因千千万，只要你弄清真正的原因，对症下药，就可以避免很多不必要的返工。

三、尽量避免被毙稿。

当然是努力做到完美，让甲方爱你都来不及，怎么舍得毙你稿呢？但是理想很丰满，现实很骨感，多数时候你没有时间和精力把东西做到完美，这个时候如何避免被毙稿呢？

1. 明确任务要求。

可以用 4 个 W 来明确任务要求：What——做什么？目的是什么？Who——给谁做？是否有案例参考？Where——用在哪里？When——什么时间用？

明确了问题，你就成功了一半。事前明确要求并逐一落地，即使碰到不讲理的甲方，想找茬可能也找不到合适的理由。

2. 和阿康搞好关系。

俗话说：阿康对接好，创作下班早；创作水平高，阿康没烦恼。创作人员和阿康不是拖稿和催稿的对立关系，而是互惠共生的战友关系，有时候阿康多说一句话，创作人员就可以少熬一个通宵。无论是明确创作要求，还是搞清毙稿原因，或是帮助你卖稿，一个与你患难与共的阿康绝对是你过稿路上的好帮手。

3. 提供备选方案。

提供一套备选方案，可能会让你的过稿率提升 62% 不止。只提一稿，就意味着没有后路可退，如果有一个备选兜底，不仅可以给人服务周到的感觉，在态度上先认可了你，同时更多的选择也会让人更有安全感，从而提升过稿概率。

另一方面，有对比才有鉴别，之前有设计师同事分享他的过稿秘籍：尽全力做一稿体现自己水准的，再做一稿相对简单的做备选，用备选方案来对比凸显主推方案，过稿率非常之高。当然偶尔也有审美清奇的甲方会选择凑数的那一款，让人扼腕叹息。

最后，祝大家都能轻松过稿，就像过凌晨 4 点半的马路一样，没有烦恼。

匡磊（哐十三）

世界500强企业新媒体负责人、前地产文案总监。文案入行，从业 10 年，入选"广告门 2019 最受欢迎 KOC（关键意见消费者）"。代表作：卓越地产龙永图、郎咸平广告战役；周大福 Juvil&《王凯慢游芬兰》广告战役；青岛万达东方影都新媒体入市广告战役。

文案这份工作，还值得做吗？

其实我离开"文案"这个岗位已经好几年了，但是人走茶没凉，还是时常会有朋友和我交流一些文案的问题，其中多是年轻的朋友。广告业发展到现在，"文案"这份工作，还值得做吗？

我个人的观点是，值不值得做，要看自己是不是那块料。如何评判呢？你问问自己，上学的时候害怕上作文课吗？如果你怕，那么你可能需要好好想一想，最好离这一行远一点。

我决不相信一个连写请假条都犯怵的人，能通过自己的努力成为一个好文案。这也不是泼什么凉水。平心而论，如果你只是需要一份工作，那么现在这个时代所创造的机会对年轻人而言，找份工作自然不会是多难的事，犯不着在文案这棵树上吊死，毕竟这样对树也不好。有时候碰到一些小朋友把自己在工作中写的文案发给我看，让我提些意见，看到发来的文案的那一刻，我就忍不住想劝他改行。我能想象出他憋这些文案时那种备受煎熬的样子，真的不落忍。在这种情况下，你硬着头皮建议他哪里需要修改，应该怎样去修改，他听完后那种似懂非懂的样子，让提建议的你心里也受煎熬。

然而，这几年做文案的人扎堆一样多起来了，各种自诩为"写手""小编"的都可以归入此类。我想大概是一些经营自媒体发家的人给年轻的朋友们制造了这样的假象，靠写个自媒体，整几篇爆款文章就可以自由自在地大笔捞钱。我们看各种自媒体如雨后冬笋（之所以用"冬笋"，是因为南方人都知道，冬笋是成不了材的，一开春都无声无息死在了土里）般生出来，也保不齐有一些不是这块料的人却成了网红写手挣到快钱的，这让它看起来完全是一份光鲜有前途的工作。

那么，我们也需要思考一下，工作对一个人意味着什么？尤其是刚参加工作的年轻朋友。过去不用这样纠结，行业领域少，大家喜欢讲"专业对口"，就是你学什么专业，就找和它相关的工作好了。现在不同了，专业对口的能到10%就不错了，遍地是复合型人才。年轻人喜欢新鲜感，学习能力强，再加上自我意识也超过以往，碰到一份工作，做做看呗，大不了不干了换别的领域，年轻嘛，有的是时间去试错。

我个人不太建议在年轻的时候过于频繁地变换工作领域，一个人的职业生涯大概三四十年，能在这三四十年里做好一两件事就算善莫大焉。积财千万，不如薄技在身。"薄技"对一个人来说，是门槛，是你能做而别人做不了，或者别人也能做但你能做得更好，这样的你在职场上才有价值。而这个门槛也是时间搭出来的，如果你用你职业生涯三四十年中的大部分来钻研一件事，那么建立你的门槛的概率就会很大。然而，长时间耗在一件事情上，对人的定力是个很大的考验。因此，放在文案这份工作上，如果你对它没有浓厚的兴趣和一定的写作基础，我想，你是熬不出来的。

我自己对从事了15年的文案工作一直心怀感恩，当"文学"经历了20世纪八九十年代的喧嚣之后，我们作为戏都快散场了才进入的"文学青年"，继续写，还是不写，是当时要面临的残酷选择题，继续写的话，靠什么为生？不写了，心有不甘，而且别的还能做啥？在这个时候，我知道了世界上还有一份职业叫作广告文案，我想是它拯救了我。我从2000年开始，凭着一腔热血入行，能够让自己不至于过得潦倒，直到今天，在和别人聊起自己还写些东西的时候不至于心虚（很多身边的朋友已经不愿意提及作为"文学青年"的过往了）。

现在流行自媒体，流行说爆款内容，既然是流行，就有它的生命周期，这个周期对于一个人三四十年的职业生涯来说，是不对等的。所以，听从自己的内心，认定自己对写作有兴趣，有用文字表达的欲望，那么就选择这份职业，并且长期坚持下去，把自己的门槛建立起来，这份工作一定会待你不薄。所谓不薄，不仅是经济上的收益（当然，如果你想发大财那就另当别论），还有写作能带给你的充实感和从容感，以及它能够延长你的职业生涯，只要你脑子能转手能动，你就算到 100 岁，也照样能发挥你的价值。

不要被"流行"迷乱了你的职业选择，当所有人不动脑子都认为这份职业是个好职业的时候，你一定要警惕，别轻信"月薪 5 万的实习助理"之类的说辞，轮不到你！在如今西医大行其道，中医被批得灰头土脸的时候，好的中医大夫依然贵得要死，因为中医有门槛，很多大夫都是把整个职业生涯放在琢磨这一件事情上。

在我的乡下老家，有很多人早先去广东打工搞装修，一开始学木工的多，认为木工吃香，做泥瓦工贴瓷砖的不招人待见，都觉得是一个不动脑子工价低的工种。过了这些年，大家开始轻装修重装饰，木工这一块好多由厂家模块化定制，过去复杂的吊顶、门套、墙裙都不做了，家装有时木工活一个人一周就干完了。而泥瓦工这一块，厨、卫动不动满墙贴砖，工作量越来越大，加上从事这个工种的人少，供不应求。所以，现在装修的各个工种里，泥瓦工最贵，活儿也最多。等你醒过神来也来做这个，对不起，你会发现把砖贴好、线对直也不是一朝一夕的功夫。

啰啰唆唆讲了这么一个跟文案无关的事，无非是想说明同一个道理。希望对写作有兴趣的你，从事文案这份工作，能够长远地做下去，敬畏这份工作，笃定这份工作不会亏待你。

罗易成

北京共同成长文化传播公司创始人，中国广告协会学术委员会学术委员。著有《中国守艺人一百零八匠》。2000 年入行，从事广告文案工作 15 年，其中 11 年时间服务于阳狮、博达大桥（FCB）、奥美、达彼思、汉威士等 4A 公司，从初级文案做到汉威士的创意合伙人。

广告人为什么转型难？

所有伟大的转型都是危机倒逼的结果，情况好的时候，很少有人会想到改变，只有死到临头才会因为强烈的求生欲而被迫改变。这句话来自吴晓波老师，这不是鸡汤，这是历史的经验。广告公司当然不能例外。

花别人的钱，实现自己的梦想！实话实说，广告行业是一个舒服了太多年的行业，很简单，不需要对结果负责啊！我说的结果，不是广告效果的 KPI 数字，而是品牌方直面市场的成败结果。广告、顾问、咨询、培训之类的智业机构情况大抵类似。既然不对结果负责，那么自然就少有直接面对死到临头的"机会"，轰然倒塌的实业品牌和互联网品牌比比皆是，但这么多年广告行业大小公司只有慢慢淘汰退出的，真没几家猝死的。

陈丹青曾经就新媒介、新材质和新技术如何改变艺术作如下回答：艺术跟着工具走，没有油画这回事，没有雕塑这回事，一切取决于那件工具发明了没有，人发明什么，就会有什么艺术！的确，回顾艺术史，相机的发明曾经对艺术家们是个灾难，但是却逼出了印象派。然后摄影也成了一门艺术。招牌发明了，我们做招牌广告；报纸发明了，我们做报纸广告；电视发明了，我们做电视广告；互联网、电脑、手机 App、微博、微信、抖音……人发明什么，就会有什么广告！所以，别只说转型难，在这个行业不掉队就很难了！

在锤子的眼里，全世界都是钉子！路径依赖，是所有行业转型和进步的公敌，岂止是广告行业。大家印象中财大气粗的房地产行业转型又如何？开发商转长租公寓算是就近转型了吧？几番血战下来纷纷爆雷，一样的盖房子，土地逻辑和运营逻辑两重天。甲之蜜糖，乙之砒霜，最大的局限是认知局限，最危险的思维是惯性思维，尤其是我们往往错把时代红利当成个人能力！

我 1995 年进入广告界，正是大波 4A 广告公司纷纷抢滩中国市场之际。2004 年被前 4A 搭档从上海麦肯光明拉回北京创立万有引力，正逢中国房地产行业腾飞之时，而且一飞就是十来年，一线城市房价翻了十来倍，万有引力也随之成为行业最大的房地产全案广告公司之一。还是那个"非典"刚过的 2004 年，今天也被称为电商元年，淘宝、京东、顺丰等一大波今天的巨鳄都是崛起于那一年，但正在享受房地产时代红利的我们根本看不见，或者说不屑于看见。

看不见、看不起、看不懂、来不及，这四个词基本上可以概括大多数转型和追风者的心态，也包括我自己 2013 年开始的一系列转型实践，抱着这个心态转型的极少有成功的，如果再加上曾经成功的傲慢，那结果更是可想而知！而广告行业这些年无论媒体技术手段再怎么千变万化，其本质上的商业模式从没有变过，就是 to B 的，维护生意的更多是甲方（金主爸爸）满意度，这个基因牢牢写在几代广告人的血液里。转型，尤其是转向 to C 的生意，无论线上电商还是线下实体，面临的不仅仅是观念和经验的颠覆，还有全方位的破圈重构。

重构创意认知？是的，不是广告人想的那种"创意"。十几年前广告人转战其他行业叫降维打击，2003 年就入局淘宝的退休中年，男装品牌最高做到全国第七名的创始人（前平面设计师色）和我分享他当时的核心能力：修图好！而随着 4G 时代到来，短视频流量崛起，草根红人的成功秘籍变成了底层小人物的逆袭。创意不再是少数人的能力，而是全民的游戏。更大创意的创意则发生在各行各业，阿米巴模式是对传统组织架构的创意，成百上千人同时在线教育是对传统教育的创意，"全民打卡""文旅不过九张图"的网红建筑，事件和艺术介入是对传统文旅和商业的创意。疫情倒逼出的"云办公""云蹦迪""云音乐节"是对传统生活方式的创意。即使是疫情过去，很多也会在未来留下痕迹。

重构自我认知，三个广告人，一个 PPT。三个臭皮匠，还是三个臭皮匠，别指望会抵个诸葛亮。圈外有圈，天外有天，对另外一个领域要始终心存敬畏，世界上就没有"别人锅里的饭香"那回事，专业人干专业事，首先得对自己的长板短板有相对充分的认知，学会合作比中年转型尝试学会另外行业的技能更重要，先破圈再合力，转型未必转行，而合作的核心就是：利他！这样的例子比比皆是，比如综艺大拿、音乐外行马东 2019 年联合摩登天空、太合麦田等共同打造的爆火综艺《乐队的夏天》。年底的现象级商业 SKP-S 刷屏爆火，各种精彩梦幻的沉浸式艺术装置背后竟然不是艺术家，而是由一位 90 后设计师领衔的创意团队，没有界限，最怕自我受限！主动迭代或者主动退后只是一道没有对错的选择题。

广告人转型如何成功其实是没有正确答案的，但我通篇最不想提的就是"创意"两个字，最想反复强调的两个字就是"认知"，认知即边界。至于"成功"二字，则更像是一个时间片段的定义！因为没有企业会永远成功！那又何妨让过程再精彩些?！

韩永坤

印主题旅居创想机构创始人、万有引力前董事长，曾任上海麦肯光明广告副创意总监，插画师、设计师入行 24 年。代表作：2002 年北京晚报地产广告创意大奖赛三金一银一铜得主；2003 年可口可乐《不凑合篇》（葛优主演）；万有引力广告公司；鲜牛记潮汕牛肉火锅（全国 28 家）；2019 年阳光大地艺术节发起人；迷笛超级音乐农庄共建人。涉猎品牌顾问、酒店、餐饮、文创文娱、艺术介入、农文旅投资几大版块业务。

内容和媒介渠道谁更重要？

一、没有内容的渠道都是伪渠道。

这里的内容分为两种，一种主动接受的内容，一种被动接受的内容（所谓被动接受的内容，就是强奸式广告位，与生活场景强绑定的媒介渠道，如电梯广告、地铁扶手、视频前贴片等），其中被动接受的内容不在我们的讨论范围内。

如果一个媒介渠道没有足够的优质内容，那么它注定是会被淘汰的，如早期的短视频大战——小咖秀、秒拍、美拍、快手、火山、西瓜、抖音，还有腾讯怒推的微视，到现在还活下来多少？早期大部分的短视频平台都是回归历史去优酷、土豆、6间房等平台搬运，接着各大短视频平台又表现出团结友爱的精神，开始了互相搬运，再往后，段位提升，去墙外搬运，总之当时的市场情况就是，绝大部分短视频博主都是秉承着"我们不创作短视频，我们只是短视频的搬运工"的原则。时光荏苒，岁月如梭，看看现在活下来的短视频平台，是不是都是那些优质原创比例高的？

所以说，在选择主动接受渠道的时候，一定要选择优质原创内容比例高的平台，要不预算就真是打水漂了。（具体可参考四，关于红利期的分析）

二、绝大多数的媒介渠道都是可以拿银子买到的。

常见的比如传统的电视广告，以及各种电影电视综艺植入、互联网的各种开屏、强推荐曝光位、视频贴片、信息流、新媒体的各种 KOL、网红博主，这些只要你有钱，就基本没有搞不定的，如果没有搞定，那可能是银子不到位，说白了，这东西只要你有银子，就是买多买少的事儿。

除了极其稀缺的资源，比如月球上来个大平面广告、飞机或坦克上刷个机身广告、长城上贴个墙体广告，再或者来个微信的开屏广告，但凡能花钱买到的，其实意义都不是那么大，说白了就是花多少钱，买多少曝光的事儿。但是话说回来，如果你真能搞定一个极其稀缺的资源，那么也是能够带来额外惊喜的。比如春节联欢晚会的第一个广告主康巴斯钟表，还有颠覆春晚广告互动模式的微信红包、包了分众全时段霸屏的易车、第一个在快手上进行商业化的优信，这些当时都带来了出乎意料的额外效果。

毕竟，广告主和媒体给了受众意想不到的惊喜，所以受众也得给广告主和媒体一个意想不到的传播结果。

所以说判断一个媒介渠道是否足够优质，价格并不是最重要的衡量标准，最重要的是需要看它的稀缺性。当然，便宜的媒介渠道一定是稀缺性没那么强的，贵的媒介渠道也只是有可能稀缺性比较强，真正稀缺性强的，还真不一定是钱能够买到的。

三、小公司可重渠道，大公司必重内容。

小公司的情况大部分都是初创品牌，或者是发展至今没有做过什么品牌战役，所以在这种大众对其都陌生的情况下，重渠道问题不大，可以参考红制作为 BOSS 直聘、铂爵旅拍、衣二三等拍摄的洗脑广告，由于这些公司都属于"小"的范畴，所以在媒介渠道和内容的选择上，更加注重渠道，这也是为何 BOSS 直聘花大价钱上央视世界杯的广告。虽然以上举的几个案例，最终口碑可能不太理想，但从效果的角度来说，也还是不错的，说句政治不太正确的话，一个小品牌，甭管好坏，先把名字打出来才是最重要的。

央视新闻联播后的钻石 2 分钟第一次商业化，就被快手包下来了，上了一支暖心的品牌 TVC《点赞可爱中国》。快手通过这支片子告诉大家：其实可爱的人越来越多。对于这么优质且稀缺的媒介渠道，一般的品牌肯定就是放上 2 分钟的企业宣传片或者一套洗脑广告，这就是大品牌和小品牌的区别了。快手作为一款 2 亿 DAU 的国民 App，品牌知名度并不是它的目标，而品牌美誉度才是它亟待解决的问题，通过这么一支暖心的 TVC，快手的品牌美誉度不知道得提高多少个层次（Level）呢！当你认为快手俗的时候，殊不知这才是世间最真实的一面。

所以说小品牌输出产品特点，重渠道；大品牌输出品牌文化，重内容。一个急需解决温饱，另一个衣食无忧，追求信仰。

四、在流量红利初期，渠道更加重要；在流量红利末期过去了之后，内容更重要。

这一点应该是最容易理解的，以腾讯广告为例，最早微信公众号刚开始起步的时候，广点通产品上线，脑子再不好使的人，投了就赚了，没有亏了的，为什么呀，因为当年微信的用户量呈指数级增长，内容却跟不上，僧多粥少，狼多肉少，用户可着一篇内容玩了命地转发，这 ROI 不要太漂亮，这就是红利初期的一个典型。

随着用户量的不断增长，内容也跟着不断地补充。到了流量红利的末期，真正留下来的，都是那些货真价实内容好的内容制造者了。举个例子，公众号增长乏力的时候，H5 突然火了，像中国移动围住神经猫、腾讯吴亦凡参军、宝马 M3 朋友圈广告、网易系列 H5 等，都是足够优质的内容，在朋友圈转发管控没有现在这么严的时候，这些营销内容的传播结果都是核爆级的。

所以，在判断渠道是否优质的时候，可以先判断下此渠道处于什么阶段，是流量红利初期？还是末期？还是已经没了红利？

结论

如果你以宣传品牌为目的，则内容更重要，好的内容可以给品牌宣传目标以正面的形象。例如近几年的陌陌、耐克、快手的一系列品牌广告战役。

如果你以销售产品为目的，渠道更重要，好的渠道能让你更快速地通过新媒体获客，节约时间成本、机会成本等。例如被人诟病的 BOSS 直聘、铂爵旅拍广告等。

内容和媒介渠道其实都没那么重要，重要的是品牌主清晰地认识到目前自己所处的位置，以及目前亟待解决的问题究竟是什么。回答了以上问题，再去判断究竟优先选择媒介渠道，还是优先考虑内容质量。

千万不能闭着眼睛胡搞，要不这点预算还不如给员工们涨涨工资，做做慈善呢！

闫楚文（Captain）
百度品牌市场顾问、自媒体"感觉不对没有亮点"主理人。先后任职某老牌一线互联网核心产品品牌市场负责人、国内互联网汽车平台市场负责人、国内二手车互联网平台品牌公关负责人。

哪些关键的信念，帮助我走到了现在？

在我老家，有座小小的山叫蕺山，蕺山上有个书院，明末学者刘宗周在此讲学，最后为了殉明绝食二十三天而卒。他的书院门外写着四个大字——诚意、慎独，这是今天我想跟大家分享的内容。

"诚意"，大家都懂，不仅是对人，更是对事。曾经听一位前辈说，在职场，最重要的是看自己的上下左右中。

"上"看领导，在我看来，大多数的广告公司不用"宫斗"，也不用溜须拍马抬轿提鞋阿谀奉承，但必须得有点料，上拳击台的时候，得会挥几拳。对领导没诚意，平时交功课过创意想法为了凑数，把所有人的创意总结归类，没有任何改进，只为早早下班。但要是领导够称职，道行总比你多几年，玩套路一下子就能被看出来（毕竟别人也是这么过来的），自然没有好果子吃。

"左"看甲方爸爸，看多了无数乙方的绝妙创意（keng meng guai pian），甲方爸爸们早就练就了一双火眼金睛，这是来骗我钱的，那是把钱扔水里不会溅起一点水花的；这是没法落地的，那是抄戛纳的……最近刚从客户爸爸那里学到一个让你有诚意的办法，就是要有"主人翁意识"，设想你就是甲方（虽然只是想想），手上有 1000 万预算，你会花在你花半天时间闭门造车写出来的方案上吗？抖音值得投吗？电梯媒体值得投吗？还有朋友圈推送？开什么玩笑！

"右"看自己的同事，作为创意的你，做出来洋洋洒洒 100 多页的东西，衔接得上同事好不容易推导出的策略吗？对得起当创意和客户中间夹心饼干的阿康同事的辛苦吗？再或者，对得起有可能要给你擦屁股的其他组的创意同事吗？当然，假如阿康、策略给的东西毫无诚意，那就另当别论了。

"下"看自己的组员，自己对他们的照顾够有诚意吗？对他们的成长有帮助吗？昨天的通宵加得值吗？今天的班加得值吗？杀东西的时候，给的是意见还是建议？有认真听他们讲完创意吗？为什么团队总是不稳定，为什么年轻人待了三个月总想走？也许不是他们吃不了苦，而是你的诚意出了问题。

"中"看自己和家人，其实广告人最容易麻痹的就是自己，容易自嗨。为了一个好想法，废寝忘食，早出晚归，茶饭不思，这样对家人有诚意吗？另一方面，你对自己的身体有诚意吗？久而久之，身体倒会对你很诚实，撑不过去就是撑不过去了。

也是因为"诚意"二字，当初入行时，满腔热血，但报国无门，只能上网搜罗"上海 4A 地址名录"，将自己根据两个简报而做的 60 件手稿，挨个上门投递简历，嘱咐前台务必交给贵司某某总监，20 家 4A 累计上门 16 家，才获得实习机会，"诚意"二字，对我帮助甚大。

"慎独"字面上的意思，是要人在独自一人的时候也能够做到和公众场合中一样严于律己，不要觉得没人看到，我就可以懈怠了，简单来说就是在与不在一个样。当时做实习生或者初级文案时，上面有老文案可以帮我把关，每天上班轻轻松松，但一旦老鸟不在，天旋地转，什么事也搞不定；随着年岁渐长，慢慢地升上去，一抬头，发现细雨蒙蒙，怎么没人帮你遮风挡雨了？原来，自己竟然成了别人的屋檐！自己的身份属性，竟也成了把关人！广告公司跟别的行业不一样，越到上面越累，每一行文字、每一个画面，都会署上你的名字，与你息息相关，客户的第一问责人也是你。

所以"慎独"这两个字眼，不用自觉，自有很多人会让你觉悟，必须防患于未然！细抠每一个字眼，在发给客户之前仔细调整好逻辑架构，先过自己那一关！亲历过好几家公司的文案掌门人，都是身先士卒，暗自发力，一句不行，写十句；十句不行，写一百句！如此慎之又慎，再不行，就是天命了！

"慎独"还有一个我的个人理解，就是不要"独"，要相信团队。有一年，一个蛮重要的比稿，需要一条预告片，当时组内的实习生剪了一条，我粗看感觉不对，问题多多。为了省时间，我建议执行创意总监扔到外面制作公司去做，时任执行创意总监看了该片，大赞几声"不错不错"，然后指出了修改意见，经他指点，加上实习生超常发挥，片子果然变得不太一样，助力我们赢得了这个重要比稿。由此可见，无论是谁，只要指导得力，完全有能力做出好的东西。要相信团队！慎独！慎独！一个人可以走很快，但一群人可以走很远！

　　不知不觉写了这么多，与其说是分享，不如说是对自己这些年的反思。希望对你有所帮助！

吴维鸿

吴维鸿（Bati）
上海李奥贝纳创意群总监，文案从业 13 年，历经天联广告（BBDO）、达彼思、麦肯锤炼。代表作：麦当劳 *Modern China* 广告战役、吴亦凡金拱门桶广告战役、智联招聘忙 Day 广告战役。但最满意的，是下一个。

文案转策划到底怎么转？

常听说做文案的想转策划，却极少听说做策划的想转文案。是啊，往往做得了策划的都会写写文案，而能写文案的，却不一定搞得来策划。为什么会这样呢？不妨先说说文案和策划工作的差异。

其一，文案被动，策划主动？

做策划工作的人担着更多不确定性的风险，比如可动用资源的多少、时间等；比如计划是否合理、精准；比如整体预判和推进节奏……同时这些不确定性让策划的工作更具有挑战性。文案所做的事基本上都是非常确定明晰的，照着既定框架思路，文案的工作只需要明白向前，没有什么需要左右掂量的，不过就是改改改，这个"改"也是确定明晰的。

其二，文案局部，策划全局？

可能很多人都有一种感觉，策划比文案高级。在广告公司的环境里，同样的级别、年资，文案确实得跟着策划走，文案做事大多就是被策划"安排"着的。显然，这并不是岗位职能上有高低，只是革命分工不同罢了，常常会搞策划的人轻松成了上司，做文案的人多是且一直是一线的执行者。从这方面来说，文案想转策划，也是想升职，想更有掌控感和领导力。我觉得更本质的是维度的区别，文案的工作相对单一和单维，而且往往也是比较局部的。而策划则需要更多维度的把握，从全局着手，思考更多的可能性。

其三，文案靠手，策划靠嘴？

从工作方式上来说，文案讲究动手——这和设计师的性质相似，动手第一，而策划呢，更多是动嘴——当然两者都要动脑。文案的工作成果是要靠动手呈现的，交付到客户手里后，只需要看你的文字就能论定；而策划的工作成果还得靠嘴说，让客户听到。

那么文案转策划到底怎么转呢？在我看来，关键还是一个思维的转换。在转换思维的过程中，做到"三要"。

第一要——要更主动迎接挑战，在更多不确定性中"横冲直闯"。

从日常工作被动式的"改改改"中，改成主动的"搞"。大家都很明白文案只是一条生产线的一个环节，而策划则多是对整个生产线的统筹。单一环节的难度再大，终究只是局部。坐井观天的文案毕竟是少数，人天然向往着对全局的俯瞰，所以策划的挑战性对于文案的吸引，不只在于工作的复杂性和不确定性，更在于工作位置的话语权和影响力。

第二要——要更立体地干活，不只从一维到多维，更要从局部到全局。

文案想转策划往往想得美，越想越裹足不前，因为只是停留在"想"了，只停留在眼前了。所谓"更立体地干活"，就是工作流水线上的事都去折腾折腾，除了自己原来那个环节，既要追根溯源，也要关注最终走向和结果。

第三要——要更多动嘴，不止于动手。

动嘴既是个人表达，也是梳理、概括与总结的最佳途径。只是动手的文案，只靠正常智商就可以完成工作，而策划则同时需要有良好的情商才能做好，工作需要动嘴的人，一定都是有较高情商的人。注重把自己的情商放大，或者说把情商提上去，之后策划工作中涉及的调动更多资源、把计划搞得更加合情合理，就顺理成章了。

其实文案要转策划，最后并不是单纯地做策划不做文案了，而是将文案策划集于一身"兼"着了。在文案和策划岗位分工明确的广告公司里，据观察，那些做文案总说想"转"策划的，至少有一半是因为自己文案实在不怎么样或难有长进。"转策划"表面上是许自己一个未来，实质上是一个躲避的借口，甚至是一个膨胀的野心。

"文案优则策划"是一个"兼"的选项，先把文案做好了，策划也就有时间做了。如果只是因为文案遇一点难就转而攻策划，那策划之路也走不远。如果实在做不好文案，从零去做策划倒是个明智之选，大概"升"也就更快了。

黄运丰
自媒体"文案的秀"创始人，文案兼策略总监，文案入行 10 年有余。

广告人创业就是"九死一生"？

创业，可谓九死一生，如果你正跃跃欲试，想出来创业，别急，先问问自己，是否能受得住这九死一生。哪九死？

第一死，怕死。

想要公司活下去，你得先怕死。怕死并不代表着胆小没有气魄，它反而是一种责任和担当。今天的饭在哪里？明天的生意在哪里？人心稳不稳？思维有没有落后？我们是不是可被替代？这些都得怕，出来创业，你就不再是 11 点端着咖啡，踩着滑板进 5A 写字楼的创意人了，你担着你立了一个牌子的使命，你担着哪怕三五个人的三餐、梦想和远方，你担着朋友和家人的期待，你担着自己离开 4A 的一股劲儿，你还敢不怕死吗？

第二死，累死。

你觉得你很累了，其实你可以更累一点。创业会累，这是不用讲的废话，失去双休，失去安宁，甚至会失去爱人。你觉得你累了，但其实你可以比自己想象的更累一点。在 4A 工作我坐上执行创意总监的位置，我以为我够繁忙了，但当我开始更多地与本土创意人交流，我会收到他们凌晨两点的微信，我会听到他们加班加点的故事，我这才知道为什么他们能在中国市场找到一片位置，为什么能一次次赢了 4A，为什么这片土地能开拓得越来越大。

第三死，丧死。

保持一种丧，保持清醒。出来创业了，当老板了，上头没人了，别人叫你老总了，你高兴，高兴得飘飘然，先打住！给自己来个灵魂拷问，最近叫好的案例是你做的吗？公司登上 Top 50 了吗？为什么突破新形式的不是你？时刻保持一颗谦逊清醒的心，思考思考，沮丧沮丧。

第四死，悔死。

懊悔不丢人，这是变好的第一步。创业过程中，一定会犯错，犯很多的错，但如果你根本不知错，根本不懊悔，那可能才是真正的错误。很多时候，我们挺追求一个无悔的心态的，潇洒、酷！但要我说，这不是真正的酷，懂得自省、反思，懊悔，长记性，再修正，一步步成为更好的自己，这才是真酷，真潇洒。

第五死，穷死。

口袋穷一点，作品就精致多了。出作品还是赚钱，是广告人永远讨论不尽的话题。出来创业，我和我的合伙人就商议，我们在 4A 一年一共赚多少钱，我们开公司只要多赚一块钱，把钱留给人才（Talent），让员工的生活精致起来；把钱留给制作执行，让作品精致起来；把钱留给品牌建设，让公司文化精致起来。

第六死，笨死。

做个笨蛋，身边人就聪明起来了。跟不上潮流是我这代广告人的一个标签，但有个好处，当你被团队贴上这个标签后，年轻人反而更热衷于向你灌输新的潮流，他们太享受这个此时终于能在"老人"面前体现优越的时刻了。团队建造时也同理，让自己笨一点，他们就成长起来了。

第七死，羞死。

不管多大年纪，有羞耻心就有少年感。去年独立创意联盟邀请我加入，我的第一反应是不好意思，我刚成立公司，什么作品都没出，什么声音都没发，我如何进这个标榜创意的联盟呢？考虑再三，我还是加入了，原因很简单，我需要把自己放进一个能让自己时刻感到"羞耻"的环境中，他们这想法挺新，他们这个影片优秀，他们这个战略太牛了，我怎么没做到，这怎么不是我做的呢？保持这样一颗羞耻心，不管你有多大年纪，你就还能再长长。

第八死，愁死。

只要是愁不死我的，都能让我更畅快。创意人创业，愁死的一定不是创意，而是一切创意以外的事，如何注册公司？什么是小规模？什么是一般纳税人？50万注册资本还是500万？什么叫核税？什么叫开票？如何看账？如何招人？如何买发票……无数个从未涉猎的问题都摆在眼前等待你解决。当然你也可以选择逃避，找财务、找代理、找客户部，但你终究还是逃不过再次面临时的一头问号，咬个牙跺个脚，索性学了吧！

第九死，气死。

别丢了自己的脾气，别丢了自己的标准。我是一个脾气不太好的人，爱跟人生气，跟客户、跟员工、跟自己，都爱生气。出来创业后，很多人劝我收收脾气，"随他去""看淡点""犯不着""气大伤身"。说实话，不是我改不掉臭脾气，而是我丢不了我自己的标准，当客户提出真真儿的无理需求时，不生气你对得起自己的专业吗？当客户骗稿时，不生气能巩固创意价值吗？关于伤身嘛，多泡点枸杞！

好了，说完这九死，我们回到最初的问题，你是否能受得住这九死？如果能做到九死不悔，那我们地狱见！

李丹

Heaven&Hell 创始人。美术出身，从业 20 年。曾在腾迈广告（TBWA）、奥美、灵智大洋等国际 4A 任职 15 年，历任麦利博文执行创意总监，麦肯创意群总监，李奥贝纳、智威汤逊创意总监。曾获得中国大陆第一座戛纳国际创意节全场大奖，以及 6 座金狮奖、3 座银狮奖、2 座铜狮奖。

广告人如何讲话不犯难？

还有讲话犯难的广告人？就我所见，有，还很多，而且越来越多。我定义的讲话犯难，分三类：一是不会讲话，二是不敢讲话，三是不屑讲话。

一、不会讲话。

广告公司里，不会讲话的人，大概有这么几种表现：能说，话多且密，就是不知道啥时候该停；说话洋洋洒洒，半晌说不到重点，甚至说完也没说出个所以然；平铺直叙，一股脑儿都倒出来，也不管你是听得懂听不懂。

教人讲话的书多，比如麦肯锡的芭芭拉·明托的《金字塔原理》、蔡康永的《蔡康永的说话之道》，都挺好，有可取之处。我讲一点自己的体会——我们这个行业，所谓讲话不是说出自己的意思，而是要让别人听懂甚至能接受自己的意思。会讲话的窍门在听众那里。讲话的人需要清楚听众是谁，听众的认知水平在哪里，再决定讲什么、怎么讲，有的放矢，不然白白浪费口水，效率不高。

二、不敢讲话。

让不敢讲话不犯难，则更难。所谓不敢讲话，比如听分享培训到了问答环节，自己有疑问，却不敢举手提问；在与团队的头脑风暴中，有想法，也不敢说；与客户说事，明知事不可为，却不敢直抒己见；看不惯公司制度、上级作风，也只是腹诽；看到同事聊天热火朝天，想加入却张不开嘴。

我观察不敢讲话的人，有一点原因很常见——怕出丑，怕显得自己笨，或者让人觉得自己爱出风头，总归就是影响自己的人设。不说总不会有错吧，就是这种维持人设的心理作祟。

其实，这是高估了别人对我们的关注，也把听众的格局看小了。听众没那么关注你的一言一句，退一步讲，就算听到了，对你的评判也是听其言观其行。真要有人揪住你一句话评判你，那是对方的问题大点。这事想明白了，就没啥不敢说。要是还紧张不敢讲，需要具体的办法，那就是讲之前准备好讲话要点，敢讲话的人也都这么做，何况不敢讲的；再有，讲不下去就停下来，慢下来，整理自己，再继续；还有人鼓励把听众想成粽子，不当人看，心态就放松点，我是做不成这样的建议。

三、不屑讲话。

第三种犯难的，叫"不屑讲话"或者"不爱讲话"，这个群体不大，影响最大。我不讲话，不是不会，不是不敢，而是不屑、不爱和你讲。主要表现就是，小圈子私下很爱讲话，朋友圈评论起时事热点也头头是道，但回到工作上，嘴巴就像是拉上了拉锁，有想法不阐明，有矛盾不争辩，有利益不争取，需要表达观点的时候找不到人，大声讲不敢，小声嘀咕常有。

这几年，这样的年轻人越来越多，当然也不只是广告行业。去知乎搜一搜，很多人遇到过这样的问题。他们有人告诉我，我不屑说，不爱说，是因为我觉得说了也没用，说了也可能没人认同，没人讲真心话。

这问题成因复杂，我简单一点看，就结果论，不屑讲话、不爱讲话就是拒绝沟通，闭嘴锁心。在广告这样一个行业，沟通是我们承担的社会职能和责任。拒绝沟通，于个人无进步，于行业无发展。如果你认知上做不到，就用自己的行动去改变自己的认知。该讲就讲，讲就对了。

如果我们广告行业，不会讲话的人多想着听众，不敢讲话的人有更大勇气，不屑讲话的人学着更开放，那么广告行业会有更多的可能性。

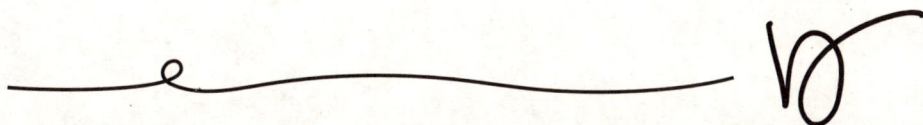

乌东伟

赞意首席执行官，从业 15 年，始终是一名阿康。最自豪的作品是经营赞意，最为人知的作品是现象级综艺《这！就是街舞》；打造匹克态极爆款；杨洋、赵丽颖代言美团外卖。

策略人员怎么才能让自己更有价值？

一个创意总监曾经说：我们公司客户部在做客户的事情（审查杀创意），创意部在做策略的事情（写传播计划），而客户在做创意的事情（强迫广告公司执行自己的创意）。他说的是各个职位功能的错乱，但其中还有一个隐藏的事实：策略人员没有角色。又有过知名自媒体将广告公司各工种漫画成狗，策略部分到的角色是吉娃娃，外表精致，实际无用，偏居一隅的小透明。每个公司状况或有不同，但总体来说，策略人员在广告公司普遍没有得到足够的尊重和重视。

与其从外部找原因甩锅，不如多想想怎么才能让自己更有价值一点。我在这里先聊三个具体的建议。

一、品牌策略要涉及更广。

我发现在广告公司做久了会不自觉地形成一种路径依赖：因为思考角度一直偏重传播，想东西比较炫，但也容易飘，界定品牌更多是为产出创意内容服务。有时显得大而空，全是有道理却没用的套话，根本无法落地。我们把广义的品牌策略做成了狭义的（传播策略）。

品牌策略所要影响的一定不仅仅是传播层面，它也事关品牌在各个利益相关方触点的落实和体现。也就是说，一方面要涵盖传播以外的其他消费者触点，比如产品规划、新品发展、体验设计策略等；另一方面甚至还要兼顾消费者之外的利益相关方，比如员工、供应商、经销商等。他们同样是品牌策略的执行者，也有可能是品牌内容的传播者，如果他们对品牌策略的落地方向不清楚，势必导致在执行上打折。

所以，策略人员在思考品牌策略时需要有超越传播、超越消费者之上的大局观，以及对价值链的深入解析。品牌策略需要从（核心利益相关方的）触点表现中梳理和挖掘相关问题和机会，也需要在凝练出品牌精髓之后，发展出针对各个触点的落地策略。

如此，才能构建一个完整协调的品牌生态策略，落实到每一个重要的品牌利益相关者，形成他们对品牌的协同认知和反馈。

二、品牌策略要渗透更深。

传统媒体时代，品牌策略基本上是单向的，告诉消费市场我是谁、我有什么好处、为什么，不需要考虑后期的社交话题。品牌策略的主要产出就是一句主张，哪怕只是干巴巴的一句话，只要方向对了，后面自然有创意兄弟们可以将一个干涩的主题翻炒出油色香气来。

难道不应该在品牌策略层面就考虑到今后内容的延展性吗？在这个层面，故事性和话题性不需要落到琐碎的细节上。它是一根隐藏在社会文化、环境分析、品牌角色与价值洞察、目标人群认知与行为中的金线，这根金线不仅串联商业逻辑，还应富含内容落脚点，蕴藏话题引爆的能量。

能落实到内容策略的品牌策略才能避免假大空。而好的内容，绝不仅仅由品牌自身产生，各个利益相关方都有可能帮助品牌产出内容，搭建多层次的、有机的内容矩阵。

三、品牌策略要立意更高。

商业不限速发展的负面效应近年来在东西方都受到了越来越多的关注，也引发了对企业角色、品牌角色的更多思考。而新一代消费群体出生在一个相对富裕、开放的社会环境，他们对品牌的认知和要求不同以往。人们寻求在品牌身上得到更多的价值认同与身份投射，也更倾向于选择有社会责任感的企业的品牌。消费观念和行为的变化也会进一步推动企业和品牌对社会责任的反思，而这种演进也会影响到我们对品牌的设计。

在商业竞争里寻找社会需求的空缺，通过承担更多社会责任帮助品牌赢得美誉与信任，才能让人类社会的繁荣可持续。疫情的积极影响或许是让更多人意识到了你和我、人类与地球、商业与环境、权利和责任的一体性，没有谁可以独善其身。

你可能会说我们只是广告公司，我们只需要对创意产出负责，客户也不会需要广告公司干这些活儿的。真的吗？你敢说现在的客户不是越来越"贪婪"，而我们不是在故步自封吗？

策略人员价值的提高不仅可以提升这个职能本身的重要性，在广告公司地盘被咨询公司渗透侵入的今天，好的顶层策略或许还可以帮助广告公司为客户创造更多价值。在这个行业的价值链里，越往下同质化程度越高，离客户的核心决策层就越远，可取代性也就越大。

刘琛

稚园品牌咨询首席策略师。从上海奥美入行，经历北京麦肯、多伦多智威汤逊和上海天联广告（BBDO）的磨砺，拥有 20 年客户管理＋品牌策略从业经验。最近完成的工作：2019 丝芙兰中国品牌升级策略、2019 KAPPA 中国品牌升级策略、2018 星巴克即饮系列品牌策略。（我们做的全是幕后工作，并没有什么代表作。）

为什么客户总不能接受我绞尽脑汁、通宵达旦、呕心沥血所策划的创意方案？

是想法过分大胆，还是人云亦云？是不够大气，还是不够接地气？是费用太高，还是没法落地？是不够创新，还是只为了创意而创意？可能是，也可能不是。

有一个关于喝汤的故事：

一位客人到了餐厅，点了餐厅服务员为他推荐的人气主厨汤品。

服务员面带微笑非常骄傲地端上热腾腾的汤品时，还不忘提醒这是获得米其林三星大厨的拿手之作，一定要趁热细细品尝。

客人看了看汤品，看了看服务员，皱着眉头摇了摇头："这……让人怎么喝啊？！"

服务员心里一惊："是不是觉得凉了？"本着顾客至上的服务态度，立马帮客人换上新的汤品。

没想到换新汤品上来，客人依然看了看汤品，看了看服务员，皱着眉头摇了摇头："这……让人怎么喝啊？！"服务员急了，眼神求助餐厅经理。

"这是我们获得米其林三星大厨的拿手之作，所有饕客都赞不绝口……不知您对我们这招牌汤品，有何意见？"经理上前非常礼貌但也语带严肃地对这位难搞的客人说道。

客人看了看汤品，又看了看经理，开口说："没给我汤匙，这……让人怎么喝啊？！"

是的，我们正不知不觉地掉入自以为是、顺理成章的"本位主义"盲点里。我们忽略了真正的核心——洞察。专业的自大，常常不小心蒙蔽了真相，让我们看不清全局。

不知什么时候开始，我们习惯于一拍脑袋，就把当下流行的、刷屏级的创意形式直接套用；我们投入的创意发想过程中，绝大部分时间在参考他人的案例；我们的提案现场，成了广告大赛获奖作品的展示会……我们在方案里不断谈着"消费者洞察"，然而，我们却吝啬于多花时间"洞察消费者"！

一位卖女性内衣的老板，在他的内衣商品间竖立一幅手写海报，"内衣选得好，老公回家早！"

潦草的笔迹，没有华丽的辞藻，没有酷炫的美术与后期加持，简洁有力，直捣人心！这是满足了消费者内心深处未能满足的痛点，这是对消费者深刻洞察的体现。

所以，创意形成的前提，一定是基于解决一个消费者内心的终极问题，那就是：品牌与消费者间的价值共鸣的连接（Meaningful Connection）。

当我们没有抓住这把开启消费者心扉的钥匙时，一切都是花拳绣腿、仅止于看看的空把式。当我们没有给我们的顾客一只汤匙时，再有名的佳肴，也不会成为顾客舌尖上的美味记忆。

好的创意方案，背后一定是一系列你看不见的洞察挖掘。老生常谈，动手之前，请先做足对人性的观察与倾听！因为，我们沟通的对象永远是"人"。

窦仁安（Doze Tou）

汉威士医学传播集团中国区首席创意官。广告从业 30 年，其中 25 年坚守于汉威士传播集团。曾获选"中国创意五十人"之一，受邀担任国内外多项广告创意奖评委。坚信创意是一连串人性洞察的感悟，为人类创造更美好的生活而存在！代表作：金典《天赐的宝贝》；京东《男人帮》；华为 P9《我的本色，你的颜色》；QQ 星《全球好营养》等。

客户发来的简报常常看不懂，无从下手怎么办？

如果"简报＝发现核心问题"，那"大创意＝最优答案"。没有问题，就没有答案。

从一个广告新人到广告公司老板，我的职业生涯常常会遇到一个问题：看不懂客户发来的需求简报，不知道该怎么开始第一步。

这个问题，近几年尤为突出。越来越多企业启用年轻化策略，品牌部门大多是年轻人，很有激情和活力，但也可能会缺乏条理和深层的市场考量，这时候如何有效沟通和效率推进，就是我们这个行业的重要竞争力。

首先明确一点，邮件里的那些企业历史、过往动作和营销节点方案，只能叫品牌资料，不是需求简报！

那我们应该怎么做？我试着总结一下这些年来写方案的思考和沟通步骤，希望对大家有用。

第一步，在需求不明晰的情况下，可以试着不断提问。

你清楚客户这次传播是基于什么情况提出的吗？

这次项目的契机是新产品吗？

是之前卖得不好吗？

是需要更新产品形象吗？

是政绩工程吗？

是为了扭转口碑导向吗？

是为了给竞争对手添堵吗？

……

这些内容需要反映在我们方案里的项目背景部分，总结来看就是：市场环境、企业现状、决策心态、竞品状况、过往动作。

第二步，确定目标是我们和客户统一思想的前提。

我们之所以会蒙，对简报无从下手，很多是因为我们不太清楚目标是什么，可能客户自己都没太弄明白，所以在项目开动之前，双方首先要统一思想，明确不存在分歧的目标。

大家回想一下，政府宣传工作中为什么总是强调统一思想。因为认知和目标不统一，再好吃的香蕉也满足不了想要苹果的客户。

结合我们对项目背景的梳理，去跟客户打电话，一定要问清楚他们的期待是什么，对成功的评判标准是什么，是否与项目背景吻合，反复对焦后明确：这个项目有且只有一个核心目标。

第三步，受众不是几岁到几岁，你需要找到一个具体的人。

就像刑侦案件中的侧写师，我们需要先开脑洞想象，再层层去抓出来。

1.谁可能有需求，具体多少岁，具体的职业，具体的收入，具体的家庭情况……越具体越好，描绘受众的样子；2.需求动机是什么，刚需、礼物、面子……找到唤醒受众的信息；3.最终的心理收获：自信、轻松、甜蜜、情感补偿……这决定了创意的执行气质；4.目标受众会在哪里出现：兴趣触点、高频媒介入口等，大体框出传播路径。

第四步，从受众的现状到最终的目标，中间存在哪些阻碍和问题。

从现状到目标，这中间的方法，就是我所理解的策略。所以，在我们弄清楚背景、目标和受众之后，接下来就真正要去找问题了，诚恳地去罗列可能存在哪些问题：口味不讨喜，包装风格和受众不搭，被竞品拿捏得死死的，本次预算太少，等等。

然后试着把这些问题，归结到一个核心问题上来。我们要思考和脑暴的东西，就是把这个核心问题解开，至此，我们自己梳理的一个简报也就差不多了。

是不是发现这个简报理完，方案也就做完一半了，剩下的就是具体的创意概念和执行玩法了？这些并非定论，不必尽信，只不过是这些年来在项目操作过程中的总结，也有一定的适用条件。

我之所以提出来，只不过是希望越来越多的广告人，能够重视简报和沟通效率。在我的印象里，简报都是需要花很多时间和思考的，绝不是半小时草草了事。我们本就身处传播和沟通行业，无论品牌端还是 C 端，信息的一致性尤为重要。

所以，简报是所有工作的前提，要知道文字表达有不准确的地方，嘴上说的也可能心口不一，我们需要做的是深刻理解品牌和客户所面临的问题，然后再去思考如何帮助他们，如何解决问题，这些才是帮助你理解简报的源头。

当你真正创造了超乎预期的价值，当你成功提出解决之道，那么就算你不契合需求简报又如何。

张琪

上海 N3 广告创始人，文案出身，资深策略。先后在 4A 及科技公司任职，从事传统广告与数字营销领域，拥有众多国际一线品牌市场传播及年轻化转型的操作经验。2014 年创立独立创意代理公司 N3。先后操作：百雀羚草本 2015—2019 年品牌年轻化社交传播；全棉时代天猫超级品牌日；天猫国潮行动老字号网红快闪餐厅等案例。

你没成才，公司有责吗？

从公司本质来说，柳传志说过：公司从来不是家。公司归根到底，是个经济利益体，盈利是让其存在下去的基本条件。公司，可以为新人提供培训、教育、辅导的平台，但不是必需！公司与你，本质是契约关系，不是培训关系。公司可以关心你的成长，但是不负你成长的任何责任。

这是一个很多老板不说，但是事实的事，你应该明白，它是残酷但公司无错的事实。

第二点，从个人成长来说。我一直坚持：没有一种成长，叫带你成长。广告是个道理、规则、案例充斥的行业。网上满是各种方案。有人曾算过，2000元买3000多套方案，平均每套方案不过6毛钱。但是就如我们的学生时代，每个班级参考书最多的，往往不是成绩最好的。反而学霸可能就一两本参考书，他们更多的是运用强大的自我思考和思维吸收能力。我记忆犹新，我最后上了北大、哈佛的同学，皆是这种参考书不多，但多带"自我思维发动机"的人。

书如你的总监，是你成长路上点一下、拨一下的那个东西，但终究代替不了你的成长。所以，那个路人皆知的道理"师傅领进门，修行在个人"，依然是广告行业最有效的成长定律。

中国汉语里"点拨"这个词太好了：点一下拨一下，一下就够，多一下都不行。因为成长路上，没有人能代替你的思考。所以，我常常不喜欢将自己定位成总监、师父、老师……更愿意被称为"点点"。你困惑，我可以给你点一下、拨一下，但是绝对不给答案，甚至思路。

我一直告诉下属：答案是毒药，我只给你通往答案的路。当创意无果时，我严禁他们看参考案例，因为当人迷茫时，突然接触到的答案或者解决方案，多数人（注意，我说的是多数人）是没有抗拒力的。因为人在痛苦思考中，你突然发现通往终点的捷径，是很难抵抗舒适区的诱惑的。无论你是否想抄袭，最后都会自愿不自愿地"抄袭复制"答案。这种情况下，你的创意上限，就是这个方案，当然老鸟除外。参考学习，最好在你无痛、无求助的时候，放下功利的"找答案"的目的，学习认知的轻松度、提升度都会好很多。

如何培养新人的"点拨"习惯，如何让新人即使问问题，也能先有思考，有一个好的方法，即所谓：永远别问特殊疑问句，要问就问选择疑问句。

特殊疑问句：湖边的项目怎么做？对面是豪宅，应该怎么做？传统豪宅在西边，我们项目在南边，我们应该怎么做？

特殊疑问句，是新人最爱问也最能"毒害"新人的，因为类似这样的问题，即使得到答案，也是害人害己。

害人：你给的问题几乎没有任何设定，例如，湖的项目，当地市场有竞品吗？你的湖岸距离是最近的吗？你的产品有什么因为湖景观而做了提升？你让给你答案的人可能从一开始就在思考"一个不完整的问题"。

害己：永远别问特殊疑问句，问人之前，一定要自我思考，只有参与其中的问答，得到答案的那一刻，才能有最大能量的吸收。

强迫自己问选择疑问句。譬如我做一个非传统别墅区的 600 万的高尔夫别墅，区域消费力有限，项目总价有性价比优势，我对自己提问，绝对不是：低端别墅区的高尔夫别墅怎么卖？

这个问题太大，太没有思考性。相反，我的问题是："低端别墅区的高尔夫别墅是应该彻底迎合性价比，还是应该端着卖？"或者是："高尔夫别墅，如何平衡它的高价位感和抄底价位优势之间的矛盾？"

带着这样具象的思路和项目销售聊完一个下午，最后你的提报可能就一击即中：在某城市，高尔夫别墅动辄五千万的行情，你线上打身段——"永远昂着头的血统"，保持高尔夫别墅在该城市的一贯形象，吸引别墅受众的关注力。

线下深度打"定制版"，在一个从没有被好别墅眷顾的区域，打"五六百万就可以买的高尔夫别墅，而且还是区域家庭定制版"。

　　就如，Royale 600 是奔驰针对中东贵族的区域定制版。人家是对高级区域的定制，你就反向对某个被遗忘的区域定制，一群一向不被该城市高端市场重视的人群，习惯了好房子只在内环内、外滩边。但是这次，第一次发现居然有项目对他们"呵护"，顿生一种重新赢回尊重的感觉。

　　而在现场，专门做个节目，谈该区域特有的生活习惯、地理特征、别墅居住需求，由此牵引出项目的产品介绍。

　　可见一个无思考的问题，太容易问了。因为思考、痛苦、迷惑可以一股脑儿扔给别人。但是真正让你成长的，是那种"给自己找麻烦的问题"，问题背后还有问题，问题背后带动思考，其实才能真正带动创作人的成长，最后接近答案。

　　所以，对于新人成长，再说一遍：成长路上，公司负责点拨，你负责学会"选择疑问句"式的思考，才是正道。

夏不飞

《夏不飞创意日报》创始人，曾任上海博加首席创意官。文案入行 15 年，修过 4 年飞机，做了 14 年广告，玩了 1 年知识付费。过往最知名经历：玩过中国最贵的房子、最南的别墅、最野的文旅项目的传播创意。著有《创意的坏习惯》。

为什么"创意"越来越不值钱了？

　　曾经，我是个骄傲的广告人。我自诩为创意的信徒，坚信"创意可以改变世界"。我带领数十兄弟，把"建设品牌"当成创意的终极目的，用通宵达旦的心血和一身毛病，换回了上百座创意奖杯和逐年减少的月费，却一度乐此不疲。

　　曾经，我认为创意是营销环节中最有价值的部分，而其他都是配料。因此，我曾经也大声嘲笑那些用不怎么光鲜的创意，持续做自身宣传的营销策划公司。

　　前几年，我的团队创下了中国广告长城奖三十余座奖杯的获奖纪录。在颁奖现场，在激动人心的音乐和主持人激动的话语中，我突然莫名地生出一股深入骨髓的倦意，我转过身，快步逃出颁奖礼堂，从那天起，我成了一个前广告人。

　　后来我应邀加入一家食品企业，担任首席品牌官。在近一年的品牌营销管理工作中，我回到了广告的源头——营销，去观察和思考自己二十余年的从业经历，由此对创意、广告、品牌、营销、企业、商业……产生了一系列全新的感悟，感悟很多，这里分享最为痛彻心扉的三个。

痛悟一：创意并不是营销环节中最值钱的部分。

　　放弃自欺，其实逻辑很简单，如果创意是营销环节中最有价值的部分，创意人的工资应该逐年提高才对，创意公司的年费应该连年增长才对，创意从业者的人数应该逐年增加才对，创意公司应该比那些创意人嘲笑的营销策划公司更赚钱才对，那些没有好创意的营销策划公司应该倒闭才对……可事实呢？你想想看。

不是说创意没有价值，只是我们需要清醒，创意并没我们想的那么值钱，也没有那么不可或缺，营销领域中有更重要、更本质的东西值得创意人重视，创意的价值，恰恰不在于如何做创意，而是为什么做创意。

回归营销的本质，诚实面对自己，不好吗？

痛悟二：脱离营销战略空谈"品牌建设"，值得警惕。

那个被称为"品牌"的东西，那个在消费者头脑中，基于一个名称和商品，所产生的一切认知与感受，到底是如何形成的？是通过"品牌建设"形成的吗？

从产品的价格标签到客服话术到购买过程到使用体验到售后服务……是营销 4P 中的每个环节和细节，整体决定了品牌在消费者头脑中的形成，这样的话，逻辑就清晰了：真正的"品牌管理"，是管理营销全过程，管理营销的所有环节和所有细节，绝不仅仅是管理传播。就是说，围绕品牌的核心价值，把所有的营销细节管理好，形成用户认知和认同，品牌自然就建立起来了。

很多企业里仍然存在着一个诡异的现象：品牌部与市场部平级并行，品牌部负责品牌建设传播，市场部负责营销推广，两部门分别直接向老板汇报，分别制订计划瓜分预算，各自为政地开展工作，一份钱如此分成两份，产生的是合力还是分力？你想想看。

现在，当广告人面对企业说"建设品牌"的时候，企业主往往会有这样的反应——"我也知道品牌很重要，可我到底该花多少钱、多少时间、如何通过营销取得可控的回报呢？"

痛悟三：创意奖项对广告行业的价值，如何更正面？

广告行业的价值，取决于企业的认知与认同。过度的创意奖项，有可能会强化企业对广告行业的负面认知：以制造华而不实的创意为生、漠视企业营销需求的一群人。

归根结底，广告是营销的一部分，是为营销而生的，脱离营销的广告、脱离营销的创意、脱离营销的奖项……都很有可能在消减这个行业的真正价值。

此消彼长，当我们在技巧层面花过多功夫的时候，真正该下力气的内功方面，往往就容易忽略掉。

我很庆幸，做了 18 年乙方加 3 年甲方之后，感悟到这些，迟来总比不来好，痛也值。

不是"创意"没价值，不是"品牌建设"无用，不是"创意奖项"有害，只是，如果不强调营销的指引，漠视营销的思考，舍本逐末地追求表面答案，恐怕会让创意人在错误的方向上越走越远，甚至会让广告这个行业的价值在企业眼中越来越低，低至后继无人，且难以逆转。

衷心希望广告行业有价值、被尊重，创意有价值、被尊重，广告人有价值、被尊重。

最后，文中提及的"营销"，不是"销售"。

尹云从

虚实之道营销咨询董事长。设计入行（后转作文案），从业 22 年（18 年乙方，后 3 年甲方，又做回乙方）。曾创办长沙盛美广告，连续 6 年位居中国创意 50 强前 10 位，曾发明可自动生成创意的 App"创意按钮"，曾于和畅食品企业任首席品牌官。2019 年，融二十余年甲乙两方品牌营销管理经验，开创"虚实之道"战略营销体系，专注以"溢价战略"助力中国品牌成就伟业。

还在单身的广告人，做广告还有希望吗？

　　谈到这个话题，想先说下自己可能并不客观的认识，就是广告人最重要的能力应该是什么？是创意吗？当然，创意固然很重要，但脑子里天马行空、一天有八百个新奇想法的人很多。那会是审美吗？审美应该算必备项，没有好的审美，做出来的东西不知好赖、糟糕透顶，也只能令人嗤之以鼻，当然还有很多很多能力，比如：逻辑、见识面、语感……但我想说的这项能力应该是最最重要的，如果没有这项能力，你只是一个工具人，一盘散沙，用业内的话来说，就是整合不起来其他能力。那么这项能力是什么呢？先卖个关子。

　　完整看过两遍《广告狂人》，真的强烈推荐广告人都看看这部剧，个中收获，不一而足。剧中的男主唐·德雷柏（Don Draper），身边的情人可谓是一个接着一个，当然这部剧并不是一个纯讲广告的剧，所以感情必然是剧的主线，无可厚非。你会发现德雷柏总能轻而易举得到这些女生的垂爱，当然男主的外貌确实不错，但更多的女人是被德雷柏对她们的言行举止所打动，注意是对她们，因为他对每一个情人的手段可谓大相径庭，绝不是大同小异。同时德雷柏能从一个门外汉到成功广告人，不是因为他写出的句子有多么佳，也不是一闪而过的灵感令人拍案叫绝，而是你看完了，发现就是这样，但之前你可能并没有想到。发现那些常人看不见的角度，创意手法自然非同寻常。总而言之，无论是收获情人，还是创造精彩的案例，德雷柏的成功都得益于他对既有事物的独到洞察力。

回到我们自身，有没有一个时刻是你脑力全开、思维活跃、文思泉涌、金句爆发的，这个时候你挖掘了自己的全部潜能，发现了很多自己想不到的能力，而让别人喜欢上自己，没错，就是你在恋爱的时候，你开始追女生或者撩汉的那段时间。无论你是主动出击还是被动迎合，你几乎都会挖空心思去得到对方的认可，洞悉对方的喜好去讨好，有针对性地抓住机会好好表现，那么，你本质上是在做一件什么事呢？你是在发挥你的洞察力，去"售卖"你自己，你是在给自己做广告。

如果碰巧，你是一个广告人，那么每次恋爱，简直就是你在给自己做的一次品牌战役，而你自身就是一款产品，你清晰地知道自己的优点、缺点、爱好、特长等一系列"产品卖点"，你也应该有分析你正在追求的"受众"，他或她的年纪、喜好、态度、消费行为和生活方式等"用户资料"，甚至你也可能会得到市场上同样在追她/他的竞争对手们的优势、弱点、机会和威胁，而你讨好对方的小手段、小礼物和一起做的小活动，就是你经过洞察得出的"创意"。

可看到这里，若此时你还是单身，这说明你不仅没有洞悉自身的现状，也没有察觉到别人的情况，一个比任何人都应该懂自己的广告人，却没有洞察好自己，那么如果碰到还没这么懂的客户或新产品，你还能确信自己的洞察能做得更好吗？

所以，综上所扯，我认真地认为：如果你还没有恋爱，你可能或许大概不会成为一个优秀的广告人。

于浩淼
亚朵酒店市场部创意总监，工作十年，曾在网易、奥美、天与空、环时互动任职，负责过杜蕾斯官方微博运营、网易轻运动服饰的品牌建设、抖音集音符新年战役。

为什么这么多优秀的广告人最后都销声匿迹了？

自问这样的问题，是因为自己这么多年的从业生涯里，实在遇见过太多优秀的创意人，他们都曾经在自己的公司和自己负责的领域里创造过辉煌的成绩，但是，随着时间的流逝，大部分人也都隐去，鲜少能够一直制造声音。

为什么？我尝试着去摸索一些答案，或者这只是我站在自己的角度管中窥豹，不一定对，也不一定全面，但或许能提供一点思路。

一、广告行业本身的依附性。

广告本身实在是个依附性太强的行业，一个创作人如果在自己的生命里有幸正好和适合自己的客户交叉，那就能成就自己的高光时刻，但是这个客户的决定层能够支持你多久，实在不好说，通常一个具有经典价值的广告成就需要至少三年才能传世（想想意识形态之于中兴百货）。为什么三年？第一年用来和客户培养默契，第二年用来试错，第三年才会培养真正的默契。

而在互联网高速发展的今天，甲乙两方人员的稳定性都不足以支撑这种关系。你今天并肩作战的甲方小伙伴，可能一个月之后就去了另一家公司。虽然交情仍在，但客户方环境的变化也会让合作的顺畅度大大降低。

解决这个问题的方式，有两个，一个是尽量去做头部的工作（头部的工作是企业的基础，不容易被轻易取消或者变更），另一个是尽量和客户的最高决策层最好是创始人沟通（因为除非企业倒闭，不然他一定一直都在）。

二、广告人难进入自己的主场。

我上次去看日本建筑设计师石上纯也的展览，他是 1974 年生人，但是在展览介绍里还说是青年设计师，当时我就很纳闷，这如果搁在广告业，已经属于半个活化石了，更不用说现在在建筑界里仍然非常活跃的隈研吾和安藤忠雄等人了。

很多人会说，对，因为广告跟建筑业不同，广告就是年轻人做的，老人家不懂年轻人文化。但我还是要以日本日清的广告为例，来驳回这种观点，所有日清那些脑洞大开的广告都是日清一帮五十多岁的甲方企划人和广告人一起创作出来的，如果不说，谁能相信呢？

所以广告人自己需要做的很重要的一步，就是尽量把创意上升为风格，创意易逝，而风格的生命力会更长远。更重要的是，如果找到了自己的风格，也就找到了自己的主场，是你的风格在吸引喜欢你的人靠近，而不是你一直到处跑去配合别人。很多优秀的创意人到最后就是因为一直跑而活活累死的，而在自己的主场里创作，首先会感到气场的顺畅，也更容易收获客户的尊重，这是延长自己创作寿命非常重要的原因。

三、广告人的专业本位主义。

说中国市场是全球最特殊的一块市场，相信没有太多人反对。4A 进入中国这么多年，很多广告人包括我自己，在进入广告这个行业后都是在这块土壤中成长的。在 4A 中的广告人所受到的训练，多半是技巧性的，比如一个创意的独特，一句文案的精妙，或者一个画面的品质感。经过这样训练的广告人的细分专业素养毋庸置疑是非常高的。

在河清海晏的经济环境下，每个人即便自扫门前雪都能安然度过。但是在中国整个营销环境巨变且未来愈发不明朗的今天，这种不同细分专业咬合搭配，创作作品的时间成本是非常高的。我自己所遇见的就有很多很优秀的文案，但是在画面的可执行性和预见性上就弱一些，或者是美术只沉醉于自己的画面语言，而忽略信息的传递。这样一来二去互相等待对方先行再去配合就凉凉了，所以，我觉得，综合素质还是一件很重要的事情，打通几个不同领域的任督二脉，战斗力才会大大加强。即使一个人，也要随时能变成千军万马，这就是我一直在说的。

四、广告人的弹力。

终于说到人本身了，其实抛开所有的外界因素，广告人自己的内因才是最大的决定性因素。大家一直说广告是一个需要人投入巨大热情和毅力的行业，在热情和毅力这两者面前，天赋这件事可能都要往后排。我早年读奥美前全球首席创意官谭启明写的一本叫《丑小鸭》的书，也是激动得一夜睡不着觉。

不过，我可能想着重再说的一点，是弹性。对于年轻的广告人来说，是要找到心目中的宝藏（One Piece），但对于已经经过广告风雨的资深广告人来说，疑虑和危机会渐生。这不只发生在广告人身上，隈研吾在年轻的时候因为一套建筑方案被逐出东京建筑圈（根据他的自述是因为受不了东京建筑圈的拉帮结派），之后十余年没有接到来自东京的任何委托，为了糊口，他到高知、爱媛等偏远城镇参与一些小工程。但是之后，他又突然开挂，不但杀回东京，甚至扩张到海外，这是一个中年逆袭的典型例子。这可能是另一种形式的鸡汤，但是我们要看到这碗鸡汤的底料不是年轻的生猛佐料，而是加入了弹性的胶原鸡汤。一个人有多大的回弹力，往往决定了他能走多远。

最后，回到为什么这么多优秀的广告人都销声匿迹这个问题本身。"销声匿迹"这个词用得可能不太好，它可能会造成一定程度上的概念模糊。很多我入行时敬仰的前辈，虽然现在不再过多过问江湖，但这是一种"事了拂衣去"的隐退，这不是销声匿迹。我们大部分人，在职业生涯结束的时候，不会被写入广告名人堂，也不会收获一个沉甸甸的终身成就奖杯，我们创作的大部分广告，也不会在数十年后仍被人记住或摘抄，但这并不妨碍我们去思考，怎样尽可能地去释放一个更长久、更有力的职业能量，并成为这个行业前行推动力的一部分。

王威

上海思湃广告创始人兼创意总监，美术入行 18 年，历经达彼思、麦肯、睿狮广告、灵狮广告，任至智威汤逊创意副总监后创立思湃。代表作：网易游戏《倩女幽魂》《葫芦娃大战丁磊》H5；蜻蜓 FM91 倾听日整合推广战役；统一诚实豆豆奶《源梦记》广告战役。

不同阶段的广告人该怎么跳槽？

广告行业人员流动率非常高。入行门槛低，试错成本低，职位判定标准不统一，是其主要原因。来聊聊怎样跳槽，早日走上人生巅峰。

从地域来看，往哪儿跳？中国广告业的发展呈现从南到北再到中的态势。20 年前看广州，10 年前看北京，现在看上海。中国广告业的中心在三个一线城市中流转，优势明显：这里有最肯花钱的客户、最强的广告公司、最优秀的从业者、最大的成长空间。不考虑城市宜居度等软实力，单纯从职业发展角度，首选一线城市。

大部分广告人不是一线城市的原住民。怀揣理想而来，面对快速的工作节奏和竞争压力，有人水土不服，以为是公司的问题，导致频繁跳槽。

应届毕业生。数量庞大，不仅面对同届的竞争，还要应对已入行 1~2 年的学长们的碾压。如果你不是年级里最优秀的那几位，那么摆正心态的同时放低姿态。简历是基础敲门砖，除了在校作业，更应该把课外习作、参赛作品放在简历中。后两者能体现对专业的热爱，看到成长潜质，弥补工作经验的不足。

应届生入行的最优路径是通过实习转正，大四去中意的公司实习。在这期间努力获得公司里前辈们的认可，毕业时顺利转正。面试时记得跟 HR 了解是否有转正的名额。有些同学实习只冲着 4A 公司去镀金，但通常没有转正的名额。传承下来的等级观念让一些实习生难以深度参与到项目中。我们公司曾来过一位同学，之前在某日系 4A 实习了 5 个月，自称被安排每天重复做整理资料的工作，从来不加班，感觉在养老。相信这样的实习经历对专业能力的提升有限，如今的 4A 经历对将来跳槽的帮助又能有多大？

各家实习工资不同，但肯定都不会太多，视为生活费的补助比较合适。偶尔会遇到要求过高工资的同学，立志要自己养活自己，不问家里要一分钱。理由非常充分，但前提是你已经具备了养活自己的能力。现实中，公司会考虑实习生的实际贡献，是否值回在他身上花费的人力、培训、工资、报销、行政等综合成本。除非你是老板的亲戚。

工作 2~3 年。已经完整参与过一些项目，积累了几件拿得出手的作品。任何作品都是团队共同努力的成果，在简历中注明自己在每个项目中的参与度和贡献率，你的诚实会赢得面试官的好感和尊重。

作品不够，照片来凑？有些资历尚浅的广告人担心作品量不够，会插入一些摄影作品来充实简历。大多是自家的宠物、穿过树叶的阳光、同学的写真、旅行随拍等。除非应聘 In-house 的摄影师，否则只会让面试官皱眉头。不如花些心思在简历的排版上，呈现不错的审美和气质。简历如人，排版糟糕的简历，工作能力也不可能好，尤其是设计岗。

工作 5~6 年。通常已经成长为团队的主力军。待过几家公司，共事过几拨同事，历经几任老板，开始形成个人品牌。周围人对你的印象和评价的总和，是长期积累的结果，主要体现在职业品格和专业能力，也是公司最看重的两个维度。如果把工作比喻成一部电影，面试相当于电影的预告片，豆瓣的评分和旁人的口碑才是决定人们是否走进影院的关键。求职者的日常表现最具说服力，这些情况都能通过圈内的背调打听到。

拿多少钱，做多少事。有些入行多年的人公然以此为座右铭，这种人往往激情不再、才华耗尽，总感觉自己怀才不遇而愤愤不平，成天以被动的心态工作。不愿尽力，生怕吃亏，却等着有一天自己的才华被发现，被升职，被加薪。本末倒置，等来的结局是被后浪拍死在沙滩上，提前结束职业生涯。如果身边有这样的人，请远离。唯有奋力往前冲，不计较短期得失，具备了承担更多责任的能力时，自然会得到相应的价值兑换。

总监。到了这个阶段，个人品牌良好的话不会缺工作机会，跳槽往往通过熟人推荐。越靠近金字塔顶端，位置越少，一旦失足，没人敢接。总监专业能力的提升容易遇到天花板，在适合自己的位置上做出成绩，使自己难以被替代才是王道。跳槽需要考虑得更深远，看新公司能否给自己更大的空间，给团队赋能把自身能量放大，给公司带来更大价值，进而向合伙人或管理层迈进。

跳槽的薪资。薪资是选择新工作的重要指标，还要看福利、工作氛围、办公环境、上升空间。首先判断自己在同行中的位置，分析自身优势和竞争力，给出跟自身现状匹配的薪资范围。如果某家公司有特别吸引自己的点，愿意降低薪资另当别论。但不建议低于自己的底线，这会在入职后造成心理失衡。如果要求的薪资远高于自身能力，并非好事，需要相应承担更大的责任，如果责任与能力不匹配，既消耗了双方的时间，也对心态和未来的职业发展造成负面影响。

面试技巧。技巧有一堆，不做分享，过度包装只会误导面试官的判断，增加入职后双方的磨合成本，产生失望值。面试之前，有几个雷区切勿触碰。

简历造假。资历尚浅的在工作年限上作假，模糊毕业时间，把实习时间算到工作经历中来；资深的在作品上作假，仿佛待过公司的所有优秀作品都与自己有关。在传统广告时代，行业互通性差，容易得逞。现在人人互通，通常一个 500 人的行业群里聚集了大部分知名公司的老板，背调起来很方便。近年有过实名举报造假者的事件，造假的成本和风险越来越高。就算涉险过关，入职后能力上的差距也无法掩盖，被发现只是时间问题。

盲目撒网。未经认真选择就广撒网投简历，接到面试电话时不记得自己是否投过，反问 HR 从什么渠道获取简历。从这一步起，你就丢分了。连续一两周每天面试三四家，疲于奔命，没时间做功课，面谈时对应聘公司一无所知，问一些信息密度很小的问题，甚至张冠李戴把其他公司的资料与之混淆。我在面试的时候，通常会问对方对我们公司是否有一定程度的了解。通过回答可了解求职者对待这场面试的重视程度，以及入职我们公司的渴求度。

　　求职有风险，跳槽须谨慎。哪怕考察再周全，也不免偶尔踩坑。如果入职后发现与先前的设想相去甚远，建议尽早离开，避免无谓的磨合。但如果连续踩坑，试着从自己身上找找原因，或许自己才是那个坑。频繁跳槽会让 HR 望而却步。

　　最后提醒大家，面试别迟到。

王申帅

上海能乘文化传播（bangX）创始人，美术入行，从业 17 年，曾任扬·罗必凯创意总监、维拉沃姆创意合伙人。代表作：脉动《倾斜人》；大事件《别让未来窒息》；自然堂《没有一个男人可以通过的面试》。

什么是广告人的价值观？

　　一直在思考价值观这档事，我一直在犹豫要不要写，因为复杂的社交圈中自然有人会对号入座，这绝非我本意，这只是对现今社会的一种观察。

　　什么是广告人的价值观？

　　价值观是一种处事判断对错、做选择时取舍的标准。有益的事物才有正价值。对有益或有害的事物的评判标准就是一个人的价值观。

　　价值观是指人、动物、书、文化对客观事物（包括人、事、物）价值认识的排列，是动物就会有价值观，就会有价值排列。反价值观同样存在。价值观是可变的。不管承认不承认，价值观都存在着，综合你的行动、思想、信念，一起决定你的联想。你只想你认为有价值的和你相信的，想了才会做。你认为没价值的和不相信的，你根本不会想，更不会做。你只会选择你认为价值大的或价值靠前的。

　　对于一件事、物的价值，大致区分为金钱价值、独特价值、纪念价值、体验价值。从中个人可以衡量出对于该事、物的价值顺位，而产生不同的价值观。

　　价值观如果只像上述的如此简单，每个人尊奉"只要我喜欢，有啥不可以"，文明将走到尽头。早在 2500 年前，孔子就说："己所不欲，勿施于人。"就是用自己的心推及别人；自己希望怎样生活，就想到别人也会希望怎样生活；自己不愿意别人怎样对待自己，就不要那样对待别人；自己希望在社会上能站得住，能通达，就也帮助别人站得住，通达。总之，从自己的内心出发，推及他人，去理解他人，对待他人。确切地说，"己所不欲，勿施于人"就是文明。一个人真正成为文明人，并不是一件容易的事。

大禹接受治水的任务时，刚刚和涂山氏结婚。当他想到有人被水淹死时，心里就像自己的亲人被淹死一样痛苦、不安，于是他告别了妻子，率领 27 万治水群众，夜以继日地进行疏导洪水的工作。在治水过程中，大禹三过家门而不入。经过 13 年的奋战，疏通了九条大河，使洪水流入了大海，消除了水患。

到了战国，有个叫白圭的人，跟孟子谈起这件事，他夸口说："如果让我来治水，一定能比禹做得更好。只要我把河道疏通，让洪水流到邻近的国家去就行了，那不是省事得多吗？"孟子很不客气地对他说："你错了！你把邻国作为聚水的地方，结果将使洪水倒流回来，造成更大的灾害。有仁德的人，是不会这样做的。"

从大禹治水和白圭谈治水这两个故事来看，白圭只为自己着想，不为别人着想，这种"己所不欲，要施于人"的思想，是难免要害人害己的。大禹治水把洪水引入大海，虽然费工费力，但这样做既消除了本国人民的灾害，又消除了邻国人民的灾害。国际红十字会总部，就悬挂着孔子"己所不欲，勿施于人"的语录，体现了人类对美好人际关系的向往。

做思考行业的人在潜意识里很容易把自己的金钱价值、独特价值、纪念价值、体验价值置入方案、创意、创作……之中。反观目前的广告乱象不就是白圭的价值观吗？

人就像一块磁铁，吸引思想相近、志同道合的人，排斥其他不同类的。如果你想结交仁慈、慷慨的人，自己也必须先成为这样的人，种什么因，收什么果。你所有的思想、行为，最后都会回到自己的身上。

印标才

虫思平台管理员，广告创意从业 30 余年。曾任李奥贝纳、台湾联广、恒美广告（DDB）创意总监，盛世长城创意群总监，阳狮整合创意合伙人，吉广品牌创意顾问。代表作：蒙牛酸酸乳《酸酸甜甜就是我》超女置入；维信金科《原来信用也可以这么美》；华为 P30 线上社交端上市。

广告大佬们有多不务正业？

大佬们的日常其实都是在玩，各种玩。在我还是小美术的时候，整天脑子里想的事都是一些艺术、摄影、CGI、展览、美术视觉等相关的东西，工作内容大部分也是帮老板把他的想法漂亮地呈现出来。因为是学画画出身，又做这样的工作，关注这些东西理所当然。

转变来自一次印象深刻的提案，我已经不太记得具体内容是什么了，结果就是哪里好哪里不好，再修改精进之类的。会议基本结束以后，客户方的大老板忽然问我的老板。

客户说："你每天下班之后会去哪？"我老板说："下班当然是回家吃饭了，要么就是继续加班。"客户说："我猜也是，如果你下班之后就去酒吧喝酒泡妞蹦迪，你这稿子早就过了。今天下班后出去玩玩吧。"

当时我们就蒙了……工作本来不就是应该兢兢业业刻苦努力才会做得好吗？但是很快就都明白了他这些话的意思。当工作内容是在做关于年轻人的话题的时候，我们是怎么去了解年轻人的想法的呢？大部分是策略部门给的数据表格。从PPT里看世界，和自己去体验这个世界，你说哪个来劲？是接到简报再去了解世界，还是这个简报本身就是你平日的世界？

所以真的不是为不务正业找借口，因为你的职业需要你去了解各种东西。随着年龄、头衔越来越高，越来越觉得责任重大，得要玩得更大！因为你的眼界格局必须通过各种玩来拓宽，在玩的过程中丰富自己的见识。我很庆幸自己稀里糊涂却进入了一个可以把各种玩当作正事光明正大来干的行业！开不开心？惊不惊喜？

我曾经被某位大佬座位旁边的充气娃娃吓到过！

曾经为某位老板去过的地方之多而艳羡过！

曾经在办公室听着某位大佬抱着吉他深情歌唱！

曾经被某位老板收藏酒的品种之丰富震撼过！

曾经为老板收藏的一房间乔丹流过一地口水！

曾经帮老板搬家被他的几十箱手办模型压得胳膊抽筋过！

曾经被老板凌晨两点叫出来酒吧喝嗨过！

曾经在老板办公室的马鞍上脑暴过！

曾经在年会上被老板的造型惊呆过！

......

这些大佬可都是行业翘楚，但初看上去咋都这么不务正业呢，玩得那叫一个投入！刚毕业的我会觉得你们都在干吗啊，后来才明白，大佬表面在玩，爱好广泛，但细品其中滋味发现，大佬们赢在一种玩的心态。

玩的心态，是一种态度上的深入浅出，将自己分裂成不同角色扮演，洞察不同行业的相关讯息。做创意你就得收集案例，去了解你的客户，去了解你客户的受众，这些每个人都会做。这是对的答案，但很显然这还不够，你需要交出更有趣的答案。那么怎么才能有趣？我们都被教育过创意是旧元素的新组合，但你的元素如果都是旧的，那么哪里会有什么新组合？所以我想说：新元素才会带来有趣的组合。心态上是开放的，不用力过猛，别太目的导向，把自己变成一个有趣的人，你的作品才会有趣。所以赶快出去玩吧，或许得到的东西要很久以后才会有用，或许根本没用，或许看上去那么幼稚和无聊，但今天玩得尽兴也是很开心的，对吧？而且不要排斥你现在不喜欢的东西，存在即合理。搞不好你得感谢自己当年也玩过这个。你得到了新的乐趣、新的朋友、新的见识，没准儿就会促使你有新的想法和作品。

我们也会看到行业里有另一种大佬，我不禁想提醒一下，你们的出品其实很好，但是吧……为啥每次风格调子都是一样的呢？如果全都来自同一个客户，那很容易理解。但事实不是这样，无论什么客户到他们手里，出品都是一个味儿。所以我的猜测是：平时玩得还不够出圈！再有趣的东西一直没有变化，就会变得没趣。有人可能会觉得这是强烈的个人风格，但你所擅长的也是你所受限的地方。

　　眼高不一定手低，但眼低手肯定不会高。无论某方面玩得精深，还是面广，尽量去玩起来。但看看前面曾经跟我共事过的大老板们，那些"老顽童们"，我还得加把劲儿不务正业才行！

赵巍（Zoe Zhao）

艺名大猫，上海奥美创意总监，入行 20 年。曾任阳狮上海创意总监，天联广告（BBDO）、达彼思副创意总监。曾获克里奥广告奖、金铅笔奖、D&AD 等众多国际奖项。代表作：2019 李宁《拔罐宣言》；2017 小米《系在一起》；2014 绿色和平《真相》；2010 格力《巨风户外》。

如何找到一个好洞察？

找到一个好洞察的方法，在每个创意的阶段，都是一个不可或缺的手段；挖掘出一个好的洞察，如同用力地去察觉一个现象、一种行为，如果你能仔细地剥开消费者内心的洋葱，那么过程会很刺激，结果会很有戏，更能激发出很好的传播概念与创意。

虽然现在大家都在畅谈品牌故事，但往往我们在开发新想法和概念时，不同的角度和见解，开始并不易快速轻松地融合在一起，找到最好的方向。如果想要正确表达出来，有时需要花费大量时间和精力，因为好的洞察它必须是仔细推敲后令人信服的，更深入地去挖掘出消费者内心的灵魂。

找到好的洞察可以从哪里开始呢？首先，我觉得是个人的生活触角与见识，必定要多看、多找、多尝试。其次，在尝试做出一个好的洞察陈述时，不要太着急，这样容易落入自己的陷阱。有些人会想立下判断"如果……的话，这样会很好"，或是习惯性地强化自我意识"我想要……"或"我需要……"。有时不要操之过急，这时候可以冷静一下，因为可能还没有找到隐藏在物体背后的真正原因，即"因为"或"为什么"，这样是有危险的。所以最好是根据消费者的行为、经验、信念、需求或期望……用力洞察潜藏在消费者内心的"真相"，找到目标或内心想解决的问题关键，才能与消费者产生共鸣。

所以我刚刚为什么说要"剥洋葱"，因为找到好的洞察，就像在去除洋葱层一样，你一层一层地剥，越来越深入地去探索消费者的驱动因素、动机、行为、符号，也可能是英雄主义和价值观，这样去了解人、产品、服务或品牌才会更加有意义。就像我们常常做的消费者调查，通过定性或定量的群体研究，或是通过调研小组深入访谈和观察，能更精准地获取消费者及市场状态，你会发现被剥开的一层层洋葱内充满玄机。

什么是好的洞察？首先，我们必须认识到真正的洞察是什么，什么不是洞察。我觉得我们不妨从三个角度来看它：消费者都在做什么？他们为什么要这样做？哇！怎么从来没有人注意到或谈论过这个问题？很多细节都值得琢磨！回头想一想还真的蛮有发现的。

其次，我们又如何找到一个"又好又有用"的洞察？有时候只要用心就会发现很明显的特征。你先要找到一个很明确的目标！有时候消费者需要感到被认同和参与感！在寻找洞察时，至关重要的是专注于你自己的广告活动，将研究范围缩小到特定目标，你的认知差异就可以放大。

再次，找到真正的问题所在。洞察在每一个消费者的心中，可能是一个他内心深处的真正难题，因为他们真的有很多的问题，需要我们去找到最好的解决方案。

最后，找到真实后捕获到新鲜感。洞察到的可能是前所未有的真实感，可能会有一些共通性且不具有很强的竞争力，但如果你所挖掘的是一个新问题或者是以一种新的方式描述的现有问题，那它可能让消费者感到非常新鲜。

记得之前在奥美"品牌大理想"里一个一直熟悉的很好例子，就是联合利华的多芬，那时他们对 3200 名女性进行全球调查时，得到了一个很不平凡的发现，在当时接受调查的这些女性中，只有 2% 的女性会觉得自己美丽，有 76% 的女性希望改变美的观念认知；在进行了更深入的研究之后，联合利华多芬团队找到了一个很好的洞察，就是发现女性内心存在着对美丽观念的改变，从而更好地理解女性想要如何去改变美的观念。所以"多芬相信如果每个女性都可以更自信地看待自己，世界将变得更美好"。当时品牌通过整个广告活动的传播，用产品和服务推动了多芬品牌的重新定位，并在全球范围内取得了非常大的成功，直到今天仍是奥美的经典作品中一个非常成功的案例。

在这个信息碎片化的时代，整个传播的模式和节奏都在剧烈地改变，无论处于什么环境之中，我们都需要与消费者保持紧密联系，找到一个好的洞察，可能玩转成一种艺术的创意形式，当你驾轻就熟且做得好后，创意玩起来就毫不费力，让品牌或产品成为市场有力的杠杆。所以一切从原点开始，深入挖掘出消费者内心的灵魂，创造出真正打动人心的创意杰作。

连祐升

奥美原执行创意总监及事业部总经理。历任奥美、麦肯、电通、汉威士、第一企划、博达华商（FCB）、威汉集团、伊诺盛国际等多家跨国性国际4A广告公司创意和业务领导。曾获得世界、亚太、中国广告奖、中国创意50强、奔驰汽车全球星耀奖等奖项无数个。常任中国广告长城奖、中国艾菲奖、时报广告金像奖等亚洲及国内多个奖项评委。代表作：三得利《沟通从分享开始》连续三年的品牌形象广告战役；海尔家电高端品牌卡萨帝新品牌广告战役；佳能《感动常在》新品牌形象广告战役；奔驰E系《E路先行》广告战役；广汽传祺《中国梦 世界车》年度品牌广告战役。

地产广告与非地产广告之间的鄙视链，真的不可调和？

没有的事儿。
我，就是打脸的例子。

给房子做广告之前，
我给电脑、打印机、巧克力、卫生巾做广告。
掌管世纪瑞博之前，
我在阳狮恒威、腾迈广告（TBWA）打卡混饭。

人的鄙视有两种：
一、鄙视不如自己的。
二、鄙视自己做不到的。
非地产对地产的鄙视，
二者兼而有之。

破除鄙视链，
先聊一聊"价值观"。
广告人可以有个性、非主流，
但字典里不该有"鄙视"二字。

市场，是广告人的核心价值观。

市场化，就是拒绝人为的"不公平"。

"鄙视"就是这样一种"不公平"，

心怀"鄙视"的人只适合做"窄告"！

非地产鄙视地产，

如同眼科护士鄙视 ICU 护士。

鄙视的是急、难、危、重，

并非自己更有技术含量。

非地产鄙视地产，

如同中东土豪鄙视贫油国。

嘚瑟的是自己能舒服赚钱，

绝非什么全方位领先。

非地产鄙视地产还有个小原因：

地产广告不容易获奖。

其实现在品牌和产品的创意，

都还是单点思维，容易出彩。

地产的创意则是多项全能，

铁人五项当然不如百米大战刺激。

许多 4A 公司也曾想接地产全案，

最终不了了之。

许多国际人才也曾想来拿高薪，

最后逃如脱兔。

没做过的事，你没资格鄙视。

做过但没做成的事，你只有资格被"那什么"，

对吧？

其次，聊聊职业性格这件小事。

地产也是一种产品，

是最贵、最全、最难表达的那种。

地产广告也是一种广告，

是这辈子难能遇到、极具挑战性的那种。

现在的广告效果追求流量，

地产广告很早就精准营销了。

考核的是电话量、匹配度、购房率——

这些最硬核的真流量。

现在的广告营销不太讲品牌了，

地产广告反而开始重视品牌了。

从集团品牌、城市品牌到产品品牌——

重温了我在 4A 的品牌原理和体系。

从专业挑战性来说，

我认为地产广告更难些。

所有的房子卖的都是人生，

而豪宅别墅，

却在你的人生之外。

广告人有什么职业特性？

不断创新！

如何才能不断创新？

不惧挑战！

广告人没有禁区，

也不应自留死角。

喜欢挑战和被挑战，

才是广告人的第一职业性格。

广告生涯是马拉松式拳赛。

不能接受所有挑战，

就想摘下金腰带——

配吗？！

最后，聊聊自己，权当身教。

有些老炮儿真心鄙视非地产，

就像自由搏击选手鄙视练咏春的。

我就是在这种环境中打出来的，

证明了咏春拳师也可以是搏击好手。

我现在做的地产客户，

基本是中国地产品牌前二十。

得益于早年非地产的品牌经验。

我现在做的非地产客户，

有些是中国企业 500 强，

受益于近年地产的实战经验。

虽然地产不为评奖体系所容纳，

但也斩获过世界华文广告奖，

还曾做过某届评委。

可见，人有多大胆，"地"有多大"产"。

非地产可以水乳到地产里，

地产也可以交融于非地产中。

不仅是广告，

不同的行业都在跨界接吻、拥抱。

个人经历告诉我：

没有坏行业，只有不好的行业人。

没有坏广告，只有不好的广告人。

个人经历还告诉我：

独立思考比地产还是非地产更重要。

独立思考从撕标签开始，

首先要撕掉"鄙视"这个标签。

思维方式是根儿上的问题：

我们喜欢讲中庸，

但实际上非黑即白，非左即右。

我们还喜欢站队，

立场思维，容易盲从和被洗脑。

集体思维惰性难解决，
但个人独立思考要做到。

非地产做了多年。
地产也做了多年。
不吹不黑，实话实说：
4A 转地产的逃兵多，
地产跳 4A 的高管多。

全球疫情中，
等结束时，会有很多广告人失业。
地产年轻人的适应能力更好些，
我更为非地产的年轻人担心。

所以，建议广告人都该做做地产。
地产是从"底"到"顶"的魔鬼锻炼。
卖地段、卖户型、卖园林，
也卖梦想、卖人生、卖生活，

如果你爱自己，
请来做地产广告！
如果你恨自己，
请来做地产广告！

无所不能的广告人，

怎可画"地"为牢？！

丰信东

世纪瑞博品牌传播董事长，从业 22 年。早年就职于腾迈广告（TBWA）、
阳狮恒威、万科等企业，担任众多品牌战略顾问，曾任世界华文广告奖
评委。代表作：个人专著有《小丰现代汉语广告语法辞典》《广告人成长
手记》等；广告作品有美林·香槟小镇系列之《7 天·创镇纪》《7 宗醉》
《十诫》等。

为什么新人入行，最好先去一家小公司？

很多新人入行喜欢找大公司。因为牌子硬，服务客户多是大品牌，说出去体面，简历上也是个硬通货。

但是，大公司有些时候其实是一种下意识的非理性选择。如果从个人能力成长的维度看，小公司未必比大公司差。甚至可以说，在职场的早期，小公司对你没日没夜的"压榨"，比大公司一句话里蹦三个英文单词的"体面"，对你更有用。

小公司有几点好处：

1. 在菜鸟阶段，找工作的秘诀不是找公司，而是找"人"。手把手教你东西的人，比公司那块招牌重要多了。进大公司只能做一个小主管的实习生，但在小公司可能是老板亲自带着你"吃鸡"。

2. 大公司有成熟的培训机制，表面上看能"教"你成套的专业知识。但是做营销，理论之树永远是灰色的，市场变化才是常青的。如果看过很多道理就能成为专家，那广告门应该是行业里收费最贵的咨询公司。人不是手机，坐在一个高端写字楼里工作技能就能充电满分。能让你从菜鸟变成一个专家的，不是几个理论，而是实战，是一个项目一个项目的实际操作。

3. 在大公司你只能参与项目，但小公司有更多机会全面操盘。大公司人手充足，分工明确，流水线上每个人只负责一小块就好。一头大象一样的项目，拆到你手里可能就剩半根象牙，于是你只能盲人摸象。而小公司舍不得招那么多人，恨不能一个人掰开了当三个用，所以独立负责一个项目的机会就多，创意、提案、执行一条龙。完整操盘过的 200 万项目，比蜻蜓点水参与一个 2000 万的项目，经验值增长要高得多。

4. 大公司需要专才，小公司需要通才。大公司一个萝卜一个坑，小公司是一个萝卜几个坑，可能一会儿让你写文案，一会儿让你盯后期，一会儿又让你做网红直播。表面上看起来吃亏了，给的钱不多，干的活儿不少。但长期来看，反而逼你进化成了一个复合型人才。除非你在某一点上非常有天分，否则做个平平无奇的复合型人才，比做个平平无奇的专业型人才，薪水要高得多。

5. 在大公司做出一个成功案例，公司品牌是第一位的，个人贡献是第二位的。人们知道你必须依靠大公司的平台优势，才能出这样的作品。但在小公司做出一个案例，个人品牌就是第一位的。营销的圈子不大，拥有个人品牌甚至比专业能力更能带来生意。很多甲方也明白，选择一个厉害的人，比选择一个知名的公司，要重要得多。

6. 营销是一个随着市场变化不断求新求变的行业。大公司家大业大，船大掉头慢。小公司对流行趋势的变化会更敏感，会不断尝试很多新业务，也会给个人带来新的挑战和机会。千万不要去做日复一日重复的工作。熟是能生巧，但也会反过来限制你的职场竞争力。

7. 小公司在经营过程中会遇到各种各样的问题。这些问题的面对和解决，当下来说对你没什么用，但也许未来有一天，等你自己创业的时候，这些曾经耳濡目睹的"创业经历"，会成为你避免踩坑的疫苗。

如果你已经在大公司，那么保持冷静，不要把公司的能力当成自己的能力。在营销行业没有什么人不可替代，但有三个能力是永远有市场的：客户能力、创意能力、资源能力。利用大公司的平台，发育这三种技能：有处成老铁一样的客户，有市场上不公开叫卖的稀缺资源，有一套能快速解决问题的方法论。然后公益的、兼职的、朋友帮忙的，各种项目有机会就去打打野。科学研究表明营销人是最像赛亚人的一类人，只有在客户的一次次死去活来的虐待中，才能变得更强大。

最后一句话，无论你最后选择大公司还是小公司，奔着学东西去找工作，而不是奔着镀金去找工作。

———————————○———————————— 赵宁

赵宁

艺名蒙古大夫，引力传播创始人。友拓传播前副总经理，文案入行，一家公司"钉子户"了12年。代表作：王俊凯代言全棉时代《嗨，你会洗脸吗？》广告战役；黄飞红世界杯《功夫球迷》广告战役；加多宝《对不起体》。

为什么中国广告业需要回归创意？

"回归创意"其实是个很大的命题，分好几个层面。

一、回归创意要回归人性、回归本质、回归常识。

文艺复兴提出的是人性回归和个性解放，中国早在唐朝也有一次古文运动，反对讲究排偶、辞藻、音律、典故的骈文，提倡先秦的古文，不受格式拘束，有利于反映现实生活、自由表达思想。回归创意提倡的也是"言之有物，文以载道"。

创意的本质是生意，创意是要去促进销售的，其实几十年前的广告大神就在说这件事。奥格威说：一切为了销售，否则我们一无是处（We sell, or else）。李奥·贝纳认为有能力的创意人员，不会认为他的工作只是做一个广告，他一定会下功夫去了解影响产品销售的其他因素。

当前中国创意的问题，在于为创意而创意，过于重视"怎么说"，而对"说什么"没有足够的重视；重创意和执行，轻策略；重技巧，轻内容；重艺术，轻商业。很多时候为提案做出来的PPT（PowerPoint），既没有Power，也没有Point。很多时候做出来的广告，更多是广告人的自嗨，缺乏与消费者的共鸣、与品牌的关联。

回归创意主张的是"做好对的事（Do the right things well）"。品牌要先聚焦"说什么"，然后再发散"怎么说"。但现在很多广告公司的作业模式，是先让创意去想"怎么说"，然后再反过来让策略倒推"说什么"，让"怎么说"合理化。这也导致很多时候创意不停地修改，不是因为创意不好，而是因为策略不对。有些客户也不愿意先厘清策略，就把希望全部寄托在创意身上，期待创意出奇迹。这样看似省了前期的磨刀时间，但对后期的砍柴作业影响甚大。

"说什么"的方法论，就是产品功能利益点和情感利益点的结合：源于产品，跟产品有强联结；又要诉诸情感，跟消费者心智有关联。所谓品牌，就是找到产品圈和消费者心智圈的最大交集。"怎么说"则各显神通，讲故事、造事件、玩跨界、UGC，等等。基于同一个沟通核心，并根据不同媒体的特性，找到最适合的表达方式。

我觉得一个大创意并不只是拍脑袋、靠灵感乍现，而是先要把客户的生意想清楚，了解了商业模式和商业的底层逻辑，这样水到渠成的创意才会有根基。从"说什么"到"怎么说"，创意是科学的艺术，是理性平台上的感性舞蹈。

二、回归创意是要找回创意和创意人的价值。

长期以来，广告创意公司在客户那里找不到价值感，只沦落为执行之手，而非思考之脑，是由于以下几个原因：

1.互联网的发达使得之前营销和传播理论的信息不对称大幅减少，而且很多客户的学习能力很强，专业程度越来越高；

2.媒体和消费者的分化，使得广告公司的旧传播理论显得过时，广告公司对消费者尤其是年轻消费者的洞察不够深入；

3.广告公司太过着重于天马行空的创意，而不够重视客户的商业模式和底层逻辑，没有能真正解决客户在营销上的痛点。

当下中国广告创意公司的主要矛盾在于"客户不断缩减的创意服务费和不断增加的人力成本之间的矛盾"，恶性循环，不可持续，已经到了一个是做还是死（Do or Die）的阶段了。"回归创意"是大势所趋，其实这也不是一个人或一家公司的事，有很多人和公司已经在默默行动了，我也希望能够投身其中，成为潮流的一分子。

中欧许小年教授说："没有朝阳的行业和夕阳的行业，只有朝阳的企业和夕阳的企业。"外部大环境总是起起伏伏，市场竞争也一直很激烈，这些都是我们无法去改变的事，我们能改变的唯有用心和专注做好自己要做的事。

中国市场已经过了人力、资本的红利期，剩下来的就是拼企业的内功和实力了，广告公司亦如此。

三、回归创意是要提振创意人的心态、思维、学习能力。

曾几何时，广告创意人是自带光环的，"不做总统，就做广告人"。而今，广告人得到的尊重，远不如医生、律师等专业人士。在收入上也不是很有竞争力，从新鲜毕业生到资深广告人，大家都投身更有前景的互联网公司。

有很多人都在抱怨好时光不再，从创意大神到创意人再到广告狗，这里面固然有时代和环境的因素，但广告创意人自身也需要反省。创意费在不断缩减，是因为客户看不到创意的价值，创意不是手，而是大脑，要给客户基于商业逻辑上的营销传播建议，而不只是满足于把一大堆创意物料做好。

有不少创意人存在的问题：

1. 抱怨多过行动，没有热情和成就感；

2. 闭门造车，而不是体验生活，认为加班没有功劳也有苦劳；

3. 老套路，喜跟风，凡事喜欢找参考，不能持续学习；

4. 重视术多于道，埋头雕花，而不能抬头看更远；

5. 没有观点，客户说什么是什么。

这些都需要所有创意人一起改进，提升在客户心目中的形象和价值感，让创意人收获财富和价值，在物质上获益，精神上有成就感。

曾经看到一个故事，网约车司机都希望乘客能给五星好评，这样系统会自动提高他的接单率。大部分司机都是到了之后，在乘客下车的时候，说一句"帮忙给个好评"，但这时乘客都已经准备下车了，大部分都会嫌麻烦不去点评。有个司机就很聪明，他在目的地前200米就关停计价器，然后跟乘客说：我先帮你翻掉了，你方便的话给我个好评。乘客一是刚受了他的小恩小惠，心态上是比较愿意帮忙的；二是人还在车上，也有时间帮忙点下。其实，就是做一些针对用户的小小改变，就能让自己做得比大多数同行都好。

我觉得好的创意人会凡事从用户出发，了解用户的生意模式，了解他们的痛点，帮忙找解决方案。

第二点也跟这个故事相关，就是聪明地工作（Work Smart），而不只是努力地工作（Work Hard）。广告创意不是卖苦力，而是拼脑力。大家都要用心思考，如何能够抓住消费者的心，如何能把客户服务得更好，而不只是闭门造车，熬夜加班。埋头苦干也要时不时抬头看天，每天都要复盘，想想如何可以做些微改进，可以比大多数人做得更好。

第三是终身学习。目前我们正处于一个VUCA（V，Volatility，即易变性；U，Uncertainty，即不确定性；C，Complexity，即复杂性；A，Ambiguity，即模糊性）的年代，突发的黑天鹅事件可以毁灭之前的所有努力，技术的革新瞬间可以颠覆一个行业，一些企业甚至无法确定自己未来的竞争对手是谁。媒体和消费者的变化很快，传播的技术、理论都在日新月异。因此，以往的工作经验不一定有帮助，往往还会成为向前走的负担，我们需要拥有持续快速学习和应变的能力。

消费者从原来10年一个代沟，演变成5年甚至3年一个代沟，无论消费水平、消费意识还是消费习惯都存在很大的代际差异。除了年龄之外，中国还是一个超级大市场，消费者的地域差异也非常显著。作为广告创意公司和创意人，没有一劳永逸的解决方案，一切都是动态的，方法论和工具都需要不断更新迭代。

郝崎

上海创意复兴广告创始人、上海李奥贝纳前执行创意总监。英国莱斯特大学大众传播学硕士，中欧国际工商学院 EMBA 在读。从事广告业 20 年，兼具国际视野和本土洞察的文案出身的创意人。曾就职于电通、达彼思、天联广告（BBDO）、葛瑞、奥美、李奥贝纳等顶尖 4A 公司，曾获戛纳广告奖、金铅笔奖、亚洲顶尖创意奖（Spikes Asia）、龙玺奖、艾菲奖等众多国内外广告大奖，曾担任纽约广告节、中国 4A 金印奖、龙玺奖、中广节等广告奖的评审。成功案例有小茗同学品牌塑造、麦当劳宫廷广告战役、腾讯公益《忘不了的家味》。

时间紧和高品质怎么兼顾？

我们这个行业，每天的日常就是用创意去解决难题，但是创意行业，很多问题又是没有标准答案的。这里想说的一个行业难题是关于时间与品质的，现在，越来越多的品牌要求在短时间里给出更好品质的内容，不管是创意品质还是制作品质，这是我们经常遇到的一个难题。一般情况下，需要好的品质就需要更多的时间去打磨，需要赢得时间就会让品质有所下降，两者比较难以兼得。

我们一直在寻找两者兼得的答案，吃过一些亏也有一些经验，在这里分享一些经验，但是我相信这些经验不是绝对的，也肯定有更好的解决方案。

第一个经验是关于策略与创意先后节奏的把控。以前大家都是策略先行，策略定下之后再进入创意，现在为了能省出时间，都是策略和创意同时开始，然后进行讨论，从而形成一套完整的体系。好处是去掉了策略先行而导致后期创意时间不足，缺点是创意在前期可能会付出双倍的时间，有可能走弯路，但是总体上在保证品质的基础上赢得了时间。

也有很多时候，很多人为了节省时间，直接去掉策略这个环节，甚至没有策略人在团队里；还有很多客户为了节省预算和时间也不需要策略，都是拍脑门直接想创意，但是我们强烈不建议如此，这些确确实实省了很多人力和时间，但是往往创意到甲方高层时会被驳回，因为没有一个严密的思考，反而浪费了更多的人力和时间。

第二个经验是当策略和创意碰撞出一个双方都认为非常好的方案时，很多时候都非常容易特别兴奋，觉得这个方案属于完美的切入点，然后兴高采烈地扑上去做细方案，但是最后总是事与愿违，和客户提案的时候才发现和客户想要的东西有出入，或者某一个事实没有考虑到而导致方向错误，从而浪费了大量的时间，所以在有方向的时候不要蒙头直接花时间把方案细化甚至是完善细节，最好是先罗列出一些不确定的细节甚至是初步的想法和客户进行一次沟通确认，这样可以避免花很多时间在细节上但是最后和客户的认知产生出入。

第三个经验是当创意有初步想法时，很多时候创意想象力丰富，会把创意按照自己的想法想得越大越好，越新颖越好，不会考虑是否可以执行，是否能够在特定时间内把创意变成现实，从而导致在后面进入执行阶段时走弯路而浪费掉一轮时间，这个问题可以在创意有了创意想法之初就立即和制作人员进行沟通，这样可以了解一些创意在执行层面的可能性与不可能性，可以避免创意不可执行的风险，提高落地性，也就避免创意确认后制作不出来的风险从而耽误时间。

第四个经验是和客户共创，在有条件的情况下，让团队在创作过程中和客户共同进行头脑风暴，这是一种非常优化的高效工作方法。这里面有在前期简报会议时能够尽量即时抛出一些粗略的想法和客户讨论试探出不同可能性的边界，哪些是客户无法接受的，哪些地方是有深挖的可能性的，这些共创性讨论能够深度了解客户的想法，让团队开展工作时有明确的边界和高的工作起点。在后面提案会后的讨论过程中，也尽可能地抛出一些可能性和问题让客户和你一起进入一个头脑风暴的状态中，这样会让客户拥有共创感，也会让整个合作更为流畅。

第五个经验则在制作后期。现在越来越多的客户通过远程会议来把控制作后期，不管是微信也好，电话也好，还是邮件，来跟进制作后期的设计、剪辑音乐、修图等，很多时候会因为决策人员层级过多，在现场也没用，毕竟还要给领导看，给领导的领导看，甚至还要给一整个领导群看，从而导致无法当场进行反馈，然后很多解释和反馈常常变得非常杂乱，甚至有一些意思在转达当中变了原意，这个时候就需要及时拉通会议，尽量让所有决策人员统一意见，然后当面和创意及制作进行沟通和调整，否则就会陷入一轮又一轮的消耗当中。

这些就是我们关于时间和品质的平衡难题上的一些经验，希望能够帮助到大家，相信每个人的情况各不相同，大家也都有自己的一些方法和经验，也非常期待能听到大家的不同方法。

黄峰

佛海佛瑞上海董事合伙人、执行创意总监。艺术指导入行，从业 14 年。代表作：天猫《品牌诗》；央视春晚公益广告《名字篇》；vivo《照亮你的美》。

"搞定"客户为什么那么难？

看到这个题目的人先问问自己有没有人可以搞定你。答案基本是没有，就算真有，你也不愿意承认，因为没有人愿意被搞定。

刚入行的时候仰着脑袋看客户，觉得客户说什么都是标准，一切都按客户的意思来展开工作。后来发现按照客户的思路做了，很多时候又过不了，这时候又要说客户有问题了！是客户有问题吗？不，是你只是把客户的需求吞咽了下去，没有咀嚼，没有咂巴咂巴滋味。

客户花钱不是来找书记员的，是要来寻求帮助他的品牌或产品如何以专业的方式传递给消费者的。就像如果你碰到困难想找你一个好朋友来聊聊的话，你也希望他在认真耐心听你的问题后可以给你一些真诚的建议和解决方法，更何况，客户还是花了钱的！

当然，这件事的前提是你够专业，你够了解客户的问题，你够有耐心听客户说话，你够有诚意解决客户的生意问题，而不单单是创意问题。

这样，才可以以自信心态坐到桌面上和客户"对谈"。而客户，也愿意当你是伙伴。老话门当户对在这里也是很成立的，是专业认知的门当户对，是面对问题时的同舟共济。

可以和客户"对谈"很重要。这个"对谈"包含了你对全局状况的了解度，包含了你多年专业判断的积累，包含了你对客户的尊重，包含了你不是想把自己的创意一股脑儿地卖给客户，而是实时地根据客户状况的变化做调整，帮助他解决问题。这个对谈是和客户拉锯时相互暴露问题、解决问题的过程。还有很重要的一点是，你要认同客户有时的"糊涂"。客户和我们一样，很多时候也是在摸索、在尝试。他们面对我们的时候也在想如何沟通、如何达成专业的一致，将心比心，我们自己的工作就不犯错吗？

不过，可以对谈要求其实不低。没有多年的积累、临场的变换和果断很难做到。但刚入行时你有这样的心态非常重要，你认真对待客户，他是能看到的。想要客户认同你的方案，先要让他认同你的人。特别是在处理一些品牌大型的案子时，你这个人是不是踏实、果敢、耐心就显得尤为重要。

也有人会说广告公司是服务类行业，我们服务好客户就行，让他舒舒服服就好，那你是太小看客户和自己了！客户花钱可不是来广告公司做按摩的，这个"舒服"二字还是来自我们可以提供给客户的专业技能上的享受，和最终效果上共同价值感的提升。

我们经常觉得自己压力很大，而且还认为客户会无中生有地把很多压力转嫁给我们，那你也想多了！大多数客户比我们忙多了，真的！每天要解决一大堆市场、数据、运营、消费者、企业内部平衡的问题，他可没时间来和广告公司玩小把戏。如果在业务上真出现了很胶着的状态，说到底是你自己没有专业能力可以厘清这些脉络和思绪，没办法解决客户各种实际的问题。创意，一部分是想象的能力，一部分是在各个端点解决客户的逻辑闭环。

哦！对了，老是有一些创意人说客户没有品位，这个问题这么说吧，人外有人，你可以暂时认为一个客户品位没那么好，但你千万别认定自己就是个高品位的人，是品位的标杆。

说到底，广告是做人心，和客户打交道、对客户的态度，本质上和你与周边朋友、亲人打交道及对他们的态度是一致的，我是不相信你可以搞定你的爸妈、搞定你的女友、搞定你的朋友的，不过二者的前提都是坦诚相待，和而不同。

另一方面，这些年我觉得客户也是越来越专业，越来越懂广告公司，了解每一家公司的特长，了解如何发挥这家公司的优势和资源来契合自己的业务模式。客户大大们都在努力拓展自己的边界，以更加开放和多元的态度来看我们，我们作为收了客户钱的专业人士有什么理由不以更加开放和包容的心态去看待金主们呢？

"搞定"客户的前提，是搞定你自己。多向自己设问，其次才是对客户提问。

说到这里，你会发现，搞定客户很重要的前提是建立自己的专业壁垒，对客户形成"专业压制"。你也可以把"专业压制"理解成客户购买你的专业价值，这个价值是客户完成不了的，要形成这个压制，在同一个议题上你必须比客户高好几个层级，才能达到客户满意买单的结果。不在自己专业的领域把自己逼到一个无路可退的地步是很难让客户无路可退地认同你的方案的。你看，"压制"两个字首先是在对谁作用，不言而喻了吧。

反正在胜加，客户都已经认同了的方案，我们自己改了又改的事情发生过太多次。方太有一个创意脚本，客户认同了八次，创意团队推翻重来了八次，最后，客户无语了……表示你们自己定吧，其实这个"无语"是对我们的无理由信任。当然，这样的做法并不值得推荐，可绞尽脑汁逼自己的做法强烈推荐。不把自己搞得服服帖帖，不消除自己心中所有的疑虑，怎么能让客户心中没有疑虑？

说到底，没有客户是被搞定的，而是在专业领域达成了共识。这个共识很多时候是"熬"出来的。

做好一件事情总有战略和战术之分，在这里我并不想讨论对待客户的战术问题，比如如何和客户打交道、如何和客户成为朋友、如何顺势而为把方案卖给客户，这些的前提都在于你如何在上战场前把自己的枪磨得更亮更锋利。台上十分钟，台下十年功。和客户顺畅地做专业的沟通并不是一蹴而就的，需要你有多元的知识体系，扎实的专业能力。你自己那口井挖得有多深，你给予别人的水就有多甘甜。

还有很重要的就是热爱生活的能力。广告行业很难，我不相信一个没有对生活的热情作为原动力的人可以做好广告（老生常谈）。换一个说法就是，你必须是对生活有自己的观点的人，你的热情会形成你的行动力。最终，一份热气腾腾的方案和精神饱满的你会像一杯早晨的意式浓缩咖啡般让客户精神大振的。

周骏

上海胜加广告创意合伙人、执行创意总监。美术出身，入行18年。多年4A公司从业经历。代表作：方太《油烟情书》；方太《宋词三部曲》系列品牌视频；卡萨帝黑标行动；卡萨帝管家学院。

创意刷屏，就一定能带来实效吗？

曾经有两个刷屏级的广告创意，都引起了争议。一个是百雀羚的一镜到底长图，一个是广告片《番茄炒蛋》。两个案例刷屏后，都出现了质疑的声音。百雀羚被质疑低转化，而《番茄炒蛋》，很多人说看完根本不知道是谁的广告，包括此刻的你，你能想起来，它是哪个客户的广告吗？

从那时起，我就特别关注几个问题：创意都刷屏了，为什么没有给客户带来好的效果？刷屏案例究竟只是内容本身火了，还是带动品牌、带动销售一并火了？所谓刷屏刷的是谁的屏，是圈里自嗨，还是说真刷到消费者那里去了？

为了弄清这个问题，我曾做了一次实验。实验内容是，我让我老婆每天给我报告她看到的广告，而我也同步记录我看到的广告，实验时间持续一个月。我老婆，年龄30+，大学本科学历，广州CBD白领，有房有车有娃有消费力，平时看剧、看综艺、刷抖音，没有关注数英网、广告门等任何广告行业媒体，可谓是最典型、最真实的消费者了。我能预感到实验结果不好，但没想到是这般不好。她每天跟我报告的广告，要不就是没有，要不就是印象极其模糊。大概就是电梯里瞄了一眼，好像是个京东的促销，或者不知道哪个牌子的牛奶；开车的路上看到路边一些广告牌，但也忘了是什么的广告；朋友圈白天有推送，看了一眼没点进去，晚上想不起来了；抖音看到广告就滑掉；偶尔看剧的时候，暂停看到了安慕希的广告……基本上就是这些。

而我这边，光是数英网，我每天就看到很多好创意。整个 5 月份，我也看到了两个刷屏的案例。一个是《共享爸爸》，一个是 10000 多块奥利奥饼干做成的故宫视频。我老婆为什么没看到？然后，5 月末了，我把两个视频给她看。看完她说奥利奥那个创意很棒，有买的欲望，至于《共享爸爸》她觉得挺有趣，但是没看懂，问我"这是谁的广告"。我说是欧派的，她说："这个共享爸爸跟欧派有什么关系？"我瞬间感到很悲观，要知道，她已经是在一个绝对安静和专注并且耐心的状态下看完了这个广告，但还是没看懂或者没记住。试想，一般消费者在有干扰没耐心的情况下，更不可能看懂和记住。

　　今天很多创意变成了智商的比拼，很多创意人经常把"别人想不到"这个标准放在第一位。别人说了个创意，就必然有人跳出来说"这个别人做过了""前面几轮想到的都不要，太容易想到的就不是好创意""角度不够刁钻""脑洞不够大"……其实，我们都忘记了创意的本质。

　　创意的本质是什么？创意的本质是以聪明和巧妙的方法解决问题。解决问题是前提，能解决问题的创意才是实效的创意。澳大利亚大堡礁策划的《世界上最好的工作》，就是个经典的直接解决问题的实效创意。当时大堡礁的问题，除了知名度不足外，还因为处于经济危机全球大失业的背景下，旅游人数骤减。很多人正失业忙于找工作，哪还有心思去旅游。

　　于是，为了解决这个问题，广告公司就创造出大堡礁看岛人这样一份"世界上最好的工作"，然后让全世界的人来应聘。这个创意刷了全球媒体的屏，也获得了超高的转化，是经典的刷屏又有实效的案例。

　　这样的案例还有华尔街《无畏女孩》。为了解决华尔街企业优先雇用男性，对女性就业存在偏见的问题，麦肯纽约邀请艺术家创作了一个象征女性权力和无畏精神的女孩雕塑，竖立在象征男性权力的华尔街铜牛对面，鲜明对比下突显了她所代表的特殊意义，女性身躯虽看似柔弱，却能从中迸发出强大力量。这不仅引发社会各界的一致好评，更实实在在地改变了华尔街企业的用人观念，提升了华尔街女性的就业率。一个小小的雕塑，以极小的成本获得了巨大的社会反响和效果，这就是又刷屏又有实效的大创意。

只有直面问题并以聪明的方法解决问题，这样的创意才有实效。去年，某大学邀请我去讲课，也是关于实效创意这个主题，对方要我做个讲座的海报。最后，我找了一把雨伞作为我海报的主图。这把雨伞，就是我心目中最好的实效创意。雨伞来自日本著名设计工作室 Nendo。他们设计的初衷，是要解决雨伞靠墙放老是滑下来的问题。于是，他们给雨伞设计了一个"小脚丫"。当雨伞靠着墙放时，小脚丫与伞尖就会形成非常稳固的三角形结构，这样雨伞就不会滑下来了。看似非常小的变化，却聪明地解决了日常生活中的大问题。这就是我心目中的实效创意。

谨以此文与诸位共勉，希望我们可以避开智商的炫耀、避开迂回的脑洞、一起直面问题、解决问题，做出刷屏又刷效果的好创意。

龙鉴秋（龙抄手）

资深广告人，文案出身，从业 14 年，省广营销集团大快消事业群创意群总监，艾菲奖评委。代表作：红星二锅头《没有痛苦不算痛快》《将所有一言难尽一饮而尽》等系列文案。两次获得中国国际广告节最佳文案银奖，两次广州日报华文报纸广告奖最佳文案奖。

广告行业媒体想站着把钱挣了，成不成？

　　起初，广告主、广告媒介、广告公司三分广告业。广告主本身就是终极爸爸，广告媒介自己就是媒体，广告公司缺少个吹牛的地方。于是，广告公司说：我要发软文。就有了广告行业媒体。广告公司看行业媒体是好的。后来互联网兴起了。互联网看行业媒体也是好的。

　　"广告行业媒体"读起来很拗口，毕竟"财经媒体"从未被称作"财经行业媒体"。奈何"广告媒体"有其特指，我只有用该词指代那些以报道广告行业、营销行业新闻为主业的媒体。其创立初衷，乃是在改革开放初期，广告行业筚路蓝缕之时，提供交流和学习的平台。1992年党的十四大之后，广告业政策放开，民营广告公司崛起，以及随后的互联网公司崛起，推动了广告行业媒体的几轮革新，最终让几乎所有规模化、公司化运作的广告行业媒体，转型成了软文发布平台。

　　软文本质上是广告的变体，符合吴军所说的互联网主要赢利模式——广告、游戏、电商之一，软文也可以说是所有媒体的主要盈利手段，这本无可厚非。毕竟不是所有媒体都像《财新周刊》或者《经济学人》（ The Economist ）那样有实力，可以凭借内容收费。

　　说白了，广告行业媒体现有的赢利模式——软文、活动、奖项，本质上都是影响力变现。影响力的形成并非一朝一夕之功，乃是经年累月积累起来的。广告行业媒体现在的做法，很像小学时候一道算术题所描述的"蓄水池"，同时打开了进水口和出水口，出水口的口径远远大于进水口的口径。水总有流光的一天，影响力也有耗尽的一天。10年前的广告行业媒体，如今又剩下多少呢？就算剩下的，其中有许多，若不是广告公司多办活动、多邀请记者，谁能想起它们的存在呢？

于是行业媒体想办法拓展新的赢利模式，或无法形成规模，如人事中介；或仍然沦为软广渠道，如行业活动，以及各类"金"字头和不带"金"字的奖项。这些脱离不了影响力变现的窠臼，谈不上是媒体真正的产品。有的媒体选择另起炉灶，比如金投赏，放弃《第3种人》，直接化身活动平台，不再谈新闻理想，直接谈生意；又比如广告门，成立媒介动力，做起了媒介资源的流通和分享。这些实际上不再是媒体。

广告行业媒体的出路究竟在哪里？答案是：化新闻为知识，也就是现在流行的知识变现。

知识变现的第一种形式很简单：做好媒体的本职工作。

传统媒体时代，媒体以发独家新闻为荣。到了互联网时代，媒体碎片化，朋友圈也成了消息来源和媒体的竞争对手。广告行业媒体的新闻属性并不强，体现其竞争力的，就是对新闻事件、对行业的观察和洞察。一个典型的例子，是当年《国际广告》（现名为《国际品牌观察》）连续发布的关于"整合营销传播"的文章，在业内引发热议。

受众要"知其然，知其所以然"。媒体不仅仅发布一则案例，介绍下视频剧情或者文案设计就了事，受众有眼睛，自己会去看，他们希望了解的是背后的故事，比如创作思路、品牌战略等。广告行业媒体距离品牌市场部的"外脑"——广告公司最近，也最容易发掘深度文章。这些内容，其实就是知识的体现，考验的也是媒体记者的行业知识积累。

但这些需要深度发掘的内容，却缺乏强有力的记者去完成。行业媒体麾下无人可用，大多数编辑记者并非业界出身，对行业了解不够深入，也就谈不上"洞察"；媒体本非高薪行业，加之广告行业媒体社会地位不高，更加留不住人。让这些行业媒体维持着"媒体"的头衔，其员工四处以"老师"自居，辛苦了！

第二种形式，专业知识的培训。

从当年厦门大学设立广告学专业以来，广告学专业的覆盖面越来越广，但教授内容却与行业脱节得厉害。这与现行的教育体制有关，一门课程的设立，需要长时期的准备、层层审批；一本书用作教材，同样需要一个审批的过程。等批复下来，黄花菜都凉了，造成了广告学教育永远在追赶业界，却永远追赶不上的怪现象。社会培训此时应起到作用，但业界同样缺乏成体系的培训课程。这项任务应由行业媒体来完成，但未能完成的原因如前，缺乏相应的人才。

第三种形式，解决了行业媒体的"创造力"问题：知识型社群。

广告行业媒体，并非传统意义上的"新闻媒体"，而是专业知识的聚合。知识的生命力远超新闻。每年戛纳、金铅笔等广告奖项评选出的获奖案例，并不"新鲜"，却仍值得广告人学习。专业知识的价值，并不会随着时间的消逝而迅速流失，反而会保持相当长的一段时间，甚至逐级从一线市场向二、三线市场乃至四、五、六线市场传播。

移动互联网时代，成体系地进行知识讲授与传承变得十分困难，碎片化的知识越来越受欢迎，"终身学习"的概念也越来越普及，这些都为"媒体"进化为"知识型社群"提供了条件。因此，行业媒体将抛弃"媒体"的身份，转变为专业知识的聚合。而社群这一产品形态的存在，以雪球、知乎为学习模板，采用"众包"的方式，让更多的业内人士贡献专业的知识。

冯祺

自媒体"Marteker 技术营销官"创始人。先后历经《国际广告》、广告门、Morketing 等行业媒体，完整经历从传统纸媒、网络媒体到移动媒体的演进过程。其间，先后负责莫比国际广告奖、戛纳国际创意节、纽约广告周等重大项目的报道执行工作，并独立管理广告门英文版。此外，曾在新浪等多家互联网公司担任市场部要职。

加班严重，广告人的健康怎么办？

从事广告行业已经十年有余，熬夜加班已经成了一种习惯。广告行业是一门苦差事，虽然工资待遇相对其他行业略高一些，但是工作节奏和工作压力却远远大于大部分其他行业。然而，面对这样一个客观事实，仍有很大一部分广告人没有良好的工作方法和生活方式，让自己长期处在亚健康的状态，如果不能早点注意，未来会造成很大的麻烦。

就像我自己，长期的熬夜、久坐、外卖、缺乏锻炼、用眼过度等，已经感觉到了身体出现的各种问题。心理层面上，长期处在压力之下，失眠、焦虑等症状也很明显。这两年突然意识到，平时的自我保护是多么重要，像严重的腰肌劳损等症状是很难恢复的病症，甚至可能永远都治不好。这时候才开始后悔，但已经来不及了。

所以，只有病来了，才能真正意识到健康的重要性，也希望年轻的广告人能够在追逐理想的同时，更加关注自己的身体健康。

在这里，总结了这两年在健康方面的一些心得推荐给大家。

1. 熬夜如果不是必需的就尽量不要熬夜吧，不要总是给自己找理由说晚上工作有灵感。如果能够把作息调整过来，每天能按照自己的计划去进行，白天工作效率仍然会很高。如果非得熬夜，那么要能确定第二天交稿后可以有足够的时间补觉。

2. 每天晚餐后一定要运动，哪怕是走路，定好一个休息的时间，走上四十分钟再回去工作。或者干脆下班走回家，如果路途还算合适的话。如果条件允许，还可以养一只狗狗，陪你一起跑步。坚持 3 个月，你会发现身体发生了明显的变化，会越来越好。

3. 经过疫情之后，每个人都练就了很好的厨艺。如果能够有一顿饭不吃外卖，而是自己做的话，就是一件非常好的事情。其实有时候，逼一下自己，也就做了。

4. 周末一定要休息，哪怕只有一天的休息时间，也要完全地放松下来，不去想工作的事情，看看书或者去看个展览或是一场演出，作为创意人还是要回归正常生活的。如果有车，那么就叫上几个朋友，离开城市，去感受自然，去露营，这时候突然会感觉又找回了遗失的生活。

5. 很多广告人在电脑面前一坐就是一天，中间除了吃饭、上厕所外，基本不起来动动，这是非常不好的习惯，时间久了，很容易得肩周炎、颈椎病，到时候后悔就晚了。建议每坐一个小时就起来动 10 分钟，主要是转转手臂和脖子。

6. 睡前可以读读书，或者听会儿轻音乐，实在不行喝点红酒，让自己放松下来，尝试去冥想，让自己暂时离开一下现实，这有助于治疗失眠。如果实在感到焦虑、心慌，那么真的该休假了。

7. 旅行是必要的，有条件的话建议一年至少两次旅行，一次国内，一次国外。广告人总是憋在自己的小圈子里，自以为自己了解世界，但出去后才发现原来没有见过的东西还那么多。

8. 腰肌劳损、失眠、胃病、心脏病、脂肪肝等都是广告人常见病。最好每年都做一次全面的检查。如果身体出现不好的症状一定要及时去医院检查。

人们从来都不曾想过，一场灾难离我们如此之近，就像身在一部科幻电影里面。灾难面前，我们一直在追逐的东西可能一文不值，也帮不上什么能够扭转局势的大忙，这时候才会真正意识到自身的渺小和脆弱。瘟疫、火灾、蝗虫、战争……当下人类共同经历的灾难，不得不让我们重新去思考人与人、人与社会、人与自然之间的关系。这种关系应当和谐，才能持续。而我们需要重新学会敬畏：敬畏自然，敬畏所有的生灵，敬畏我们的同伴。人虽然容易健忘，但仍旧有很强的自省能力，人们面对灾难表现出来的勇气与责任感，仍然让我们感动，让我们充满希望。

有时候生命里也不仅仅只有工作和赚钱这几件事情，我们可以去做的事情还有许多，我们要去的地方也有许多，我们要做的梦仍未灭。

王晨羽（Nick）
UID 联合创始人，设计师入行，从业 10 年。

你确定你可以创办一家广告公司了吗？

创业多年，经常听到有人说：我想做个小而美的广告公司。这里我不打算聊行业背景及现状，只是想对有创业想法的广告人做一些简单的解答，2013年创办公司至今，其间经历诸多变化，也亲历身边创业者的起起伏伏，我稍稍谈一下具备什么条件的广告人适合创业。

第一条，有些真货。

想创业的广告人至少得具备一定的经验和能力，或者是资源，这部分是硬指标。虽然现在很多人鼓吹大胆往前冲，但广告行业确实有一定门槛，如果以上都欠缺的话建议不要贸然开始。至于"一定"是指什么，一个简单的标准就是可以赢下比稿，这部分是能力问题，不过多展开。

第二条，有些韧性。

经历各种挫折是必然的，业务出了问题、工资发不出来、团队内部常不稳定……问题总是层出不穷。"至暗时刻"绝对比想象中的多，所以如果没有点耐性和韧性，迟早会坚持不下去。对于初创广告公司，其实最大的问题永远是人员问题。在鲸梦初期，就遇到了一个联合创始人因为诸多个人原因最终决定离开北京的突发情况，相当于某一块业务彻底失去了核心负责人，对团队打击很大。怎么办？要么自己咬牙上，要么尽快找到合适的人，或者看看团队内部是否有人可以顶上。不管做哪个选择，都必须当机立断，因为根本没有迟疑的时间。

第一条和第二条都满足的时候，第三条是我自己的经验，有个合伙人。

不可否认确实也有不少人单打独斗，但我建议你不管个人能力有多强，最好还是有个合伙人。有合伙人可以一起分担困扰、一起解决问题。人有时候没法坚持下去不是因为能力不够，而是因为一个人面对时会很孤单，有些人无法面对这种孤独，前进时就会选择放弃，这时候有合伙人在就可以一起扛一下，挺过去了就能继续往前走。

第四条，有应变力。

创意广告行业是个时刻都在革新的行业，如果没有应变能力，会很容易被淘汰。这一条说出来简简单单，但据我观察，很多人就在这里止步了。停留在自己的舒适区很容易，但打破界限很困难。另一方面，一个人转身容易，一个团队转身也许会非常困难，所以得有时刻迎接变化的决心。

最后一条，保持热爱。

这个是原动力，刚开始可能看上去不怎么重要，但假以时日，你就会发现，可能一切都可以从这里找到答案。

具备了这些，就一定可以创业成功吗？不能！以上只是基础条件，具备的话能大大提高成功的概率。有些在广告公司很厉害的人，出来创业也常面对失败，虽然也有时运不济等客观原因，但共性倒是出奇地一致——缺乏"凝聚力"。

对于核心是人的广告业，面对诸多性格迥异的个体，让大家求同存异、形成默契在一起工作，面对挫折时依然愿意与公司共患难，这本身对于创始人就是一种更高层面的要求。一个人战斗时可以花样百出，一群人战斗时就需要考虑大家各自的好恶，尽可能兼顾更多人的需求，只有努力往这个方向去做，才能有效地形成有凝聚力的团队。

说实话，我从来都不认为创业是多了不起的事，但创业确实是一种有点难度的修行，它会全方面地改变一个人。多数情况下，我都会鼓励有创业想法的人去尝试，但在任何情况下，都得保持理性的态度，张弛有度才能一往无前。

Jean

Jean

北京鲸梦创始人兼首席执行官，广告传媒从业 10 年。代表作：2018 易车品牌焕新广告战役；2019 京东金融 App 618 营销广告战役；2020 京东手机 CNY 京"凤"呈祥广告战役。

竖屏时代，品牌还有必要拍传统 TVC 吗？

　　其实这是一个很多首席营销官都在面临的问题。我认为，即使从当下的环境看，传统 TVC 广告也不会完全失去价值，但除了品牌升级和年度广告战役这样的大事件。在阶段性的营销广告战役当中，相信会有更多品牌开始尝试竖屏广告片，更重要的是，去尝试适应竖屏环境下的营销手段。

　　首先，我认为之所以存在这个问题，有一个背景，就是媒介环境改变了。以电视、报纸等为代表的传统媒体渠道影响力日渐式微，被"双微一抖"、小红书、B 站等新媒体渠道代替。

　　传统意义上的 TVC 广告，指的是商业电视广告，在那个用户接受信息被电视霸占的年代，16：9 的电视广告几乎是品牌不可避免的唯一选择。但随着品牌预算和流量不断往线上转移，电视广告不再是品牌投放的必然选择，用户的行为也发生了质的改变。

　　据统计，智能手机用户约 94% 的时间竖持手机，52% 的用户会将手机锁定到竖屏状态。

　　用户使用习惯变迁的背后，是横屏视频在手机端的糟糕体验逐渐受到用户质疑。根据《2019 年社交营销白皮书》，36.9% 的用户更喜欢竖屏形式的短视频，明显高于传统横屏视频（13.8%）。

　　随着短视频时代来临，全球进入 5G 时代后的巨大变化将在 5 年内发生。品牌将抖音、快手等平台作为官方运营的必选项，越来越多的品牌开始将媒介预算从传统广告向线上新型广告转移。

前两年流行的长图条漫类原生广告是品牌广告努力适配竖屏环境的极端例子，而已有短视频品牌举办了两届竖屏广告大赛。传统横屏 TVC 当然不会被完全取代，电视广告、户外广告等媒介渠道依然有它们不可取代的价值，但明显的趋势是，越来越多的变种 TVC 开始出现。

变种 TVC 的特征主要有：

时长变得更长。传统 TVC 时长相对固定，普遍是 15 秒或 30 秒，央视广告最小的版本是 5 秒。而越来越多的品牌开始制作时长更长的"广告"，再根据不同的媒介渠道剪辑成相应版本。极端的比如中国银联的《大唐漠北的最后一次转账》，时长达 16 分钟。

更在乎品牌精神的体现。由于传统 TVC 的时长被控制在 15 秒或 30 秒内，所以必须用最短的时间讲清楚产品信息，品牌往往优先考虑陈述品牌特性、功效等，而相对无暇顾及品牌精神的表述。这也是为什么我们看到的电梯广告普遍都是叫卖式的洗脑广告，因为 15 秒的时间很有限，每一秒都是流水的预算。而一旦时长不受限制，广告就有更大的空间针对品牌精神做文章。这类的变种 TVC，相比于广告，它们更愿意被称作"内容"。比如 2016 年刷屏的 SK-II 广告《她最后去了相亲角》。

投放渠道更偏线上。媒介环境的变化导致品牌在预算分配上越来越倾向于线上。在不考虑特殊品类的前提下，如今有很多品牌制作完广告片后，只会在电视或户外广告等传统渠道设置很小一部分的媒介预算，更多的预算被投向了新媒体渠道。

其实所谓的"变种 TVC"，有点类似微电影。用一部微电影讲述品牌精神，是管用的形式。即便如此，那些所谓的"走心大片"，即使投入电影级的制作预算，往往大部分也沦为品牌自嗨，很难在用户间形成二次传播，投入产出比低下。

所以，有的品牌开始倾向于将预算打散，比如一支 TVC，拍摄预算 + 媒介预算 500 万，将这部分预算打散，将重心移到抖音、快手、B 站等渠道，制作更符合平台特征、更打动定向人群的内容，用短视频代替 TVC。事实上，已经有不少品牌开始尝试制作相对低成本但产出比更高且可监测的竖屏广告了。

总而言之，5G 时代的步伐不可阻挡，中国更是在这次浪潮中走在前列。历史告诉我们，当科技出现不可逆的进化，我们能做的只有去适应它。传统 TVC 广告有它的价值，但我认为 TVC 更需要的是进化，不断变化出适应当下营销环境的形态。

媒介环境的变化，VR、AR 等新技术的出现，甚至 AI 的普及，这些都有可能成为影响广告的变量。从 15 秒内容有限的 TVC 进化到品牌微电影，衍生出各种"变种"形态，这就是广告适应时代的过程。未来 TVC 会变成什么样？我们无法断定，但可以肯定的是，商业广告一定会变。举一个当下的例子，近期微信视频号的出现可能又是一个新的信号，品牌在拍摄品牌广告片，视频号的格式、比例和抖音、快手等传统短视频平台又存在不同，这也许意味着，今后品牌广告片需要随着媒介渠道的不断变化适配更多种格式和形式。

张骏

自媒体"骏小宝"主理人，新媒体及公关入行 6 年。历任携程公关创意策划总监、连咖啡品牌公关负责人。代表作：连咖啡《口袋咖啡馆》项目；连咖啡《童年回忆盒》项目；携程《壮美山河全球体验官》项目。

为什么你的职位听起来越来越厉害，却越来越不值钱？

现在广告圈子的"总监"早就不稀奇，"总经理""副总""首席"以前听一下就浑身发抖的"大官"，如今也是遍地开花。是我们这个行业已经出息到精英聚堆儿开大会的程度了吗？其实这是传播大生产下的职位"通胀"——职位听起来越来越厉害，却越来越不值钱。

市场的快速发展，使很多传播人加速走上中高阶岗位。

4A 进入中国，对推动广告行业发展的作用是巨大的。一时间，广告人才"供给"远小于市场"需求"，尤其是从移动互联开始，市场上对广告人的需求剧增，广告行业平均流动率都在 50% 以上。人才流向客户方，如互联网、同类其他代理商，或者独立创意、制作公司等。应对大量的人才需求，HR 的头等大事就是：招聘。人才管理中通常所说的继任者计划、梯队建设都无暇顾及。原因是你刚做好人才发展计划，一半的人就走了。不仅如此，我们痛苦地发现，新招的人不但薪水比公司同等职位的人更多，而且还不一定"好用"，为了平衡内部的关系，本来能力还需要夯实的人也被一一升职。这种现象我们至少切身经历了 10 年之久。所以这个行业资历尚浅却高职位的人是很常见的。

职位与职位应该输出的价值脱节。

职位的价值是通过其能为企业创造的价值体现的。广告企业的价值在于是否能帮助他们的客户解决传播的问题。现实是越来越多的客户认为广告公司不能为他们解决问题。当客户把广告公司作为下游的执行单位,广告公司的工作性质就变成了接单员,那么回到薪水这个问题:市场会付多少钱给接单员?

曾经令我们无比骄傲的工作怎么就变成接单员了呢?

1. 远离了对知识的深度思考。

广告行业里盛行着各种模型和理论,里面不断添加着网络新词,漂亮的PPT展现着复杂的逻辑和大量数据,这看起来很专业,不是吗?!在十五二十年前,舶来的理论不用太推敲都好用。那时中国市场相对广阔,很多的品类中有品牌的空位。现在如果仍然拿现成的套路应对同质化竞争,往往会时灵时不灵。模型让我们远离了对知识的深度思考,也剥夺了我们对认识事物之间本质联系该有的敏感。

2. 专业的过度分割,影响了整体的产出。

我问过一位不错的策略主管,什么是好的策略人才。她的回答我到现在都印象深刻,她说:"好的策略人可以做创意。"

当广告逐渐成为流水线作业,分工也越来越明确:策略、业务、创意、媒介、制作等。久而久之,这些"专业"之间的墙就越来越厚,我们叫它"筒仓结构"。而现在更多客户需要一整套行之有效的传播解决方案来应对激烈的竞争,甚至连客户的营销部门也在逐步整合,这种"筒仓结构"就会成为阻碍——专业过度分割,无法做到专业间互相效力,整体的产出势必受影响。

3. 少了对责任的敬畏。

"把工作做完"和"把工作做好"之间有很大差别,归根结底,我们是不是能做到守土有责。当发现产品的问题或者机会,我们是否能主动向客户提出见解,哪怕客户没有提出要求。现实中,更多时候我们能做到把客户交办的事情做好(就不错了),而对没有下单的工作,我们心里清楚有多少是我们选择性忽略掉了的。

帮助大家不断产出有效的价值，让职业生涯不跑偏的几点建议。

广告圈有带着梦想加入的年轻人，也有走着走着就迷茫了的业内人。这里简要提供一些个人发展的建议，以帮助大家不断产出有效的价值，让职业生涯不跑偏。

1. 练习多角度思维，找到问题的关键点，不断提高解决问题的能力。

不要迷信专家和模型，理论都有它建立的时代做背景。在与你的同事或者客户沟通时，用对方听得懂的语言和逻辑。少用花哨的新词儿、大词儿，这并不会更有利于你的沟通。

要不断提升站在对方的视角看问题的能力，能找到对方脑海里对问题的假设和思维的逻辑，这对理解问题大有益处。

2. 持续的自我学习能力。

企业越来越需要既有知识广度也有专业深度的人才，但就这点就有不少人是走弯路的。不停地换工作，服务的客户一大堆，他们觉得自己经验很丰富，其实这是他们对自己的误会。大部分公司在招人的时候，只是看中候选人相关的经验，同样的事情，不用手把手来教。所以这些同伴只是把同样的技能在不同的客户身上都试了一遍。虽然跳槽的薪资增加，但从学习成长上，是放慢了速度的。

让自己的学习既有广度也有深度，最好是在陪伴某品牌成长中（通常需要几年）不断积累实践出来的。

要学会先把某个领域的知识钻研通透，在此基础上，找到下一个学习的重点。让知识点一个一个附着在一起，这样的学习发展反而是相对快的。

3. 提升责任感。

别让岗位说明书阻碍了你的发展。照着岗位说明做事，或许被问责的可能变小，但学习的机会也变小了。别去信那些"少做少错，不做不错"的经验谈，这除了让你成为一个"老油条"，对你的成长没有任何帮助。

有意识地提升责任感，对客户的产出负责，为此敢于提出不同意见。不断地突破固有的思维界限，勇于尝试。

这些年市场上不少人唱衰广告业，不能说这些声音没有根据，但我们要看到应对竞争"让品牌更有意义"仍是强势且行之有效的方法，广告传播在这里扮演着重要的角色。身处其中的我们要不断通过扎扎实实的成长，提升专业产出和影响力，让广告行业为客户、为社会发挥更大价值。

秦恕

奥美集团上海首席人才官，从业 16 年。短暂的中国商务部工作经历后，进入奥美集团，先后在奥美北京、奥美上海任职。2014—2016 年，在特劳特伙伴公司任人才总监。擅长组织发展研究。

当我们看广告的时候，我们看什么？

　　市场部 Sunny 火急火燎给广告公司客户总监 Shirley 打电话：接简报啦，士力架要在中国做一拨新的广告战役，你们抓紧出一套创意方案啦。Shirley 即刻着手准备简报，这次传播的主要任务是帮助士力架在中国打开更大市场、赢得更多消费者，需要传达的核心信息是士力架作为热量型巧克力，能带给你更多能量。

　　很快，Shirley 把写好的简报丢给策略 Fiona，Fiona 开足马力去为士力架找一个核心主张。她边吃士力架边绞尽脑汁，吃到第三条时有点撑，她突然灵光乍现。既然士力架能量这么高，那就是说士力架不是一般的零食，它能顶饿管饱，饥饿的时候来一条，迅速帮你恢复体力元气。切入角度有了，该创意出场了。

　　创意总监 Tony 召集团队头脑风暴，创意大爷们吃着士力架七嘴八舌，连个屁也没爆出来。Tony 一怒之下，规定想不出来不许吃饭。脑袋想爆了，依然没有头绪。文案与美术饿得直冒金星，个个肚子叽里咕噜，腿软无力，心慌抓狂，两眼发直，干什么都没劲……看着手无缚鸡之力的创意们，Tony 心里苦笑："一群废物，饿得都不知道自己是谁了！"突然他眼前一亮，这不正是苦苦寻找的创意吗？饿的时候，每个人都不是原来的自己了，都变弱了。那如果不是原来的自己，又会是谁呢？这个时候，创意任务就成了寻找中国最弱不禁风的人。1 岁婴儿、100 岁老人、病人、中国男足、失恋的男人、西施、林黛玉……创意呼之欲出，最后选出一个又弱爆又有表现力的选手就易如反掌了。

以上情景纯属臆想，如有雷同纯属巧合。这是我当时看到士力架广告《林黛玉篇》时，脑子里浮现出的情景。

作为广告从业者，我经常琢磨，当我们看广告时要怎么看。我们不能只看个热闹，我们要看广告背后的动机和消费洞察，看广告的表现和执行，这样才能不断进步。

广告看多了，我似乎发现了一个创意诞生的规律。创意的产生其实是一个概念转化的过程，一个从产品概念到传播概念再到创意概念的转化过程。为了便于理解，我试着给它们一些定义。产品概念，是指产品的属性、优势和利益点，一般来自简报里的产品关键信息，由客户部负责。传播概念，指消费者看到广告后获得的直接信息，是高度概念化的核心主张，由策略部负责。创意概念，指如何用创意把产品主张呈现在消费者面前，这时候需要人们常说的洞察，由创意部负责。

我们再回头看看士力架《林黛玉篇》中三个概念间是如何转化的。

产品概念：士力架是一款能带给你强大能量的巧克力。（简报）

传播概念：横扫饥饿，做回自己。（主张）

创意概念：当你饿的时候，你不再是你自己。（洞察）

这样整理完，是不是觉得创意变得简单多了？

我们再看一个例子，苹果经典案例 *Think Different*。

产品概念：苹果电脑是一款完全不同于 PC 系统的电脑。（简报）

传播概念：Think different。（主张）

创意概念：致那些改变世界的人。（洞察）

耐克为纪念科比紧急制作的《永远的黑曼巴》字幕广告片，也能清晰地看到三个概念的转化。

产品概念：纪念科比。（简报）

传播概念：永远的黑曼巴。（主张）

创意概念：28 个永恒的瞬间。（洞察）

当我们把这三个概念列清楚了，创意就很清楚了。如果你没看过这些广告，单凭这三个概念的文字，估计你也能想象出一个大致的创意。这是一直以来我看广告喜欢做的一个游戏，有兴趣的话大家也可以试试。这个游戏适用于一切类型的广告，无论是传统的 TVC、KV，还是数字时代的 H5、互动广告、社交化广告等。在实际的创意工作中，这也是一个很好的创意方法和工具。

需要指出的是，你在看广告案例时，也许会遇到产品概念 = 传播概念，传播概念 = 创意概念，甚至产品概念 = 传播概念 = 创意概念的情况，这都很正常。这说明产品概念或者传播概念够强、够犀利，直接就可以作为创意概念产出创意了，这是创意人员求之不得的事。从产品概念到传播概念再到创意概念，每一步都不容易。在实际工作中，这三个概念产生的顺序也不一定就是先有产品概念，再有传播概念，最后产出创意概念，传播概念和创意概念产出的顺序经常会反过来。

看那些好的广告，那些优秀的案例就要看概念的乾坤大挪移，这也是我的创意秘籍，在这里跟大家分享，希望对各位有所启发。创意，从来不是一件简单的事，也从来不是一件能讲清楚的事。但我们至少可以从优秀的广告案例中学到一些创意的规律和思考方法。

祝大家创意进步！

叶青竹

上海极昼广告有限公司创始人，文案入行，从业 20 多年。历任扬·罗必凯、天联广告（BBDO）、盛世长城、精信、天博（TBWA\HAKUHODO）创意总监，CP+B 北京总经理。代表作：必理通《布什父子篇》；英菲尼迪 QX50《完美出逃》（周迅、高圣远加盟）；腾讯体育篮球世界杯《麻将篇》《相声篇》《广场舞篇》。

创意该独裁还是民主？

关于创意独裁与民主的话题，去组织一场《奇葩说》专场，把它拉到场面上辩论也不为过。对创意人而言，也许都曾向往着创意的民主化，却又不得不面临独裁化的困境。创意民主更多发生在团队脑暴的过程中，而创意独裁是终结脑暴的独特方式。

在我们探讨之前，我打个不恰当的比方。如果把创意的独裁和民主，比作两类人的话，创意独裁就好比是凶神恶煞的屠夫，而创意民主就像是文质彬彬的学子。对于他们彼此而言，永远无法用强制的方式，让一方接受另一方的观点。到头来你会发现，两类人很容易出现鸡同鸭讲、无理取闹的局面。

独裁的屠夫，俨然是一个行走的创意杀手。所到之处，创意必定尸横遍野。而他（她）往往代表着公司创意层面的最高标准，没有经过屠杀的创意，不足以称为优秀的创意。

创意独裁体质，越是在精英化的创意热店，越日常。作品就是他们的荣誉勋章，据我所知，几乎所有的创意热店创始人依然扛着枪在一线战场血拼。作为员工，当你在享受每一次作品带来的荣誉感时，也要学着接受被独裁的命运。某种程度上，独裁的体质会助你练就创意人该有的大心脏。它会激励着你，想方设法"干掉"大老板的创意。"求知若饥，虚心若愚（Stay hungry, Stay foolish）"，乔布斯的这句话就是对创意独裁精神内核的最好解读。

印象最深的一次，至今也记忆犹新。那时我在 KARMA，服务某知名车企一个绿色植树公益项目，当在创意会上提出"为地球戴绿帽"的大胆想法后，看到老板 Kama 慈父般的笑容，我就觉得"有戏"！后来私下听同事说，很久没看到在他面前过稿率这么高的创意了。Kama是我接触过的最有人格魅力的老板，正是因为这次偶然的成功，我相信创意独裁并非绝对的，而是相对的，甚至是包容的。

创意独裁体质，并非内部的信任危机，也有面子工程的顾虑。当然，我所说的"面子工程"是褒义。对于老板而言，毕竟公司是他（她）一手打造的独立品牌，理应有责任把好最后一道关，有义务把最牛的创意贴上公司的标签。为了面子工程，老板们宁可做内部独裁的屠夫，也不愿被外部骂为蠢猪。

我自己开公司后，"适度民主，相对独裁"一直是我们坚守的创意教条。在我们眼里，创意独裁，绝非创意打压，它需要建立在适度创意民主的基础上。

而民主化最好的练手机会，就是日常创意的训练。拿黑店来说，我们有个内部创意脑洞专栏，每一次专栏创意的讨论，会产出30个以上的创意。优胜劣汰，内部投票筛选出最好的三个和最不好的三个。合理的创意民主化，是检验创意好坏的重要标准之一。

创意民主体制，是把双刃剑。一方面，它代表创意人骨子里追求的创意公平与自由；另一方面，过度民主化也是创意效率骤降的罪魁祸首之一。

创意的公平和自由好理解，身为创意人，你得去抓住每次开口的机会。你可以是文质彬彬的才子，但当你开口表达的时候，别内敛，彻底释放你的天性，我想没人愿意做那只温水里的青蛙吧。

创意过度民主化，会陷入囚徒困境。何为囚徒困境？简单说，人都是自私的，大家难免会自顾自地打着小算盘。那些聪明的人，往往会因自己的聪明而作茧自缚。看似争得面红耳赤，可谁又曾服过谁。到头来，大家只会陷入一种创意死循环。

为什么好好的一场创意会，搞不好就会是一场吐槽大会或自嗨大会？因为它需要独立思想的支撑啊。这也恰恰是很多创意人潜意识里最容易忽略的。试想一下，当接到一个全新的简报时，你会不自觉地在大脑中检索匹配的案例，大多数时间，创意讨论似乎变成了一场创意鉴赏。创意难产，甚至撞车的现象也就不难理解。

　　创意独裁还是创意民主都不是绝对的。我们要承认优秀独裁者的天赋，也要赞赏优秀民主者的勇气。不是所有的创意独裁都值得推崇，并非所有的创意民主都值得追捧。对于广告公司而言，作品就是你的武器，"适度民主，相对独裁"对作品、对客户都会有更多的保障。

黄煊（野叔）

404 黑店主理人，文案入行 7 年，历任 KARMA、介陌资深文案，一案组长。代表作：饿了么《官候新年味》广告战役；老板电器《婆婆妈妈的年》广告战役；天猫国潮脑洞方便面假发。

为什么广告人这么聪明，但广告行业不是最赚钱的行业？

广告人很聪明是无疑的，算是一群非常有创造力的群体。但你会发现即使在广告行业做得再成功，也很难看到广告人是超级富豪，或者广告人几乎没有排入过福布斯富豪榜单。地产、互联网、消费品、文化娱乐这些都有可能产生超级富豪。

赚钱行业的逻辑：聪明的高价值 × 可复制增长 = 超级赚钱。那么我们先分析下广告人聪明的高价值是否成立。

广告人肯定认为自己是非常聪明的，而且点子是超级值钱的。比如你会听到某个广告人突然拍案而起，大喊一声："这个创意价值 1000 万。"但是事实上谁来支付这个 1000 万很重要。通常创意们面临的现实是有价无市，人们很难购买摸不着的价值。所以非常多的甲方客户会砸重金在媒体投放上，在流量明星和 IP 合作上，购买创意却非常谨慎。

一个策划方案你卖 10 万以上都会觉得贵。有的客户甚至觉得这个创意我也可以想出来。如果制作和媒介不透明的话，创意人会通过媒介和制作来赚创意溢价部分的钱。但是现在甲方可聪明了，他们甚至先让你提案，让你分拆报价，最后把制作和媒介砍掉。说自己可以做，或者找市场上最低价格的来做，那你只能收到可怜的创意费用。甚至只买你一句话，其他大头都不在你这儿发生。这下不是蒙×了吗?!聪明的高价值是不稳定的,有时候会变得非常廉价。如果服务一个客户超过三个月,最后客户只买了一句话或者说项目总部临时砍掉了,你还可能倒贴钱。这样看来,创意人的人均产值并不是很高,只有少数顶尖的创意人可以把创意单价提上去,可那也是凤毛麟角。

其实创意是否高价值还不是最大的问题,有些薄利多销的行业依然可以很赚钱,只要规模上去,比如日用消费品行业。但问题在于创意的可复制增长性或者价值杠杆能力不强,从时间性来看,不像艺术品或者茅台酒,时间越久越值钱,它缺少跨越时代的溢价能力。同时创意的价值很难被实体化和IP化。从广告公司看创意的可规模化就是如何高效地复制优秀的创意人,每个人还能高效接单赚钱。人是最难复制的,不像机器人,更何况是最不稳定的广告人。我们可以培养清洁工、快递员、保姆对接平台,做ISO标准相对容易得多。但是广告人做标准就非常难了。特别是近几年,营销环境迭代速度极快,还没有培训完,培训的教程就已经废掉了,这样就很难做时间的朋友,享受复利增长。除了广告公司本身的创意模式难以复制外,转型到IP化和实体化过程中也会遇到大量困境。

广告公司是创造性行业,但是创造性需要一个更大的落地载体,才能发挥最大化价值效应。迪士尼是一家创造性的娱乐公司,特斯拉是创造性的科技公司,他们都具备非常大的想象空间,甚至影响几代人的梦想。聪明的高价值和可复制增长两个变量都被验证,所以吸引了大量的用户和投资者。而广告人虽然聪明,但是所处的行业在这两个变量上都有巨大的不可确定性。这也是投资者不敢轻易涉足的理由。投资者都非常现实,哪个行业可以出现高增长,哪个行业就是热钱最多的地方。

读到这里你肯定很绝望,为什么会进入广告行业,俗话说"男怕入错行,女怕嫁错郎",虽然广告行业不赚钱,但是广告行业是最具备不确定性挑战的行业,也是最好玩的行业之一。如果你在广告行业待过,再进入任何行业都可以让你获益匪浅。当然,虽然每年都有人说广告已死,但广告行业本身也在自我迭代、涅槃重生，可能变成创意策略 +VC 投资，或者创意策略 + 消费品的新物种。我希望有一天广告人在不脱离广告主业的情况下，登上那个福布斯榜单。

无论广告人，还是广告公司，要想点石成金，除了点子还需要找到那块属于你的石头。

王小塞

有门互动创始人、董事长兼首席创意官。文案入行，从业 18 年，历任梅高、智威汤逊资深文案，安瑞索思创意副总监，腾讯华东区策划总监。
代表作：支付宝五福广告战役；丧茶广告战役；大白兔香水广告战役。

为什么广告公司合伙人容易散伙？

创业开公司，都容易遇到散伙的事，但在广告圈似乎特别多。是广告人的天性使然，是广告行业属性使然，还是管理制度出了问题？一切要从创业之初说起。

创业初埋的雷。

广告人合伙创业多是专业互补，兄弟义气，且常常义利不分。1. 股权结构常不合理，要么太平均，要么太不公平；2. 专业角色互补与公司经营角色互补大不相同，所以从团队专业合伙人一旦进入公司经营合伙人，常会发现并不合拍。

行业天花板的顶。

人是活在不断追逐的梦想与希望中的，公司也是。而广告行业的天花板却很容易见到，一个见到天花板的公司很容易没了梦想与希望，转而盯着公司及个人利益。没有梦想驱动，只有利益驱动是公司散伙的前兆。

行业门槛的低。

门槛低，创业成本低，分分合合也更随意，广告人的感性，广告人的求新，更加剧了这种分分合合。

公司治理的不专业。

专业，是广告人最爱说的词，可在公司治理上却常不重视专业，很少请专业的公司做股权架构、激励机制、合伙人制度等，董事会经营层常常角色不分，股东分红、经营层分红常常混杂不分等。没有制度保护的人性经不起考验。

共同进步的不同步。

从专业人转变成经营者，从项目经营转变为公司经营，从日常经营转变为资源整合，从资源整合转变为前瞻思考。公司发展要求合伙人与时俱进，而广告人常在专业上与时俱进，在个人成长转变上未见得如此与时俱进，合伙人有分工同样要有进步，有人掉队，长此以往矛盾丛生，没有好的制度提供好的解决办法，常常不欢而散。

同其他行业一样，广告公司避免散伙或好好散伙的根本办法还是靠制度。

第一，请专业的公司制定制度。

广告是一个把专业挂在嘴边的行业，既然专业如此重要，为何涉及公司合伙人制度时却不请专业的公司或团队来专业解决呢？有几个广告公司愿意花几十万、几百万请专业公司或团队来根据公司实际情况定制合伙人股权制度、薪酬激励制度、加入退出制度等？专业的广告人也不要太自恋，不要觉得自己什么都能搞定，毕竟术业有专攻。

第二，让专业的制度管理人性。

制定制度易，遵守制度难，尤其是对制度意识本身就不强烈的广告人更是难上加难。当个人利益与制度冲突时，能否遵守制度？当人性懒惰与制度冲突时，能否遵守制度？当人生倦怠与制度冲突时，能否遵守制度？人性随着人生的不同阶段而变化，人性不可测也不能测，管理人性最好的办法就是尊重制度。

第三，有长远的愿景凝聚人心。

广告人常为客户做品牌规划愿景，却很少为自己公司做愿景规划。如果问一个广告公司合伙人，你们想做成百年企业吗？估计会被嘲笑。这时代变化太快，这行业变化太快，这行业的公司变化也太快，大家都习惯了挣快钱做爆款，做个长久的广告公司似乎成了一种奢望。但是，一个没有愿景的公司如何会有长期的规划？一个没有愿景的公司如何会有稳定的价值观？一个没有愿景的公司如何舍得投入？一个没有愿景的公司如何会尊重制度？

以利聚必以利散，因梦聚必因梦而远。有制度，有梦想，有利益，有情义，愿大家合久不分，分而不怨。

祝为君

及时沟通创意社区首席执行官、联合创始人。从事广告 20 年，参与见证了中国地产广告的演变。在黑弧广告（后为黑弧奥美）以文案入行，做到执行创意总监。2006 年和朋友一起创立及时沟通，现有深圳、北京、上海、杭州、重庆、成都等 6 地公司，公司涉及地产、金融、互联网、快消品等客户。

为什么广告人也有 "七年之痒"?

其实最核心要怪的还是你对广告的持久力不够，以及广告行业持续的吸引力不强。

从事一个行业跟经营一段感情和婚姻没什么两样，从来都是你怎么对待她，她就怎么回报你。

七年，足以磨灭你对她的全部热情，从第一年新鲜到第二年熟悉、第三年疲惫、第四年麻木、第五年思变、第六年死心、第七年出轨，如果你不是足够爱她、足够投入、足够相互找到彼此欣赏的点，最后只能以相互告别收场。

七年，足以让很多人跳槽10次，每次跳槽都觉得被迫，从第一年为养活自己到第二年为找好公司、第三年为求升职加薪、第四年为寻好拍档、第五年为遇好客户、第六年为求好老大、第七年找好团队……一年一个目标，年年不一，到头来两手空空，简历里面除了经历一串公司的名单，还是那几件拿不出手的东西，最后你不离场，也没人敢请你入场，这也许算被动的 "七年之痒" 吧。

七年，足够时间让你遇到各行业的客户，如果你能把每一个行业当成一次学习与创意的机会，那七年至少能了解10个行业，这可是一笔难得的财富。相比其他很多职业，也许一辈子都绑定在一个位子上，别说七年能有多少不同，反而相对少了更多可能的机会，当然这些机会，也让不少人心花怒放，毕竟外面的诱惑太大。如果你能把七年的积累变成踏入其他行业的资本，肯定是好事，毕竟当下，很多优秀的广告人已被各大互联网企业挖得差不多了，这也算是一种主动的"七年之痒"。

七年，也足够时间让你尝试多个行业，不过这个有点奢侈，本应该在大学四年就该搞懂我是谁、从哪来、要到哪去，却滞后到步入社会，轮一圈下来，把自己碰得灰头土脸，最后还是觉得做广告门槛低，好混点，但广告也是江湖，江湖自有江湖的规矩，再收留你也就不易了。

七年，说不长，也漫长，首先得经得住无数灯红酒绿的诱惑，很多人容易一杯酒下肚就飘飘然，广告人毕竟还是很单纯的；其次得顶得住无数客户的"强奸"洗礼，因为，七年足以磨灭你的心智以及创意的梦想，这些年来，怀才不遇，带着遗憾离开圈子的广告人也不在少数；最后得受得了老大和隔壁西装的刁蛮与训责，有时候做广告，更像是一种师徒的传承关系，既然是师父带徒弟，骂你便是爱你。你要是能将生活的苟且短时间抛诸脑后，始终心怀诗和远方，我相信广告终归为一段丰富多彩、烂漫的旅程，因为也只有广告创意行业，才有机会经历形形色色的行业和人群。

七年，足以让你从小白成功上位成广告大咖，秘诀在此，如果你足够热爱创意、足够把广告当成生活的一部分，不过于计较得失，每天坚持想一个创意，一年就有365个创意，再把其中的3~4个好创意实现出来，可以主动把想法卖给客户，也可以在服务客户的过程中抓住合适的机会，翻出自己的箱底货。一旦坚持下来，七年就有差不多20多件作品，我相信你即便没到大咖的头衔，头上光环也亮到爆，各司大咖也会时刻想着挖你，根本不存在所谓的"七年之痒"了。

当然，要破解"七年之痒"也并非难事，关键在于你能否持续保持对广告的热情，持续将创意和个人兴趣爱好融为一体，唯有持续水乳交融，你才离不开它；持续保持对创意的饥饿感，因为肚子还饿着，你就不会想着离开座位；持续保持对创意的新鲜度，少长时间服务一个一年都没什么产出的客户，多尝试做不同的单项案子；持续保持从创意中获得成就感，不仅要拿广告创意奖，更要将客户的生意当自己的生意，客户的成功也就是自己的成功。

张锋荣（Darren Zhang）

北京天与空首席执行官。20 年广告经验，历经北、上、广三地长达 10 年的国际 4A 创意总监及团队管理经验，曾任北京卅六策（Serviceplan）、上海腾迈广告（TBWA）、上海李奥贝纳创意群总监，北京奥美创意总监。
代表作：小黄人占领麦当劳、麦当劳黑白营销战役；安利基金会《假装吃大餐》公益活动；Kindle"读书的人有梦可做"系列活动等。

不善言辞的美术设计，如何更好地沟通以提高效率？

记得以前看过一句话：累的不是工作本身，而是工作的人。我理解这句话的意思是：工作本身的辛苦，远不及与人沟通的疲累。尤其是当大家的思维不在一个频道的时候，沟通尤其痛苦，最要命的是，这种时候仍然要保持尴尬而不失礼貌的微（伪）笑。

作为一个广告公司的美术狗，对这句话是深有体会的。以下是公司的会议日常：策略拿出 50 页的消费者洞察 PPT，逻辑严密、滔滔不绝；媒介左手双微右手抖音，左手市场调研右手数据分析，市场环境了如指掌、如数家珍；文案张口一段宣言，闭口一句广告语，角度独到、出口成章；美术："呃……我找了个参考你们看一下。"不是我们闷，是我们插不上嘴啊！

广告，本身就是为品牌与产品找到和消费者更好的沟通信息。在广告公司工作，沟通的效率更是与方案通过率直接挂钩——正确理解客户的简报，和同事有效沟通创意想法，能达成这两点，就事半功倍了。美术虽然主要负责用视觉语言传递信息，但是只会闷头找参考，用别人的作品来表达自己的想法是远远不够的，甚至有时因为缺少一些语言上的描述，听者在认识上会与表述者产生偏差，导致最终结果不尽如人意。

所以，我认为作为一名广告公司的美术，除了提高自己的业务能力，还需要尽量加强自己的语言表达能力，以下是我自己这些年的一些经验。

1.接到简报后，多去找一些相关行业的竞品、行业趋势等资料，研究对比，分析不同品牌的特色和主张。试着从消费者的角度去倒推，也可以从客户的角度去思考，总之，不要等待其他人来告诉你他们的研究结果，每个人看问题的视角不一样，有时灵感就差在这一念之间。

2. 除了对客户品牌、产品、渠道、销售、运营等的理解之外，还要对客户决策层的喜好和性格有一定的了解。比如有些客户喜欢干净简约，有些喜欢欧美风；有些爱追热点；有些追求经典。准确地了解可以让我们的工作更高效。

3. 要对自己有自信。很多人对自己的建议没有信心，导致不敢在会议中提出自己的看法，怕说错了被人嘲笑。其实大可不必，没有人会一直记得你出过的糗，但是多加努力改进，迟早会出现闪光点并被大家记住，随着次数的增多你会越来越自信。

4. 负面情绪要学会自我清理。工作中，总会遇到各种不顺心，要学会消化挫折、自我驱动，做到百折不挠。

5. 持续的自省。每过一周或者一个月，都给自己留一段空闲来好好思考一下这段时间的工作中哪些做得好，哪些不好，有则改之无则加勉，激励自己持续进步。

6. 不同职位沟通中的注意事项。

初级美术职位：能听明白客户/上司真实的需求，有的甚至是言外之意，有不理解或者不明白的地方，等对方讲完可以直接提出来，直到真的明白并理解真实意图，初级入行不要觉得这个问题傻而装懂。

中级美术职位：能清晰且有条理地表达自己的想法，可以提前列出提纲，对着镜子读出来，切记不要默读，效果完全两样，自行体会；对于本土客户，可以多用一些专用名词和行业新词，对于国际客户，基本的行业单词务必牢记，中英双混是他们的日常习惯，多累积词汇量，免得遗漏一些信息。

高级美术职位：让自己的表达更通俗易懂，比如，说完后连公司刚来的实习生也能听明白，或者片场的灯光小助理也能理解并做到位，因为你面对的人群更广泛，意味着他们的背景知识和认知更多元，所以尽量简单。

大神美术职位：听过但不太懂（境界没到，还理解不了）。

做到以上几点，至少在日常工作沟通中，除了画面参考以外的其他方面，也能更有底气地提出自己的想法，为团队与项目做出贡献。

总之，沟通能力对于一个有追求的美术来说是必不可少的，多说、多做、多试错，有趣的灵魂，也需要说出来。

惠耀

目紫（Visual Appeal）创始人，美术背景，入行 15 年；曾服务过奥美、盛世长城、智威汤逊等 4A 公司，作品曾荣获戛纳银狮奖、金铅笔奖、克里奥广告奖、D&AD 等国际广告奖项，创业后还没有自己满意的作品，希望今年能出来一个。

客户过稿了就行了，为什么我的领导还要再过一遍？

人的成长，有些问题拖一拖，随着时间的推移，问题本身就不重要了；但有些问题，我们必须较真，比如我们今天要来聊的问题。

这个问题每个广告人一定遇到过，也可能曾经困扰你很久，但它不是一个可以直接回答是或否的问题。因为严格来说，它是一个课题，而不是一个问题。所以我们在回答它之前，需要把它拆分成几个原子问题。

一、是不是客户过稿了，你的稿子就是没问题的？

先说答案，不是。如果你遇到的是一个负责的客户，客户觉得好，大部分时候是他们觉得这个稿子已经满足了他们对这个稿子所扮演角色的期待。但这个解决方案能打多少分，取决于客户的专业程度。事实上，很多甲方并非专业出身，所以他的判断标准往往只是效果层面的，而一支广告最终的效果如何，应该有一个全维度的评估体系，这也是客户花钱请广告公司最重要的部分——提供专业、科学、最优的解决方案。

换句话说，广告公司提供给客户的东西，不应该只是停留在能满足客户要求的层面，而是"问题解决 + 专业水准"的最佳平衡点。你给客户的每一个稿子，首先必须是能解决问题的，其次，专业的下限一定要守住。

所以为什么同一个品牌、同一拨客户，不同的团队来服务，出品水准会有天壤之别。应该拿客户的接受度来"背锅"吗？很显然不是，客户都是可以被引导的，每个人对审美的常识是共通的，关键在于你的出品下限在哪里。

所以你的工作，不应该是以客户过稿为导向，而是应该以科学的专业体系为参考系。

二、那我的领导不专业怎么办？

如果你能从我提出的课题中，延伸出这个问题来，恭喜你，你已经和大部分只把广告当成一份工作、只求轻松一天就能混到工资的人拉开了距离。你是一个真正有求知欲的优秀广告人，只要保持这个劲头走下去，这个行业会给你应该有的回报。

说回问题本身，曾经在知乎上就有人问过我这个问题："作为文案，正确的选择和老板的喜好，选哪个？"我的回答是：你怎么知道你的老板是不正确的？

我这回答并不是在反驳他，而是希望传递给他一个信息：你应该有自己的专业体系。专业体系是什么？它就像电脑的操作系统一样重要。它能告诉你什么是对的，什么是错的，什么是我们应该遵循的，什么是绝对不允许的，这个体系最终会指引到一件事情——好广告是有标准的。

所以如果你觉得你的领导不专业，那么你要问几个问题，他是不是比你资深，如果是，你应该去审慎地求证，你和他的分歧本质到底是什么？你可以用你的体系和他辩论。如果还是不能说服你，公司有没有比他更资深的人，你可以向他们寻求咨询和建议。

什么？你们公司不允许这种文化？那这种公司不赶紧跳槽还留着等什么。

分享个我自己的故事，在我刚入行的时候，教我写文案的人一直都是公司的创始人（行业比较有名的一个前辈）。后来公司越做越大，师父就没什么时间指导我的文案了，于是招了个撰文指导。他是一个文笔非常优秀的文案，但策略能力比较欠缺。所以大部分时候写东西，我和他的方向都有分歧，经常争执不下，以至于在一次公司分享会上，我还专门写了一个PPT来阐述什么样的文案才是好文案。这样的争执多了，我就要求我们一人写一稿，最后给师父来裁决，大部分时候采纳的都是我的方案，所以，后来没多久我就做撰文指导了。

所以我想说什么呢？你可以还不够资深，但你必须有挑选好公司和好师父的眼光，你也必须有离开一家不专业公司的勇气，但唯一不能够的，就是贪图省事而来问"甲方过稿了，我还要听领导再过一遍稿吗"这种问题。

做好了这些，剩下的就是释放你的求知欲，好好学习精进。

三、广告人如何建立起专业的价值体系？

这个问题是解决上面两个问题的根本，也是每个广告人最终必须建立的，可以说就是常识。

关于广告人如何建立专业的价值体系，我总结为三件事：

1. 读足够多的专业书；

2. 分析足够多的行业案例；

3. 到实践中去验证。

建立专业体系不是一朝一夕的功夫，也不是能毕其功于一役的事情。恰好相反，它是你穷尽专业生涯都应该去不断学习、提升、完善的一个过程。当然，走到最后，你会发现这个行业有很多派别和体系，你应该怎么办？

你应该找到适合你的价值体系的公司，去发挥你的价值。如果实在找不到，就自己开一家广告公司，像我一样。

以上，希望对你有帮助。

罗超群

平凡信仰创始人、首席执行官，《广告创意笔记》作者，文案从业 10 年。
代表作：爱帝宫《母亲节，我们送你飞回家》广告战役；唯路时《向我而生》广告战役；BLOVE《放过自己》广告战役。

广告人 45 岁之后做什么？

这是我近几年一直在思考的问题，也困扰我很久。

创意人是广告人心目中的标杆，智多星，才华横溢……选择创意作为终身职业之人，应该都享受这一份挑战感，不重复自我，不能接受日复一日的重复工作。

其实到了 40 岁之后，每天睁开眼看手机，一边是全行业开展直播，全民网红，亚文化多元化，各种没听过的新模式日新月异，那帮年轻人总是趁你睡觉时马不停蹄地升级。另一边是全球广告创意集团在疲软中合并，哪一家 4A 又被除名了。常常感觉自己武功全废，年轻时在 4A 学的那套都没用了，双重对比伤害中，觉得自己已经在职业悬崖的边缘了。

人到中年才发觉，我们这行经验的积累可能是最无用的，创意就是要创新，我们从颠覆观念的新一代正转变成为被颠覆的老一代，往往中年后就是下坡路。医生、律师、财务、厨师等职业，都随着岁月越来越升值，而我们却只剩下一些剩余价值。

一定有朋友说，45 岁之后，创意人开餐厅、咖啡馆、酒吧，玩音乐，有创意，做哪行都闪亮！我也这样想过，还亲自实践，开了两家餐厅，从市场分析、定位，到形象、菜色创意、视觉，自己一样样来。结果证明，点评五星不代表生意五星，餐饮做的是产业链与服务链的整合，我们做的营销只是皮毛。

那些成功的朋友，我只能说他们本来就找到了属于自己的那个行业，那真的挺好的。我自身感觉大多数创意人往往思想大胆但行动谨慎，想到 45 岁之后做什么这个终极问题，我们就陷入纠结、痛苦，想不出来。

疫情把我们对人生价值的思考拉到了同一起跑线——好好活着。如果把 45 岁后做什么这个问题拉到底线，其实大家的答案就不纠结了，唯一的答案我相信是健康。只要健康，创意人就能用聪明的头脑、过人的机智来创作作品。

我的答案还要稍微改一个加强版——健身！

作为创意人，年轻时欠了很多，在想创意时，透支了太多的后半夜，透支了太多支烟，透支了太多顿消夜，透支了太多个周末，我们的头脑很富足，但我们亏欠了自己的身体太多太多。

出来混，迟早都要还，我想 45 岁之后最需要做的就是还债。年轻时头脑指挥身体，中年后身体决定头脑，创意人的头脑是历经训练的加强版，那身体也需要在中年后跟得上。

身体是最诚实的投资，你投入多少它回报多少，年轻的身体才能匹配年轻的大脑。对于创意人最难能可贵的是身体上的坚持，我们总是骄傲于头脑的灵活、创意的千变万化，而对单一事物的坚持恰恰是我们的弱项。

几年前我开始健身，每周健身 5 次，坚持到现在，已经成为一种习惯。从开始的咬牙坚持到身边有人夸我年轻了，从注重外表身材到发觉自己的作息从后半夜渐渐变成了前半夜，饮食从重口味变成了少油少盐，才意识到健身对我的改变有多大。

疫情期间我做了一件事，2 月开始坚持每天跑步，累计跑量破天荒地到了120 公里。每天早晨 6 点赶在整座城市醒来之前，增强自己的心肺抵抗力，在危难面前更需要有对抗和坚持的勇气。

今天我很肯定地说，我的体力、心肺、精力都比我 30 岁之前更好，这可能就是这几年投入的最好回报吧！

45 岁之后的朋友，我想我们很大可能后半生不再是一个单纯的广告创意人了，但我们依旧是同龄人中头脑最灵活的那一类，再加上健身令我们的身体、精力很好，我想这是后半生最宝贵的财富。对于还没到 45 岁的朋友，有些事越早开始越好，因为健身可以对抗时光，把你停留在你年轻的岁月，留得很久很久，永葆青春应该是更无价的财富。这是我给你的小建议。

之前看过的一本书《终身学习：哈佛毕业后的六堂课》中有一段话："当你真正从健身和运动中领略了它的好处——充沛的精力、完美的身形、健康的身体和头脑、永不言弃的意志，你就会认识到，这种生活绝不是要牺牲什么，而是一种追求和幸福，也是一种人生享受。"

很大可能我后半生不再是个广告创意人，但我希望自己活成理想中的样子。健身的路坚持下去，六七十岁时成为一个有型的老年帅大爷，开着一辆复古摩托，走在向往的路上。

谢建文

文明广告创始人，两次入选 A List 100 创意人。十余年 4A 广告创意工作经验，曾任天联广告（BBDO）创意群总监，曾担任各广告创意奖评委。2012 年与骆耀明一同成立文明广告，获得艾菲奖亚太前 8、中国 Top 3 实效营销等大小奖项。代表作：百事《把乐带回家》。现在努力的目标是成为一个中年健身教练。

真有比稿型团队和服务型团队的区别吗？

这是一个常常被甲乙双方提起，又颇有不同看法的话题。好比男女青年谈恋爱，两人眉来眼去谈得不错，确立了关系，待到下次约会再一看，连人都换了，成了张家的妹妹或是李家的哥哥了。所以，我们常常会在不同类型的文本里看到比如要求比稿团队即服务团队的约定，但情况也许不像想象的那么简单。

从外部角度来看，比稿想必一定动用了该公司最精锐和最有效的力量吧。有时候是这样的，但有时候又不然。原因很简单，广告公司大都是以划分若干团队来分别服务不同品牌的，从行业和内容的专业度上说往往是趋向良性运转状态的。由于不能服务竞争品牌的排他性要求，比如可口可乐的团队无法服务百事可乐，相同团队又不能操刀同类品牌，也就是说最适合参与某类项目的团队有时却难以分身。所以，早些年一些大型4A还真会组建专门的比稿团队，只接比稿项目和负责拿新客户。但运作中这样的团队渐渐演变成与实际的品牌建设和营销推进工作脱节，所以，这样的方式也就越来越少了，也就是说很少单独存在独立的比稿型团队。

那么，如果生意机会就在那里，服务型团队又无法分身，难道要将业务拒之门外吗？有些公司所谓的另一种比稿团队也就应运而生。这样的团队是如何构成的呢？一般都是由公司的各部门领导来牵头，各组抽调精兵强将，甚至请外部团队来临时组成。这样的团队理论上是高配，但配合与运作上有时会有实际问题。大家被一纸简报召集到一个会议室，脑袋里想的可能是明天自己手里的一堆日常工作，就算在特定时间该团队负责特定的比稿项目，但他们其实还是各自属于原来的服务型团队。这个时候，项目的领导就显得尤为重要。而当这类团队拿下业务，执行上确实是很难由比稿团队形成一个长期服务团队的。

实际的情况是，比稿型团队和服务型团队两种方式往往是交叉存在、互相转换的。通常我们在谈论一家广告公司的时候，无论是外界，还是客户，或是同行，大家到底是在说特定的人或者团队，还是在说这个公司，有时候是搞不清楚的。这也是这个行业的一个特点，只有成熟的公司具有相对成熟的方法论和内部流程与管理，形成一种公司文化和特征，这样问题相对会变得更可控。这种交叉和转化反倒成为一种良性状态，服务型团队可以通过比稿将不同行业和品牌的经验横向迁移和衍生，给客户和品牌带来激动人心的内容，而在成熟的服务型团队基础上扩充团队规模，增加执行力，又保证了产出及服务的稳定性和及时性。

与成熟的广告公司合作，甲方其实大可不必太执念比稿团队百分之百是服务团队。谈恋爱和过日子，确实需要有个转换的过程，可以理解为双方性格的不同方面，彼此慢慢了解更多后的调整与磨合。更何况有些比稿方案，中间存在种种大家知道和不知道的原因，最终不一定就能被降落到地面，更多的要看公司的擅长领域、整体实力与资源。团队关键是看如何转换，这里面的关键人物（Key Man）当然需要保持延续性，而实际上，与品牌合作及服务的过程中，从策略的宏观思考到营销与执行，事无巨细，牵涉到快速的反应能力与解决问题的综合能力，团队的整体执行力显得尤其重要，可以说这就是最接近"综合型团队"的样貌了。

看到这里，可能有的朋友疑问就来了，如果实际情况是合作中的一方，或者双方处在一个动态状态，成熟度并不完备的情况下展开合作，有什么建议吗？那么，有几个重要的维度是必须重视和清晰化的。

一是信任维度。

在保证双方商业利益的红线之外，尽量信息透明化。这包括将彼此的战略、规划、预算、愿景、团队等，适当地一体化，形成一种长效机制，这会让双方在过程和结果层面都受益。

二是沟通维度。

避免沟通官僚化和模式化。虽然有时在实操中，简单把问题归于对方，看似是当下最简单和最有利于自身的决策，但往往会发现问题在传递中可能由小变大，增加了最终的完成成本。这里也包括因为各种原因导致的一团和气和不作为。直接责任人之间的一条定期的沟通热线尤其重要，这可以让事情快速朝着正确的方向发展。

三是激励维度。

激励不仅是简单的画饼，懂得互相激励，效率会大大提升，不要将这种激励停留在宏观层面，要尽量量化。目前来看，量化激励是趋向于兼顾效率和公平的，在合作初期建立效果是最好的。

大家会发现，彼此默契的合作关系和成果最终是双方构建的，而这种共同的成长和成就也是这个行业最吸引人的地方之一。

James

姜文雄（James.Jiang）

Energy Supply 创新机构创意合伙人。美术入行，从业超过 16 年。历任华扬联众数字集团、麦肯世界集团、CCG Group、180 数字技术等公司创意、创意群总监。曾获金铅笔纽约艺术指导俱乐部金奖，受邀任上海复旦大学松江艺术学院客座讲师。代表作：创酷变形金刚广告战役；新爱唯欧《爱的一公里》社交（Social）广告战役；新一代 Touran × 小黄人 Minions 跨界广告战役；361 × 穿越火线联名沉浸式戏剧《最终一战》整合营销传播广告战役。

广告人该怎么找到自己的位置？

一、新人阶段：把自己变"宽"。

我们先认定这是一个积极求上进的新人（否则他看了我们这些建议也没用），那么这个新人应该不缺饥饿感，不缺努力，不缺虚心求教，不缺做各种细活儿碎活儿的耐心，那么他在新人阶段最需要做的，是把自己变"宽"。

第一，他要意识到自己拿出来的文案和创意，可能都是一代一代创意人早就写过和想过的（如果觉得自己的想法独一无二，那只是看得还不够宽而已），因此他要刻意地不断尝试各种角度、各种方式、各种做法去想得更"宽"、写得更"宽"。

第二，他不要急于寻求在某一个作品上打下自己的烙印，急于有一个代表作品出街才叫上手。他应该做得更"宽"，要想办法让自己渗透到所有可能的案子里，去做所有自己能帮忙的事，只问耕耘不问收获，在工作本身积累宽度。

我们这个行业其实需要一批很"宽"的新人（而不是一开始就往一个地方钻"深"度），才有可能从根本上把广告未来的可能性和行业未来的可能性拓宽。

二、成熟阶段：多交朋友。

其实我个人不喜欢"带人"这个词，终其一生我们可能连怎么"带自己"都带不好，就不要总想着带别人了。尤其在这么一个初始阶段，创意能力和业务能力都还远没到真正够实力带人的程度，所以也先别急着谈"平衡带人和自身的成长了"。

要增强的能力反而是怎么"做人"，尤其是多"交朋友"。今天当我环顾自己的生活，会发现自己的大多数朋友都是在这个阶段认识和结交的。去和他们交朋友——你的搭档、你的团队小伙伴、你接触得到的客户，去在战斗中结交你们的友谊，也尽可能地去参加行业活动、同行聚会，去认识和珍惜有缘的新朋友，将来你会发现他们构成了你生活非常重要的部分。你将来的某个重要跳槽、某次转型，甚至你的人生另一半，你的事业拍档，你的贵人，极大可能都来自这个阶段结识的朋友，请好好地把握他们。

三、总监阶段：能持续地带队赢得比赛。

做一个类比，如果是一个职业球员，从新人一直踢到现在，做到总监或合伙人阶段，他就应该是一个顶级联赛的球队队长了。

创意总监或合伙人应该具备的素质就是"能持续地带队赢得比赛"。

去对比一下你所知道的顶级球队的队长，不管他来自英超、西甲还是NBA，队长不一定是那个最会射门的人、得分最多的人、声音最大的人，但他一定是那个能够把赢的意志灌输给所有队员，并且真的能把握战局，能够实现持续赢球的人，也一定是那个在落下风时，在输球后，能够带动全队逆境崛起的人。

所以一个真正好的创意总监，他每天走进赛场，并没有怎么想自己，他脑袋里的念头，就是带领全队，拿下今天这场比赛。

马晓波

马晓波
胜加广告首席执行官、胜加集团首席创意官。中国 4A 联席理事长。

他没看过阿莫多瓦

—

进入广告行业，算是误打误撞。故事要从 2005 年讲起。那一年我 18 岁，从武汉来到北京，开始了横冲直撞的大学生涯，一切都是崭新的。

横冲直撞，一方面是天性使然，另一方面，也是时代的召唤。天性使然的部分，咱们来日方长，有机会慢慢沟通感受。在此稍微解释下"时代的召唤"——说的当然不是第 N 套广播体操，而是社交网络的悄然而至，让刚刚成年的我们，初入大学校园，便被科技浪潮的洪荒之力，推到了一派前人未曾领略的、看似虚拟的风景之中。

2005 年，同样在北京，两个网站初现端倪，一个是开创了国内网络实名社交先河、险些成为华人版 Facebook 的校内网（后更名为"人人网"），一个是至今仍保留着文艺青年底色的豆瓣网。

我的大学时光，除了既定的高校生活，便是在鼓楼大街、南锣鼓巷、前后海、三里屯、MAO、迷笛、798 线下造次，以及在校内网和豆瓣的线上狂欢之中度过。哪怕谈不上纸醉金迷，那也一定是心底里的夜夜笙歌。

对我而言，那是疯狂而又马不停蹄地寻找"自己"的四年。结束了以高考为轴心运转的时光，那些真正和"青春"有关的情绪倾泻而出，回想起来，好像总有使不完的劲头，带领我去探索内心深处最危险而又最安宁的所在。

二

在我仓皇而慌张的青春期的尾巴，遇到了一门叫作"电影"的爱好，让这年轻人哪怕始终嚣张跋扈，但不至于真的脱轨。好像某种强迫症患者，我把所有和自己独处的时间，都用在了看电影上。从经典到禁片，我几乎把有声电影以来的国内外大师的作品都看了个遍。

后来总有人问我，怎么能有层出不穷的创意，或者说所谓创意？我都回答，如果你也花了 10 年时间，每周看 3~5 部有营养的电影，创意对你来说，不过是在脑海里稍微徜徉，便能轻易激起的微小浪花。你需要带着职业眼光去敬畏判断的，无非只是这朵浪花是否为此时此刻最恰当的那一朵。

当然，不一定是电影，如果你曾真心痴迷于任何一门和艺术相关的爱好，如音乐、美术、文学、戏剧……创意对你来说，应该都不是太难的事情。

扯远了。在我的影迷生涯中，非常幸运地遇到了阿莫多瓦的作品。这位把情与色玩弄于股掌之间的西班牙"国师"，几十年如一日，从人性最微妙的角落出发，每每讲起故事来看似手起刀落，把三观剁得血肉模糊，但又慈悲为怀，总能带领我从极端的别扭中找到出路，达到和解，或繁盛或崩坏，天边总能飘来几个字——那都不是事儿。

看到这里，如果你没听说过阿莫多瓦其人，也不用感觉尴尬，也不影响你看完这篇絮絮叨叨的文字。那个在后青春期沉迷于豆瓣、校内网、南锣鼓巷的我还不知道，阿莫多瓦决然不是人尽皆知的名字。

后来我专门去了一趟西班牙，和每个路人聊起他的名字，才发现此"国师"远非彼"国师"，阿莫多瓦在西班牙的知名度，和张艺谋在中国的知名度完全无法相提并论。

三

回到 2005 年那两个被我铭记于心的网站——校内网和豆瓣。它们好像横轴和纵轴，把我的青春最终定格到某个象限，虚拟又现实。

顺着豆瓣，我领略了阿莫多瓦们的绝代风华。而在校内网上掏心掏肺的持续表达，让我拥有了第一批关注者，在还不流行"修图"和"打造人设"的社交网络初期，熏陶出了一套能自得其乐的"网感"——如果你有志于深耕广告创意行业，不知道阿莫多瓦其实没太大关系，但如果不知道"网感"这个词所谓为何，恐怕就需要补补课了。

随着社交网络持续迭代，校内网的登录密码都不记得了，但在象牙塔里养成的"网感"，早已化为我在网络世界的应激反应，平台或许会过时，可"网感"不会。

2009 年我大学毕业回到武汉，成了一名生活方式类的杂志记者，志在把我在北京四年时间感受到的文化洗礼带回家乡。事实证明我做得还不错，运气也还行，22 岁入行，24 岁开辟了自己的专栏，26 岁成为杂志主编，28 岁创办了当地红极一时的微信公众号……当然，这些都是后话。

同样在 2009 年，新浪微博横空出世，社交网络第一次真正意义上突破校园的限制，进入了后来所谓的"大 V"时代。"网感"清奇的我在这个全新的战场上如鱼得水，很快就成了武汉小有名气的"意见青年"——"意见青年"是多年后回顾时，我自己给当年的定位，回想那些年的自己，实在是有好多的意见。

彼时的互联网生态，与现在相比，也完全不是一个概念，它没有那么广泛，却营造出一个仿佛真正扁平化的虚拟世界。拿我自己举例，仅凭微博私信、@和转发，我竟亲自邀请到蔡康永和彭浩翔来武汉做讲座，如今回想起来，真是疯狂又美好的往事。

在这里讲一个题外话，不算太题外，大家看着玩儿。其实广告和创意层面的合作，到了相对高阶的境界，往往是价值观层面的碰撞。这是我 10 年之后参悟出来的道理。这时我已经在经营一家文化公司，创业以来，一路最最支持我的甲方爹妈，基本上都是 10 年前就开始关注我的微博粉丝。有经年在网络上切磋三观、共同成长的底子摆在那儿，绝对称得上是"相逢于微时"，大家聊起意识形态层面的合作来，都相对省时、省力得多。先做人再做事，不管在虚拟还是现实的世界，都是最好的通行证。

四

写到这里，标题里那个"没看过阿莫多瓦"的"他"，怎么还没出场？别着急，这就与你们道来。

那年我 24 岁，刚刚在杂志上拥有了自己的专栏，在微博上也小有名气，三五不时就能收到一些光怪陆离的私信。武汉是座江湖之城，讲个码头文化，人跟人之间关系交织得厉害，在社会上混，谁都讲个面子，所以大多数时候，对于莫名而来的私信，我都不敢怠慢，生怕转个弯又狭路相逢，大家都下不来台。哪怕多年这般谨小慎微，在江湖上还是偶尔落下些"不好相与"的口碑，怕是底色使然，也懒得去纠结了。

有一天，我突然收到了一位黄 V 发来的私信，大概意思是一直看我的微博，希望能私下一会，彼此交个朋友。看文风和头像，断然是位长者，点进对方页面一看，果不其然，是武汉某地产开发老板，十位数以上的身家，方便我接着讲故事，就叫他 W 先生吧。

当时我的第一反应，可能和你一样，怕不是个骗子吧？于是我 360 度盘查了这家公司，还找新浪的朋友核实了他的认证信息，大概率应该是本人无误，于是我跟他在私信上约定了一次私下见面，选在当时城中最贵的一家餐厅。这家餐厅的老板我也认识，哪怕真的不巧遇到了歹人，自己还能全身而退。事实证明，是我多虑了。

推开包房门，W 先生已经提前抵达，偌大一间包间，仅上席和末席两张椅子，隔着十几人的大圆桌排开，煞有介事。礼貌寒暄之后，他坚持让我坐上座，说毕竟是"粉丝见面"。

W 先生点了满满一桌山珍海味，宴请十个人都绰绰有余，我对这家店的价位心里多少还是有数的，目测按人均一万的标准在上菜，这个接待标准放到如今来看都有些夸张，而在当时，武汉市中心的房价也不过一万出头一平方米。

诚然，随着菜品一道一道摆上餐桌，我内心的活动也越来越复杂，想必在看这个故事的你，也同样困惑——他到底想干吗？

说出来你可能不相信，我也是花了好几年成长消化，才慢慢意识到——他是，真的，只想，找个人，聊聊天。

那餐饭之后，我跟 W 先生约好，以后每个月私下吃一餐饭，交流生活心得，但我额外提了一个要求，不用再摆如此豪华的宴席，粗茶淡饭即可。W 先生对此表示认同，但又不愿失了生意人大气的一面，他表示要通过公司把省下的饭钱折合成广告费投给我就职的杂志，事实上后来他也这么做了。

严格意义上说，这是我的第一个广告客户。文章开头说我是误打误撞进入广告行业的，回溯起来，这应该算一个开始。

五

和 W 先生的每月一聚，没有持续太久的时间，前后不到一年吧，大家分享下最近遇到的奇闻逸事、心得体会，广告的事情当时我并不擅长，也就基本没有经手，交给同事在处理。

不知从哪一天起，W 先生就不再约我吃饭，那时我的生活也草长莺飞得厉害，没有太把这件事放在心上。只记得最后一次见面，他跟我说自己那段日子想通了很多事情，生意也不如往年好做，想花更多的时间去满世界看看。

那一次我还与他聊起了阿莫多瓦，我最喜欢的导演。他表示对这个名字一无所知。我执着地与他科普关于阿莫多瓦的一切，包括《对她说》《捆着我，绑着我》《回归》《不良教育》这些自己如数家珍的经典中的经典。回想那时我的神情，应该是写满了"我的天啊，你怎么可以不知道阿莫多瓦？"。

直到有次我心血来潮，翻到 W 先生的微博，想看看他最近过得怎么样，其中有一条内容，好像说的是我。大概表达的意思是，以为自己博览群书、阅人无数，但文化的世界还是太过广阔，自己涉猎有限，电影看得太少，和年轻人沟通起来还是有为难之处，此类云云。

时间确实有些久了，具体内容记不太清，但当时看到那段话时给我留下的窘迫感，如今还是历历在目。很久之后我才意识到，确实是做了失礼的事情。

只是那时年少轻狂、心高气傲，内心深处甚至有那么一个偏执的声音告诉自己，和一个没看过阿莫多瓦的朋友渐行渐远，不过是早晚的事。

六

时过境迁，我也从当年那个纯粹码字的少年，不知不觉成长为一家文化公司的经营者，不断在文化和商业之间寻求平衡，是这个行业的日常。

相信还有很多，和当年的我一样，全然是靠着对文化和生活的纯粹热爱，被时间和空间，一步步推向这个行业的从业者。大家读着书、听着音乐、看着电影，怎么就一梦几年、一不小心，睁开双眼已经进入了广告业。

分享我和 W 先生之间的这段往事给大家，无非是想通过自己一次完全失败的人情经营，警醒自己与后来者。

这个世界多元，不是只由豆瓣、微博和校内网们构成，也不能只依靠文化的力量驱动。文化很重要，W 先生们，已经用他们的方式——真金白银，表示了对文化的敬畏。有这样的朋友，已经实属难得。

在更广大的天地间，他不知道阿莫多瓦，一点儿都不显得奇怪。真正奇怪的是，让不知道阿莫多瓦的他感到难堪的我。

作为泛文化行业的从业者，你或者我，在文化的领域里，走多远、想多深，那是我们和自己较劲的事儿。真正高级的表达者，不会拒受众于千里之外，也不会挑拨意识形态的战争。在那里，岁月静好，润物细无声。

此文特别献给失联已久的 W 先生，来日方长，定有重逢时。到那时，我请你吃顿好的，你给我讲讲那些关于盖房子的趣事。

马人人

武汉石马豆页文化创始人，曾是《大武汉》杂志首席记者、知名城市自媒体创始人、Today 便利店品牌总监。

持平说

山迪·法兰克（Sandy Frank）在他的《编剧的内心游戏》（*The Inner Game of Screenwriting*）一书中将人物基本分成三种类型：进化型、退化型与持平型。

如果我们将此比喻成广告业里的创意人，我们大部分都是进化型的，从你懵懵懂懂起，走向总监、执行创意总监直至首席创意官。少部分的退化型，他们或曾踏错地方，或选错职能，还有那些曾让我们引领企盼，最后却无疾而终的，我们先且归化成退化型人格。

至于持平型呢？倒也不是据字面意思作平庸解释。法兰克提到，任何一部戏最难书写以及刻画生动的人物，便是持平型人格了。

持平人格的内在焦虑通常与物外的价值观纠缠。举例说明，一个法官，他的职业操守必须让他寻求公正、客观。这样一个角色一生若总是一板一眼，估计家中老婆都觉得他挺无聊、呆板、缺乏性魅力。

那么怎样让这个角色有起伏呢？"忍得住大诱惑！"一笔足以财富自由的贿赂金？一件交易的筹码（即便那是个善的筹码）？抑或挟持法官心爱的人？……这些诱惑，目的都在逼使他在自我认同的道德价值上做出让步。

倘若他成功抵挡一切外在胁迫，仍保有持平型的忠贞不贰，一旦他妥协了，便是退化的开始。

做个举一反三的练习：甄嬛属于什么人格？她应该是先退化后进化，最后为了报复开始腹黑，她的成功不能以进化概之。相反，这个赢家其实最后是个退化型人格。

返回我们的行业，说我们的江湖。那些我们心知肚明的稿子？心知肚明的公益？心知肚明的广告奖？心知肚明的聚会？心知肚明的刷屏？心知肚明的付费软文？以及更多心知肚明的数据？调研？预算？假比稿？

　　每年都有一种声音：广告业一直在退化。有吗？可能有。可能也只是一种焦虑。又或者我正面说，这是行业的自我反省。

　　于我，我绝没有悲观到认为广告业会消失，它没浪漫到不需要管理。只要有管理，行业的改变就一直往好的方向去。这是我深信的。

　　那消失的是什么？不成材的人，以及游戏玩不下去的人。是的，这全都得扫进退化型一类。因为他终究没在这行业有一席之地。经常在树上、街灯杆上看见"协寻爱犬"，爱没拴紧，毛小孩就不见了，那么人才呢？

　　巴布狄伦心中的"失踪人口"，兴许说的是那些各行业败兴离去的人，因为不再爱了。

　　有江湖就有诱惑！诱惑可能让一个好的人看似更好，也可能让一个坏的人变得更坏。

　　严格来说，如懿是失败的，彻彻底底的，这是剧评家就"宫廷"战场的评论。然如懿之所以是如懿，她可能是成功的，一生持平，坚守她对爱的追求，对人生价值的定论。这足以让她在最后仍拥有一点平淡时光，在月光下安静幸福地离开。

　　某种时刻我的挫败来自离开的人，特别是我赞赏的人。为什么写这篇文？看得我都像个讨人厌的老人了。因为曾经，一个急于冒出头的创意人与我进行了一场"不见面的面试"。我不知怎地戳到了对方的痛楚，使之难过得嘤嘤啜泣。

　　不用就不用了，为何要碎念？大地有花，偏偏开出一朵不合群的美丽，拔了一片祥和？或者任它"秀于林（Highlight）"？终究忍不住将他不纯良的野心拉回一把，这责骂都算不上的几句话让他在面试会议里哭了起来。

　　那之后的几分钟，我看到了真诚，看到了我们可能"进化"成为老贼后开始"退化"的真诚。

他说创意好坏不能以刷屏当 KPI……他继续批评,而我却停在了这个点上。我问:"你自己想不想刷屏?"

他停了几秒,不知该如何回答。"我不想假刷屏。"他说。

"真假你自己知道!"

爱上这种你——清、清、楚、楚、明、明、白、白——的成就很重要。这感觉,像一日纷扰后,阳台上的一根烟,亦是如懿月光下最后的十年一叹。

"其他的我现在说你不会懂。"

"那我何时会懂?"

"我不知道。"

我们都清楚诚实有多重要,但我们也很容易"剪接诚实",让一件作品、一个广告战役、一个复盘,乃至一个决策、一个管理都可以被剪接的诚实。

我不是圣人,坦言,我有我小奸小恶之时,必要时也得昧着良心剪接。

"现在变甲方的感觉是什么?"

我也沉默几许,代理商二十年,没理由转行当客户,仅四年一切就变得不可一世。我还一直做着甲乙不分的事,总归还是创意,只是有些价值真的没带过来而已。

"你都看什么书?"

"我……很少看书。"

"我不信。"

"我看得最多的是抖音。"

"是我面试你,还是你在面试我?"

"是你自己说我可以问你问题的。"

"你只能再问一题!"

"你是如何保有二十几年热情的,在这个行业?"

好庸俗,我内心碎念,但也真被问得哑口了。

"我觉得持平很难！我希望我能一直保有持平型人格，因为诱惑不少。我希望我能通过自己这一关，修炼到我自己能完全肯定自己为止。"

　　面试者听得懂我的"自说自话"吗？当我们决定用作品去认识一个人，乃至认清一个人时，那个修炼就开始了，我们何尝不想一辈子都是进化呢？眼下我到底是开始退化成讨厌的客户，还是进化成另一个不同的我呢？

　　持平不易，诚实便宜。

王彦铠

腾讯集团品牌市场与公关部执行创意总监，1993 年文案入行，至今从未间断。历任阳狮上海、广州执行创意总监，我是大卫广告执行创意总监。出版三本书，作品很多，你若有天不小心知道，并且也喜欢，那这种相遇也许会更好。

后记
小黑书会有第二季吗?

104 位作者的文章，已经代表了本书的一切，功过是非读者评断，我并不想正儿八经再写一篇后记，以免画蛇添足。

我当然希望小黑书有第二季、第三季、第四季……直到没有合适的主题，再也编不下去。

但是，一本书的生命力，由市场说了算，确切地说，是由读者通过购买投票说了算。而这件事，我不可能未卜先知。

我想以这个问题激发您的思考，作为一份邀请。邀请您写一写读后感，或者写一篇您心中的难题和您的答案。

如果您写了，请投稿至邮箱 2915627816@qq.com，我会亲自拜读并回复您的文章，合适的将择机刊登。

是为后记。

鬼鬼

2020 年 6 月 29 日

于江西吉安

专业名词英汉对照表

注：本对照表，只列出《幕后大脑》作者们文中提及的广告业常用英文及其在本书中的意思。尚无成熟汉译的保留英文。

一、广告专业术语及日常用语

Account	客户、客户部	Deadline	截止日期
Agency	代理商	Deck	提案文件
AI	人工智能	Demo	样稿、样片
Ambiguity	模糊性	Digital	数字化
App	应用程序	Freelancer	自由职业者
AR	增强现实技术	Global Nation Work	全球网络
BGM	背景音乐	GMV	成交总额
Brainstorming Room	头脑风暴室	H5	HTML5 互动式广告
Brief	简报、工作需求单	Highlight	强调、重点突出
Button	按钮、触发点	Idea	创意
Campaign	广告战役	IMC	整合营销传播
Campaignable	可延展性	In China	在中国
Case Video	案例视频	Insight	洞察
CBD	中央商务区	Integration	整合
CGI	电脑三维动画	JD	职位描述
CNY	中国新年、春节（多指春节期间的市场推广活动）	Key Man	关键人物
Complexity	复杂性	KOC	关键意见消费者
Concept	概念	KOL	关键意见领袖
Copybase	文案出身	KPI	关键绩效指标
DAU	日活跃用户数量	KV	主视觉

Layout	设计稿	Revenue Generating	创收
Level	层次、水平	Review Idea	过创意想法
LOGO	标志、标识	ROI	投入产出比
Magic	魔法、魔力	RTB	产品购买理由、产品利益支持点
Manifesto	品牌宣言	Scope	范围、范畴
Marketing	营销活动	SDG	可持续发展目标
Math	数学	Skincare	护肤
MCN	Multi-Channel Network的简称，俗称网红经纪公司	Slogan	口号、广告语
Meaningful Connection	价值共鸣的连接	Social	社交化
Milestone	里程碑事件、标志性事件	Social Design	社会设计
MV	音乐短片	Solution	解决方案
O2O	线上到线下模式	Strategy	策略
Objective	目标	Studio	录音室、工作室
ODM	代工生产（指从设计到生产都由生产方自行完成，在产品成型后由贴牌方买走）	SWOT	优势、劣势、机遇、威胁分析
OKR	目标与关键成果法	TA	目标受众
One Piece	宝藏	Talent	人才
PC	个人电脑	Tangible Thinking	—
PPT	演示文稿	Team Brainstorming	团队头脑风暴
Process	流程	Teamwork	团队协作
Product Manager	产品管理者	Title	头衔
Product Marketer	产品营销者	TVC	电视广告
Product Mover	产品驱动者	UGC	用户生成内容
Project	项目	Uncertainty	不确定性
PS	Photoshop 的简称，即图像处理软件	Value	价值体系
Punchline	点睛之笔	Video	视频
Recognizable	辨识度高的	Volatility	易变性
Redesign	再设计	VR	虚拟现实技术
Rehearsal	提案演练	Work Hard	努力地工作
Relevant	有意义的	Work Smart	聪明地工作
Resilient	有弹性的	4P	产品、渠道、价格、推广
Resource	资源		

二、广告职位缩写

ACD	副创意总监	ECD	执行创意总监
AE	客户主管	GH	创意组长
ART	美术	GM	总经理
CCO	首席创意官	NECD	全国执行创意总监
CD	创意总监	PM	项目经理
CEO	首席执行官	Producer	制片人
CMO	首席营销官	SCW	资深文案
CP	创意合伙人	VP	副总裁
CW	文案		

三、广告公司名称

ADK	旭通广告	FCB	博达大桥（台湾译博达华商）
Bates	达彼思	Grey	葛瑞（又译精信）
BBDO	天联	HAVAS	汉威士
BBDO&Proximity	天时广告	Hylink	华扬联众
BBH	百比赫	Innocean	—
CCG Group	—	IPG	—
Cheil	杰尔广告	Isobar	安索帕
Cheil Pengtai	杰尔鹏泰	JWT	智威汤逊（成立于 1864 年，全球第一家广告公司，于 2018 年被伟门兼并为 Wunderman Thompson，改名伟门智威）
CP+B	—	Leo Burnett	李奥贝纳
D'Arcy	达美高（2002 年被阳狮收购，2003 年正式关闭的百年国际广告公司）	Lintas	灵狮（后并入睿狮广告）
DDB	恒美广告	Lowe	睿狮广告
DENTSU	电通	McCann Worldgroup	麦肯世界集团
Droga5	—	Ogilvy&Mather	奥美
Euro RSCG	灵智大洋（汉威士旗下公司，又译灵智精实）	Ogilvy One	奥美互动（原奥美旗下品牌，后于 2017 年奥美推行"一个奥美"战略后被取消）

Omnicom	宏盟	TBWA	腾迈广告
Proximity	天势广告	TBWA\HAKUHODO	天博
Publicis	阳狮	WE	威汉营销
Saatchi&Saatchi	盛世长城	W+K	韦柯广告
SapientNitro	原阳狮旗下品牌，2016年与Razorfish合并为SapientRazorfish	WPP	达邦
Serviceplan	卅六策	Y&R	扬·罗必凯（广告百年老店，2018年与VML合并为VMLY&R）

四、协会组织、奖项

Cannes	戛纳国际创意节	One Show	金铅笔奖
CIA	中国独立创意联盟	Spikes Asia	亚洲顶尖创意奖
Clio	克里奥广告奖	4A	美国广告代理协会
D&AD	"英国设计与艺术指导协会"的简称，业内提到D&AD多指它举办的同名奖项，即黄铅笔奖		

五、书刊杂志

ARCHIVE	《广告档案》	Shots	—
AD Select Monthly	—	The Economist	《经济学人》
Campaign Brief Asia	—	Wallpaper	卷宗

六、品牌名称

adidas	阿迪达斯	IBM	国际商业机器公司
Beats	—	IKEA	宜家
Converse	匡威	Michael Kors	迈克高仕
Dove	多芬	Royale 600	梅赛德斯-奔驰S级定制轿车
Facebook	脸书	VISA	维萨
H.O.G	哈雷车主会		

七、人物名称

Dan Wieden	丹·威登（W+K 创始人之一）	Michael Porter	迈克尔·波特（竞争战略之父）
David Ogilvy	大卫·奥格威（奥美广告创始人）	Sandy Frank	山迪·法兰克（编剧、制片人，代表作《史德林先生》，著有《编剧的内心游戏》）
Don Draper	唐·德雷柏（美剧《广告狂人》主角）		

活 动 发 起 方：　广告常识　　　　　　　好好想想

4A 广告提案网　　　　文案君

文案与美术

首席行业媒体：　数英

首发联合媒体：　广告常识　　　　　　　4A 广告提案网

文案君　　　　　　　　文案与美术

文案范例　　　　　　　大创意

广告情报局　　　　　　文案匠

一周文案　　　　　　　木木老贼

文案怪谈　　　　　　　顶尖文案

优设网　　　　　　　　巨土文化

DoMarketing-营销智库　胖鲸

Marteker　　　　　　　TopMarketing

广告百货　　　　　　　品牌星球

首席品牌官　　　　　　品牌几何

新营销　　　　　　　　独角招聘

首发行业网站：　中国广告杂志　　　　　大创意

独角招聘　　　　　　　广告情报局

出 版 支 持：　东方出版社